300 Keywords Generative KI

Oliver Bendel

300 Keywords Generative KI

Ökonomische, technische und ethische Grundlagen

Oliver Bendel
Institut für Wirtschaftsinformatik
Hochschule für Wirtschaft FHNW
Windisch, Schweiz

ISBN 978-3-658-44962-9   ISBN 978-3-658-44963-6 (eBook)
https://doi.org/10.1007/978-3-658-44963-6

Die Deutsche Nationalbibliothek verzeichnet diese Publikation in der Deutschen Nationalbibliografie; detaillierte bibliografische Daten sind im Internet über https://portal.dnb.de abrufbar.

© Der/die Herausgeber bzw. der/die Autor(en), exklusiv lizenziert an Springer Fachmedien Wiesbaden GmbH, ein Teil von Springer Nature 2024
Das Werk einschließlich aller seiner Teile ist urheberrechtlich geschützt. Jede Verwertung, die nicht ausdrücklich vom Urheberrechtsgesetz zugelassen ist, bedarf der vorherigen Zustimmung des Verlags. Das gilt insbesondere für Vervielfältigungen, Bearbeitungen, Übersetzungen, Mikroverfilmungen und die Einspeicherung und Verarbeitung in elektronischen Systemen.
Die Wiedergabe von allgemein beschreibenden Bezeichnungen, Marken, Unternehmensnamen etc. in diesem Werk bedeutet nicht, dass diese frei durch jedermann benutzt werden dürfen. Die Berechtigung zur Benutzung unterliegt, auch ohne gesonderten Hinweis hierzu, den Regeln des Markenrechts. Die Rechte des jeweiligen Zeicheninhabers sind zu beachten.
Der Verlag, die Autoren und die Herausgeber gehen davon aus, dass die Angaben und Informationen in diesem Werk zum Zeitpunkt der Veröffentlichung vollständig und korrekt sind. Weder der Verlag noch die Autoren oder die Herausgeber übernehmen, ausdrücklich oder implizit, Gewähr für den Inhalt des Werkes, etwaige Fehler oder Äußerungen. Der Verlag bleibt im Hinblick auf geografische Zuordnungen und Gebietsbezeichnungen in veröffentlichten Karten und Institutionsadressen neutral.

Planung/Lektorat: Rosenbaum, Claudia
Springer Gabler ist ein Imprint der eingetragenen Gesellschaft Springer Fachmedien Wiesbaden GmbH und ist ein Teil von Springer Nature.
Die Anschrift der Gesellschaft ist: Abraham-Lincoln-Str. 46, 65189 Wiesbaden, Germany

Wenn Sie dieses Produkt entsorgen, geben Sie das Papier bitte zum Recycling.

Vorwort

Im Jahre 2019 war ich auf einer kleinen Tagung an der Universität Potsdam. Ich bin heute assoziierter Forscher der dortigen Potsdam Embodied Cognition Group und habe diese schon damals immer wieder besucht. Auf einem Tisch stand Harmony, der vielleicht bekannteste Sexroboter der Welt. Genaugenommen ihr Kopf. Mit diesem unterhielten wir uns gerne. Und endlos lange, wie es schien.

Möglich machte das GPT-2. Kino Coursey von Realbotix, der den Kopf bewachte und vorführte, wies mich auf die Mächtigkeit des Sprachmodells hin. Ich bat ihn, ein Kapitel für ein geplantes Buch von mir zu schreiben. Es erschien in „Maschinenliebe" (2020, Springer Gabler) unter dem Titel „Speaking with Harmony". Darin wird an verschiedenen Stellen auf die Experimente mit GPT eingegangen.

2022 erfolgte dann mit ChatGPT, das damals auf GPT 3.5 basierte, der große Paukenschlag der generativen KI. Einer, der die halbe Menschheit aufweckte, der sie auf- und hinschauen und staunen ließ. Und der sie, ganz wichtig, zum Ausprobieren brachte. Der Rest ist Geschichte. Und wir sind ein Teil davon. Ob wir generative KI mögen oder nicht. Ob wir Zugang haben oder nicht.

Seit Jahrzehnten verfasse ich Lexika und schreibe damit gegen die Zeit und gegen den Zeitgeist an. Gegen Wikipedia kommt man kaum an, obwohl es seinen Zenit längst überschritten hat. Und auch nicht gegen zahlreiche Glossare von Hochschulen, Beratungs- und IT-Unternehmen. Das will ich auch nicht – ich will, dass alles aus einem Guss ist, und ich will trotz einer allgemeinen Abdeckung andere Schwerpunkte wählen.

In diesem kleinen Lexikon zur generativen KI ist mir vor allem an den Rändern gelegen. Ich behandle nicht nur die zentralen Begriffe – das tut jeder, manch einer vielleicht besser. Ich möchte auch klären, was generative KI mit Schönheit zu tun hat, oder mit Kunst, oder mit Kitsch. Oder was es mit dem American Smile auf sich hat. Vielleicht ist „klären" zu viel gesagt. Es geht darum, den Boden neben den ausgedehnten Ackerflächen zu bereiten, ein Pflänzchen einzusetzen, ein bisschen zu gießen.

Dabei helfen mir die Disziplinen meines Studiums und meiner Profession, nämlich Philosophie, Germanistik, Informationswissenschaft und Wirtschaftsinformatik (darin habe ich vor einem Vierteljahrhundert promoviert, übrigens zu Chatbots und Sprachassistenten) sowie Informations-, Roboter- und Maschinenethik. Sie sind zugleich die Beschränkungen, denn für alles kann ich kein Experte sein. Manchmal bin ich nur ein interessierter (aber fleißig recherchierender) Laie.

Ich habe wieder einmal meine anderen „Keywords"-Bücher genutzt, meine Blogposts aus informationsethik.net, maschinenethik.net und robophilosophy.com, meine Artikel und Bücher der letzten 25 Jahre. Ich habe alles erweitert und eingedampft. Übrigens ohne jede Hilfe von generativer KI, obwohl die Versuchung groß war. Gerne nehme ich Hinweise entgegen und prüfe sie für die nächste Auflage. Zunächst wünsche ich aber vor allem viel Freude beim Stöbern und Lesen.

Zürich, Schweiz Oliver Bendel
1. März 2024

Inhaltsverzeichnis

A	1
B	19
C	37
D	57
E	73
F	87
G	93
H	105

Inhaltsverzeichnis

I	111
J	125
K	129
L	147
M	151
N	175
O	181
P	187
Q	197
R	199
S	213
T	249
U	259
V	267

W	273
X	285
Z	287
Literatur	293

A

Adaptivität

Adaptivität ist die Fähigkeit und Eigenschaft eines Systems, sich an eine veränderte Umwelt bzw. neue Bedingungen und Anforderungen selbst anzupassen. Bei Informations- und Kommunikationstechnologien und Informationssystemen bedeutet sie u. a. die Option der Personalisierung und damit der Orientierung an Aufgaben und Bedürfnissen des Benutzers. Auch die automatische Einstellung auf Netzwerkverbindungen oder Stromquellen fällt unter den Begriff.
Merk- und lernfähige Bots (wie bestimmte Chatbots und Social Bots) und soziale Roboter haben ebenfalls Möglichkeiten der Adaptivität und ändern beispielsweise ihr Aussehen oder Verhalten je nach Handlungen und Äußerungen ihres menschlichen Gegenübers oder je nach Situation und Umgebung, in die sie geraten. Die Maschinenethik befasst sich als Gestaltungsdisziplin mit der Adaptivität von (teil-)autonomen Systemen und benutzt in diesem Zusammenhang auch Machine Learning.

Agent

Im englischen Sprachgebrauch ist ein Agent („agent") ein Stellvertreter, ein Vertreter oder ein Handelnder (ein Akteur). Das Subjekt der Moral, von dem moralische Handlungen ausgehen, ist der „moral agent", das Objekt der Moral, das von moralischen Handlungen betroffen ist, der „moral patient" (wobei die englischen Begriffe die deutschen nicht ganz genau erfassen). Nach Ansicht der Maschinenethik können Maschinen ganz spezielle „moral agents" sein; sie werden dann moralische Maschinen genannt. Manche Roboterethiker glauben, dass bestimmte Maschinen „moral patients" sein können – dagegen spricht, dass selbst hoch entwickelte Systeme nicht empfinden und nicht leiden können, kein Bewusstsein und kein Selbstbewusstsein als mentale Zustände und keinen Lebenswillen haben. Sie können keine Rechte haben, und auch der Begriff der Würde ist kaum auf sie anwendbar.

Agenten im Sinne von Softwareagenten sind Computerprogramme, die bei Anforderungen und Aufgaben assistieren und dabei autonom und zielorientiert agieren sowie eine gewisse Intelligenz aufweisen. Sie werden für das Sammeln und Auswerten von Daten und Informationen, in der Verwaltung von Netzwerken und für Benutzerschnittstellen benötigt. In manchen Umgebungen sind sie anthropomorph umgesetzt, wie in der Kombination mit Avataren bzw. in der Form von Chatbots, sodass sie wie Menschen aussehen und sprechen. Eine Anwendungsform sind die pädagogischen Agenten, in einer bestimmten Ausprägung auch Virtual Learning Companions (VLCs) genannt. Für die Maschinenethik ergeben sich in diesen Fällen besondere Fragestellungen, insofern die Agenten damit auch die Unwahrheit sagen, jemanden in seiner Würde verletzen und in einer Notsituation als Gesprächspartner scheitern können.

AIML

Die Artificial Intelligence Markup Language (AIML) ist eine Auszeichnungssprache, die die Entwicklung von Chatbots unterstützt. Sie wurde 1995 von Richard Wallace erfunden. AIML basiert wie z. B. auch die Speech Synthesis Markup Language (SSML) auf der Extensible Markup Language (XML).

Akzeptanz

Akzeptanz ist die Bereitschaft, einen Sachverhalt wohlwollend hinzunehmen. Neben der zeitpunktbezogenen Akzeptanz interessiert die Veränderung der Akzeptanz im Laufe der Zeit durch Erfahrung und Lernen oder eine Änderung der (Ausgangs-)Situation. Eine Möglichkeit, Akzeptanz zu schaffen, ist die Etablierung von Anreizsystemen. In der Sozialen Robotik und der Forschung zu Softwareagenten – etwa zu Chatbots mit Avataren – wird die Akzeptanz gegenüber dem (oft animaloiden oder humanoiden) Aussehen, gegenüber Aktionen und gegenüber Emotionen von Maschinen untersucht (wobei diese solche zeigen, aber nicht haben). Dabei muss der Uncanny-Valley-Effekt beachtet werden, der vor allem bei humanoiden Robotern entstehen kann.

Alexa

Alexa ist ein Sprachassistent (Voicebot oder Voice Assistant) oder virtueller Assistent von Amazon. Sie ist u. a. Bestandteil der smarten Echo-Lautsprecher in unterschiedlichen Größen und Formen. Sie kann auf Zuruf Musik abspielen, den Wetterbericht durchgeben und das Smart Home steuern. Aktiviert wird sie mit „Hey, Alexa".
Mit Hilfe eines neuen SSML-Befehls (die Abkürzung steht für „Speech Synthesis Markup Language") hat das Unternehmen seiner Alexa das Flüstern beigebracht, also das stimmlose Sprechen. Der Benutzer kann ihre Stimme zudem anpassen, etwa männlicher, weiblicher oder kindlicher klingen lassen.
Sprachassistenten sind (wie Chatbots) hinsichtlich Datenschutz und informationeller Autonomie problematisch. Die Gespräche mit ihnen oder auch Gespräche zwischen Menschen können aufgezeichnet und ausgewertet werden. Dies ist ein Thema der Informationsethik und der Medienethik.
Amazon begann 2023 mit der Integration generativer KI in Alexa. Bei einer Veranstaltung im Headquarter in Arlington, Virginia, demonstrierte der Konzern, wie sie mit Hilfe der neuen Möglichkeiten auf natürlichere Art und Weise spricht. Damit werden die früheren Ansätze unter Verwendung von Sprachmodellen fortgesetzt.

Algorithmenethik

Die Algorithmenethik wird teilweise als Gebiet der Maschinenethik verstanden, teilweise eher auf Suchmaschinen, Vorschlagslisten, Big Data und Systeme künstlicher Intelligenz (etwa zur Emotionserkennung und zur Krankheitsdiagnose) bezogen. Der Begriff impliziert entweder, dass man den Algorithmen eine Form von Moral beibringen soll, oder dass sie Auswirkungen auf das Wohl des Menschen haben und damit eine Frage der Moral sind, die von der Algorithmenethik zu beantworten ist. Zuweilen ist nicht die Ethik, sondern die Moral gemeint, die mit den Algorithmen zu gewährleisten wäre, ohne dass es eine zuständige Disziplin bräuchte.

Algorithmus

Ein Algorithmus ist eine Anweisung oder Vorschrift zur Bewältigung einer Aufgabe bzw. Lösung eines Problems. Man kann ihn in natürlicher Sprache formulieren, wie in einem Kochrezept („Man nehme 100 g Basilikum, 3 Knoblauchzehen, 2 EL Pinienkerne …"), oder in formaler Sprache (genauer gesagt einer Programmiersprache) – und damit ein Computerprogramm erstellen.
Der Euklidische Algorithmus ist ein Beispiel für einen antiken mathematischen Algorithmus. Mit ihm bestimmt man den größten gemeinsamen Teiler zweier natürlicher Zahlen. Ada Lovelace und Charles Babbage entwarfen Algorithmen für dessen Analytical Engine, die er seit den 1830er-Jahren konzipiert hatte. Dieser Vorläufer eines Computers wurde allerdings nicht vollendet.

Alignment

Beim Alignment (auch „AI Alignment" oder „LLM Alignment") stellt man sicher, dass Sprachmodelle auf eine sichere und (in moralischer und rechtlicher Hinsicht) angemessene Art und Weise agieren und reagieren. Im Blog von IBM heißt es dazu: „Alignment is the process of encoding human values and goals into large language models to make them as helpful, safe, and reliable as possible. Through alignment, enterprises can tailor AI models to follow their business rules and policies." (IBM 2023) Und weiter: „Alignment happens during fine-tuning, when a foundation model is fed examples of the target task, whether that's summarizing legal opinions, classifying spam, or answering customer queries." (ebd.) Alignment in diesem Sinne kann mit der Maschinenethik in einen Zusammenhang gebracht werden.

American Smile

In ihrem Blogbeitrag „AI and the American Smile. How AI misrepresents culture through a facial expression" vom 27. März 2023 auf der Plattform Medium zeigte die Autorin eine Reihe von „Selfies", die mit Midjourney gemacht worden waren. Unabhängig von der Zeit oder der Kultur lächelten die Menschen auf eine ähnliche, nämlich amerikanische Art und Weise. Für das kleine Buch „AMERICAN SMILE" bat der Verfasser DALL-E 3 darum, Bilder von lächelnden Menschen aus verschiedenen Epochen und Kulturen zu produzieren. Auch Bären und Aliens wurden verpflichtet. Tatsächlich lächelten sie fast alle auf ähnliche Weise. Die einzige Person, die kein amerikanisches Lächeln hat, ist Mona Lisa. Ihr typisches Lächeln kann offenbar kaum ausgelöscht werden.

Android

Ein Android (oder Androide) ist eine menschengleiche bzw. -ähnliche Maschine respektive ein künstlicher Mensch. Ein weiblicher Android wird zuweilen auch als Gynoid (oder Gynoide) bezeichnet. Wenn etwas humanoid oder anthropomorph ist, ist es von menschlicher Gestalt bzw. menschenähnlich, was auch Verhalten, Mimik, Gestik und Sprache mit einschließen kann. Damit humanoide Roboter oder anthropomorphe Agenten bzw. Chatbots mit Avataren als Androiden gelten können, müssen sie Menschen zum Verwechseln ähnlich sein. Auch die Jaquet-Droz-Automaten aus dem 18. Jahrhundert, Musikerin, Schreiber und Zeichner, werden als Androiden angesehen. Ein Fembot ist ein weiblicher Chatbot oder Roboter und unter bestimmten Voraussetzungen ein Gynoid. In der

Maschinenethik sind bei Androiden z. B. die natürlichsprachlichen sowie die mimischen und gestischen Fähigkeiten von Relevanz.

Animation

Eine Animation ist eine computergestützte Technik, mit der bewegte Bilder generiert werden, indem schnell von einem stehenden Bild auf das nächste umgeschaltet wird. Auch das Ergebnis selbst kann mit dem Begriff gemeint sein. Es kann sich um einfache Sequenzen wie das Augenzwinkern einer Comicfigur, aber auch um komplexe Elemente virtueller Realität wie die wirklichkeitsgetreue Visualisierung von Produktionsprozessen in einer Fabrik oder der Verhaltensweisen von Dinosauriern handeln. Die Animated GIFs, bereits in den 1990er-Jahren im Web beliebt, haben in den 2010er-Jahren eine Renaissance erlebt und sind zur Kunst- und Kommunikationsform geworden.

Anonymität

Anonymität ist die Möglichkeit oder der Wunsch einer Person, unerkannt zu bleiben. Im virtuellen Raum wird sie durch ein Pseudonym (einen Nickname oder eine Abkürzung) und durch Anonymisierungsdienste bzw. -software unterstützt. Als ein Vorteil des anonymen Auftretens wird die potenzielle Gleichbehandlung gesehen. Ein Nachteil ist die schwierige Nachverfolgbarkeit bei moralisch oder rechtlich bedenklichen Beiträgen. Ein Vorschlag aus der normativen Informationsethik ist das „Gleichgewicht der Namen": Wer andere beim Namen nennt, soll seinen eigenen nicht verschweigen.

Anthropomorphismus

Anthropomorphismus bedeutet, dass man Entitäten – dazu können imaginierte Götter ebenso gehören wie existierende Maschinen – menschliche Eigenschaften und Fähigkeiten zuschreibt, die ihnen nicht zukommen.

Man interpretiert z. B. in einfache Haushaltsroboter oder andere Serviceroboter etwas hinein und überschätzt einige soziale Roboter. Dies kann man sich wiederum zunutze machen: Man kann mit einem relativ sparsamen Design, in welcher Disziplin man sich immer befinden mag, große Effekte erzielen.

Die Behauptung, dass man moralische Maschinen oder soziale Roboter grundsätzlich anthropomorphisiere, indem man ihnen moralische oder soziale Fähigkeiten zuspreche, verdreht die Dinge. Die Richtung ist vielmehr umgekehrt: Man betrachtet vom Maschinellen aus das Menschliche, in der Absicht, dieses gleichsam ins Maschinelle zu übersetzen, mit technischen Mitteln zu übertragen. Dies gilt eben für moralische Maschinen und für soziale Roboter sowie für künstlich intelligente Systeme.

Anthropomorphismus kann auch einfach eine menschliche Eigenschaft oder Fähigkeit bei nichtmenschlichen Wesen bedeuten. Der Begriff kommt dann zusammen mit dem des Humanoiden. Die Rede davon, dass ein Softwareagent (zusammen mit seinem Avatar) oder ein sozialer Roboter anthropomorph ist, verweist auf seine humanoide Gestalt. Die konkrete Eigenschaft ist beispielsweise seine Kopfform, die unserer ähnelt, oder seine menschliche Mimik und Gestik.

Anthropozän

Das Anthropozän ist das Zeitalter, das vom Menschen geprägt und in dem Natur in Kultur überführt ist. Die Erde erscheint mit Blick auf das auf ihr herrschende Leben, ihre Oberfläche und ihre Atmosphäre stark verändert. Auch der Weltraum trägt bereits Spuren. Die Bezeichnung stammt von dem Nobelpreisträger für Chemie Paul Crutzen, der in einem Artikel in Nature von 2002 betonte, dass sich die Auswirkungen des Menschen auf die globale Umwelt in den letzten drei Jahrhunderten verschärft haben: „The Anthropocene could be said to have started in the late eighteenth century, when analyses of air trapped in polar ice showed the beginning of growing global concentrations of carbon dioxide and methane." (Crutzen 2002) Ein weiterer, nicht nur scherzhafter Begriff ist der des Robozäns – er steht für die womöglich nachfolgende Epoche, in der Roboter und Systeme mit künstlicher Intelligenz (KI) mit uns in allen wesentlichen Bereichen koexistieren, kooperieren und kollaborieren und für das Überleben von Lebewesen unverzichtbar geworden sind. Umweltverschmutzung, Verlust der Artenvielfalt (Artensterben) und Klimawandel sind Beispiele für den sicht-, spür- und messbaren negativen Einfluss unserer Spezies. Ausdruck der Umweltzerstörung ist auch, dass Wasserläufe, Seebereiche und Meeresgebiete umgestaltet werden, zudem bewachsene und kahle Landflächen, etwa durch Rodung, Trockenlegung, Bergbau, Straßenbau und Städtebau. Mit dem Städtebau und überhaupt der Ansiedlung von Menschen sind umgekehrt viele positive Aspekte verbunden, bis hin zu architektonischen und kulturellen Höchstleistungen, die sich in der Errichtung von Gebäuden wie Wolkenkratzern, Schlössern und Kathedralen sowie von Brücken und Tunneln ebenso zeigen wie in der Schaffung von Kunstwerken und Artefakten aller Art, auch von Industrie- und Servicerobotern. Nicht zuletzt ist bereits seit Jahrzehnten das Weltall betroffen, wenn man an Weltraumschrott und Hinterlassenschaften auf Trabanten und Planeten denkt. Zugleich keimt (die wohl trügerische) Hoffnung, dass dort ein Überleben der Menschheit stattfinden könnte, wenn dieses auf der Erde zu mühsam und zu wenig aussichtsreich geworden ist.

Kritisiert wird, dass der Mensch seinen Heimatplaneten in gravierender Weise umgestaltet und teilweise zerstört hat und im Begriff ist, selbst die ferneren Gegenden des Weltraums zu erobern, wo er immer mehr seine Spuren hinterlassen wird. Zugleich wird der Begriff des Anthropozäns kritisiert, der angeblich die Ausnahmeerscheinung und Vormachtstellung des Homo sapiens zementiert, ohne dass man Alternativen anbietet. Wirtschaftsethik, Umweltethik und Tierethik fragen nach der Verantwortung von Wirtschaft und Gesellschaft für eine intakte Umwelt aller Lebewesen, auch in Hinsicht auf nachrückende Generationen. Die Roboterethik widmet sich dem Miteinander und Gegeneinander von Mensch und Maschine im Robozän. Autonome Systeme und KI-Tools können im moralischen Sinne keine Verantwortung übernehmen und keine Rechte haben. Zugleich formen ihre auf Algorithmen basierenden Entscheidungen immer mehr die ökonomischen und sozialen Gegebenheiten und unterstützen sie mit ihren Fähigkeiten die Möglichkeiten des Homo faber und das Überleben des Homo sapiens in einer zunehmend unwirtlichen Welt.

Anwendungsgebiete

Anwendungsgebiete generativer KI sind u. a. Gesellschaft, Wirtschaft, Verwaltung, Gesundheitswesen, Bildungswesen, Wissenschaft und Kunst. Entscheidend ist zunächst, dass sie nach ersten Jahren der mehr oder weniger unbemerkten Entwicklung schlagartig in der Gesellschaft angekommen ist. ChatGPT wurde ab Ende 2022 innerhalb kurzer Zeit von Millionen genutzt. Auch Bildgeneratoren, die schon vorher auf dem Markt gewesen waren, erlebten einen Ansturm. Damit wurde jeder zum Benutzer und zum Experten, zumindest in gewissen Aspekten. Dies führte dazu, dass man es gleichsam als selbstverständlich ansah, dass generative KI auch im Berufsleben und in den Dienstleistungen verwendet wurde. In der Wirtschaft werden Sprachmodelle etwa zum Automatisieren von Kundenbeziehungen, Unterstützen von Marketingmaßnahmen, Erstellen von Prototypen und Simulationen sowie Steuern von Robotern verwendet. In der Verwaltung dienen sie zum Verfassen von Briefen und Abwehren von Phishing und Spam. Im Gesundheitswesen kann generative KI für die Entwicklung neuer Medikamente und die Verbesserung der Situation von Blinden und Sehbehinderten sorgen. Im Bildungswesen gebrauchen Schüler und Studierende die Programme für ihre Vorbereitung und für ihre schriftlichen Arbeiten, Lehrer und Dozierende für ihre Unterlagen und Prüfungen. Die Wissenschaft hat sich damit auseinanderzusetzen, dass Forscher Textgeneratoren für das Schreiben von Papers und Buchbeiträgen verwenden. Generative KI kann Probleme der Mathematik, Physik und Chemie lösen. Die Kunst wird bereichert und herausgefordert durch KI-Kunst.

Application Programming Interface

Ein Application Programming Interface (API) oder – in deutscher Sprache – eine Programmierschnittstelle ermöglicht Softwaresystemen, miteinander zu kommunizieren. Für die Nutzung der ChatGPT API benötigt man ein Benutzerkonto bei OpenAI. Das Unternehmen rechnet mit sogenannten Tokens ab (in deutscher Schreibweise im Plural „Token"), die Teile von Wörtern entsprechen, wobei 1000 Tokens etwa 750 Wörter sind.

Arbeit

Text-, Bild-, Video- und Audiogeneratoren erleichtern Arbeit und nehmen sie ab. Das gilt für Journalisten, Autoren, Texter, Designer, Illustratoren, Zeichner, Fotografen, Filmemacher und Musiker, zunächst aber für Laien, die ohne einschlägige Fähigkeiten mit Hilfe geeigneter Prompts qualitativ hochwertige, ansprechende Werke in die Welt bringen können, die denen der genannten Profis ähneln. Damit erschließen sich ihnen ganz neue Möglichkeiten und Bereiche. Sie können Dokumente, Artikel und Bücher erstellen und bebildern, wobei sie den Output relativ gut selbst bestimmen können, wenngleich nicht einmal die besten Prompts immer zum gewünschten Ziel führen. Sie können ebenso eigenständige Bilder und Videos sowie Kunstwerke schaffen bzw. kuratieren. Die Arbeit von Experten kann sich gravierend verändern. Sie benötigen passende Prompts und damit in jedem Falle sprachliche und metasprachliche Fähigkeiten (die sie natürlich auch auf entsprechenden Plattformen einkaufen können). Sie müssen die Werke nachbearbeiten, erweitern, ausdünnen, neu anordnen etc., damit diese zum Kontext passen. Bei einigen wird all dies die Arbeit produktiver machen, bei anderen unproduktiver. Vermutlich hat die Arbeit nicht mehr die gleiche Eigenständigkeit, Vollständigkeit und Wertigkeit wie vorher.

Für professionelle Journalisten, Autoren, Texter, Designer, Illustratoren, Zeichner, Fotografen, Filmemacher und Musiker ergeben sich grundsätzliche Risiken für die Berufsausübung. Lange Zeit galten kreative und künstlerische Berufe als geschützt, als unangreifbar durch die scheinbar feindlich gesinnten Maschinen, was nun weder im Textbereich noch im Bildbereich mehr gilt, zumindest dort, wo Durchschnittsware ausreicht. Je nach Geschäftsmodell und je nach Verhalten von Privaten und Unternehmen werden die Betroffenen ihre Arbeit nur noch teilweise behalten oder ganz verlieren. Es fragt sich, ob sie neue Nischen finden und ob sie etwa bei längeren bildhaften Erzählungen wie Comics und Graphic Novels noch die Oberhand behalten können. Allerdings ist zu erwarten, dass immer mehr Text- und Bildgeneratoren sogar solche Anforderungen – die eh nur eine Nische bilden – erfüllen können. Auch Marketing- und Werbeprofis sowie Abteilungen für Öffentlichkeitsarbeit und Kommunikation sind in ihrer Existenz oder zumindest in ihrem Habitus bedroht. Werbetexte, Bildstrecken, visuelle Kampagnen, CD-Vorlagen etc. lassen sich auf Knopfdruck realisieren, wobei nicht unbedingt Spezialisten in diesem Bereich vonnöten sind. Bildmarken lassen sich auf simple Weise generieren und editieren. Wenn sich Videogeneratoren weiter durchsetzen, richtet sich der Druck auf Werbefilmer, Regisseure und Kameraleute.

Architektur

Bildgeneratoren bieten viele Möglichkeiten für Architekten und ihre Kunden. Die Kunden können ihre Vorstellungen mitteilen, etwa bezüglich eines Büroturms, eines Einfamilienhauses oder eines Schwimmbads, die Architekten diese zurechtstutzen oder erweitern, im Dialog mit ihnen und den Dialogsystemen von DALL-E 3, Midjourney und Co. Auch klassische Modelle als Vorstufen der Bauten werden ohne Umstände entworfen.

Ein Vorteil ist, dass auch Laien eine professionelle Visualisierung gelingt und Experten schnell erste Eindrücke und Ideen vermitteln können. Ein Nachteil dürfte sein, dass Erwartungen geweckt werden, die man nicht oder kaum zu befriedigen vermag. Zudem sind die meisten Bildgeneratoren noch zu unpräzise beim Ausführen von Prompts. Insgesamt entsteht eine neue Spielwiese, auf der man mit architektonischen Ideen umgehen und futuristische Konzepte entwickeln kann.

Artificial General Intelligence

Artificial General Intelligence (AGI), dt. „künstliche allgemeine Intelligenz", ist ein System mit künstlicher Intelligenz (KI), welches das menschliche Denk-, Entscheidungs- und Problemlösungsverhalten gesamthaft abdeckt oder übertrifft (im eingeschränkten Sinne Superintelligenz oder Superintelligence). Es handelt sich um ein Thema der Science-Fiction und ist kein real existierender Gegenstand. Ein verwandter Begriff ist „strong AI" (dt. „starke KI") im Gegensatz zur „weak AI" (dt. „schwache KI") bzw. „narrow AI" (dt. „enge KI", zumindest wörtlich). Zum Begriff der Superintelligenz ist zu bemerken, dass damit keine AGI angesprochen sein muss. Sie kann auch bestehen, wenn ein Bündel an Fähigkeiten überstiegen wird.

Assistent

Ein Assistent ist, technisch verstanden, eine Maschine bzw. Software, die Personen bei Anforderungen und Problemen unterstützt. Das Spektrum reicht von Telefonassistenten, die Anfragen und Aufträge entgegennehmen, über Navigationsassistenten, die Autofahrer oder Webbenutzer zum gewünschten Ziel bringen, bis hin zu Softwareagenten, die in virtuellen Umgebungen Suchaufträge durchführen oder als intelligente Hilfefunktion zur Seite stehen.
Sprachassistenten oder virtuelle Assistenten wie Google Assistant, Siri und Alexa beantworten über das Smartphone und andere Systeme unsere Fragen in natürlicher, gesprochener Sprache bzw. vermitteln Dienstleistungen und Produkte. Mehr und mehr werden sie in Geräten aller Art, in Fahrzeugen und in sozialen Robotern verwendet. Auch das Smart Home ist ein Anwendungsfall. Andere Begrifflichkeiten in diesem Zusammenhang sind „Voicebot" und „Voice Assistant".
Ebenfalls als Assistenten können Chatbots wie ChatGPT aufgefasst werden, die bei Anfragen aller Art zur Verfügung stehen, oder die sogenannten GPTs, die von Benutzern auf der Basis des Sprachmodells GPT-4 im Dialog mit ChatGPT erstellt, mit einem Avatar versehen und mit Materialien gefüttert werden, sodass individuelle Unterstützungsmöglichkeiten oder kommerzielle Gesprächsangebote entstehen.

Audio

„Audio" (lat. „audire": „hören") bedeutet, dass Töne und Geräusche vorhanden sind und etwas akustisch wahrgenommen wird. Beispiele für Anwendungen im Bereich der Information und Kommunikation sind Telefon und Radio. Man kann sich zwar über das Telefon anschweigen und über das Radio Stille übertragen, aber das sind Extreme, wie sie im auditiven Bereich zwangsläufig vorkommen.

Oft wird Audio dazu benutzt, Gleichzeitigkeit mit anderen Vorgängen herzustellen. So wie viele Menschen parallel Radio hören und arbeiten können, sind Töne auch in anderen Kontexten geduldete oder erwünschte Begleiter. Genauso können Geräusche aber auch stören; nicht jeder mag es, wenn Aktionen auf dem Computer und das Eintreffen von E-Mails und anderen Nachrichten klanglich umgesetzt werden. Vor diesem Hintergrund erlauben die meisten Systeme eine Wahl zwischen mehreren Einstellungen.

Benutzer laden aus dem Internet über Tauschbörsen oder kommerzielle Plattformen Musikstücke und ganze Sammlungen in Form von Audiodateien herunter, legal oder illegal. Häufig werden die Daten auch über Streaming – bei dem zugleich empfangen und wiedergegeben wird – zur Verfügung gestellt. Für Webradios, Podcasts, Liveübertragungen und Audiokonferenzen ist Audio elementar.

Mehr und mehr auditive Systeme wandern in Wohn- und Arbeitsbereiche und können zur Überwachung genutzt werden, darunter mit Mikrofonen versehene Lautsprechersäulen (Smartspeakers oder Smart Speakers), intelligente Fernseher und intelligentes Spielzeug. Auch der öffentliche Raum wird in dieser Hinsicht immer mehr ausgerüstet und eingeschränkt.

Bei generativer KI spielt Audio im Zusammenhang mit Audiogeneratoren – darunter Musikgeneratoren – eine Rolle. Es werden etwa Musikstücke und Klangteppiche erzeugt. Zudem ist Audio für Videogeneratoren relevant. Neben den Bewegtbildern werden Musikstücke oder Gesprächssequenzen erzeugt bzw. eingebunden.

Weiterhin können Chatbots wie ChatGPT eine Spracheingabe und -ausgabe haben. Diese sind zudem bei Industrie- und Servicerobotern von Belang, z. B. mit Blick auf die Steuerung durch Prompts mit gesprochener Sprache. Wichtig sind solche Modi nicht zuletzt für Blinde und Sehbehinderte.

Audiogenerator

Audiogeneratoren erzeugen Audiosequenzen aller Art, etwa Musikstücke (Musikgeneratoren). Beispiele für Audio- und Musikgeneratoren sind Boomy, Soundraw, AIVA, Ampere und Klangvoll. Man kann unter verschiedenen Stilen auswählen und unterschiedliche Instrumente einbeziehen.

Mit KI-generierten Klängen kann man Videos, Podcasts und Radiosendungen untermalen, Werbefilme in ihrer Wirkung verstärken, Entspannungskissen und soziale Roboter anreichern. Mit Audiogeneratoren wird man zudem zum Komponisten und Musiker – oder zum Räuber von Stimme und Werk.

Während bei Text- und Bildgeneratoren eine nicht kommerzielle Nutzung der Resultate meist problemlos möglich ist, sind bei Audio- und speziell Musikgeneratoren viele Einschränkungen vorhanden. Oft erhält man als Benutzer lediglich bestimmte Nutzungs- und keine Vermarktungsrechte. Entsprechend ist Vorsicht bei der Verwendung geboten.

Augmented Intelligence

Augmented Intelligence (erweiterte Intelligenz) bedeutet, dass sich die menschliche Intelligenz der künstlichen Intelligenz bedient, etwa beim Treffen von Entscheidungen und Lösen von Problemen. Der Mensch wird dabei als Cyborg oder Human-AI Hybrid verstanden, der KI als mächtiges und vielfältiges Werkzeug benutzt.

Augmentation

„Augmentation" (engl. „augmentation"), auch in der Schreibweise „Augmentierung", zielt auf Vermehrung, Erweiterung, Verstärkung und Steigerung. Es handelt sich zunächst um einen Ausdruck aus der Medizin mit unterschiedlichen Bedeutungen, von Therapieverfahren über Brust- und Penisvergrößerungen bis hin zu Medikamentengaben mit Wirkungssteigerungen.

In Informatik und Robotik ist u. a. die Steigerung der Leistung des Menschen durch bestimmte Soft- oder Hardware gemeint, wie generative KI oder Hightechprothesen. Damit bestehen Berührungspunkte mit dem Begriff des Human Enhancement und mit dem ursprünglichen Begriff. Es kann ferner die Steigerung der Leistung des Systems durch die Leistung des Menschen angesprochen sein (z. B. Reinforcement Learning from Human Feedback als Augmentation der KI).

Auch der Begriff der Augmented Reality (AR) ist in diesem Zusammenhang von Bedeutung. So werden etwa bei einer AR-Brille wie HoloLens von Microsoft oder Apples Vision Pro (die zugleich eine VR-Brille ist) hilfreiche Informationen, Hilfslinien, Raster und Punkte oder Symbole eingeblendet und damit die visuellen Wahrnehmungen der physischen Welt ergänzt. Mit Data Augmentation ist die Datenerweiterung beim Machine Learning gemeint.

Automat

Automaten gibt es seit tausenden Jahren, von den dampfbetriebenen Altären der Antike über die Androiden im Spätbarock (Musikerin, Schreiber und Zeichner) bis hin zu modernen Maschinen. Eine Sonderstellung haben die Automaten von Leonardo da Vinci inne. Es handelt sich mehrheitlich um Skizzen und Entwürfe, die teilweise Jahrhunderte später erfolgreich realisiert wurden. Auf den Maler und Ingenieur geht etwa ein Fahrzeug zurück, das weniger an ein Roboterauto (das Personen transportiert), sondern eher an ein Spielzeugauto erinnert.
Automaten verrichten selbstständig eine bestimmte Tätigkeit, etwa das Zubereiten und Ausgeben von Kaffee (Kaffeeautomat), das Auswerfen von Zigarettenpackungen (Zigarettenautomat) oder das Anzeigen der Zeit (Uhr). Manche sind rein mechanisch, wie der rote Kaugummiautomat deutscher Dörfer und Städte, andere elektronisch und vernetzt. René Descartes war der Meinung, dass Tiere seelenlose Automaten seien. Es entwickelte sich die Maschinentheorie, in der Lebewesen als Maschinen aufgefasst wurden, eine unheilvolle Missdeutung, die ihre Wirkung entfaltete.
Zu Robotern sind mehrere Unterschiede vorhanden – so fehlt einfachen Automaten i. d. R. die Möglichkeit der Beobachtung und Beurteilung der Umwelt (die der Roboter über Sensorensysteme und Analysesoftware umsetzt), die Bewegungsfähigkeit (die der Roboter mit seinen Armen und Achsen erreicht, manchmal auch mit Beinen und Rollen) und die Anpassungsfähigkeit (in der vor allem Roboter mit künstlicher Intelligenz fortgeschritten sind). Automaten sind zudem eben dadurch gekennzeichnet, dass sie, abgesehen von Befüllung und Wartung, mehr

oder weniger von selbst funktionieren, während bei Robotern auch Varianten existieren, die gesteuert werden können bzw. müssen (Teleroboter).

Automatisierung

Automatisierung ist der Prozess oder der Zustand, der mithilfe von Automaten oder (teil-)autonomen Robotern umgesetzt bzw. erreicht wird. Sinn und Zweck der Automatisierung ist die Automation, wobei dieser Begriff eher den Zustand oder das Ziel umfasst. In der Smart Factory beispielsweise sind immer weniger Menschen anzutreffen, immer mehr teilautonome und autonome Maschinen. In einer Übergangszeit teilt man sich allerdings die Arbeit in der Produktion, und beide, Arbeiter und Kooperations- und Kollaborationsroboter, spielen ihre Stärken aus. Im Büro der Zukunft, das genau genommen schon Realität ist, verrichtet künstliche Intelligenz einen Teil der Arbeit, und Angestellte nutzen generative KI, um ihre Arbeit effizienter und effektiver zu erledigen.

Autonomie

Der Begriff der Autonomie hat viele Facetten. In der Philosophie wurde er u. a. von Immanuel Kant geprägt. In der Informationsethik interessiert, ausgehend von der Idee der Autonomie, vor allem die informationelle Autonomie, also die Möglichkeit, selbstständig auf Informationen zuzugreifen, über die Verbreitung von eigenen Äußerungen und Abbildungen selbst zu bestimmen sowie die Daten zur eigenen Person einzusehen und gegebenenfalls anzupassen. Ausgehend von der verwandten Idee der Freiheit ist die Freiheit des Individuums in der Informationsgesellschaft angesprochen, womit auch die Selbstentfaltung sozialer, technischer und wirtschaftlicher Art gemeint ist. Es geht ferner um das autonome Handeln gegenüber Maschinen und gegenüber IT-Unternehmen bzw. ihren Technologien und Systemen – und um autonome Systeme, die als Industrieroboter die Smart Factory bestimmen bzw. als Serviceroboter ansprechbar und beweglich sind und die (neuartige, merkwürdige, unvollständige) Subjekte der Moral und damit (Untersuchungs-)Objekte der Maschinenethik sein können. Nicht zuletzt sind Systeme generativer KI einbegriffen, die zumindest Teilautonomie für sich beanspruchen können. Es muss herausgestrichen werden, dass jede Wissenschaft und jedes Anwendungsgebiet ein eigenes Verständnis entwickelt hat. Deshalb ist es beispielsweise nicht zielführend, einer Ingenieurdisziplin vorzuwerfen, dass sie den Begriff nicht wie die Philosophie verwendet.

Avatar

Der Ausdruck „Avatar" stammt aus dem Sanskrit und bezeichnet dort die Gestalt, in der sich ein (hinduistischer) Gott auf der Erde bewegt. Im Computerbereich hat er sich durchgesetzt für grafisch, zwei- oder dreidimensional realisierte virtuelle Repräsentationen von realen Personen oder Figuren. Zuweilen wird er auch auf physische Realisierungen angewandt, etwa auf Roboter, die anstelle von kranken Kindern den Schulunterricht besuchen und von ihnen ferngesteuert werden.
Avatare finden zum einen Verwendung in kollaborativ genutzten virtuellen Räumen wie Chats, Spielwelten, webbasierten Lern- und Arbeitsumgebungen und kommerziellen 3D-Anwendungen (Virtual Reality). Sie fungieren dort als sichtbare und teils auch steuer- und manipulierbare Stellvertreter eines Benutzers. Avatare dieser Art können ein menschliches Aussehen haben, aber auch jede beliebige andere Gestalt und Form. Als Stellvertreter realer Personen haben sie kaum autonome Züge.
Avatare können zum anderen eine beliebige Figur mit bestimmten Funktionen repräsentieren. Solche Avatare treten – beispielsweise als Kundenberater (Chatbots oder Chatterbots) und Nachrichtensprecher – im Internet auf oder bevölkern als Spielpartner und -gegner die Abenteuerwelten von Handy- und Computergames. Sie haben häufig ein anthropomorphes Äußeres und, kombiniert mit Agenten, eigenständige Verhaltensweisen oder sogar regelrechte Charaktere.

Avatare spielen bei generativer KI verschiedentlich eine Rolle, etwa bei Chatbots. Bei der Erstellung von GPTs generiert ChatGPT (mit DALL-E 3) in einem Schritt ein Profilbild (engl. „profile picture"). Dieses kann ein üblicher Avatar oder auch ein Bild sein, das das Thema veranschaulicht. Der Benutzer wird dann gefragt, ob er mit dem Ergebnis zufrieden ist oder es anpassen will. Wenn er beispielsweise sagt, dass ChatGPT eine Person oder ein Tier hinzufügen soll, wird dies gemacht, unter Berücksichtigung der Aufgabe.

B

Bärte

DALL-E 3 hat eine Obsession mit Bärten. Zumindest Vertreter bestimmter Berufsgruppen werden bevorzugt mit dem bei Männern verbreiteten Gesichtsschmuck ausgestattet. Dazu gehören Wissenschaftler und Lehrer. Selbst wenn man den Bildgenerator wiederholt anweist, den Bart zu entfernen, wird daran festgehalten. Bei einem Test, bei dem zwei Frauen zu sehen sein sollten, war eine davon mit üppigem Bartwuchs zu sehen. Die Informationsethik widmet sich zusammen mit der Medienethik der Bias-Diskussion zu Bärten.

Bard

Bard (oder Google Bard) ist ein multimodaler Chatbot von Google, der im März 2023 veröffentlicht wurde. Er bezieht aktuelle Informationen aus dem World Wide Web. Bard basierte zunächst auf LaMDA, dann auf PaLM2 und auf LLM Gemini. In der Folge wurde er dann Google Gemini genannt.

Barrierefreiheit

Barrierefreiheit ist die Gestaltung von Parkanlagen, Bauwerken, Maschinen aller Art und Benutzeroberflächen in der Weise, dass sie von Menschen mit Behinderung ohne oder mit lediglich geringer Einschränkung genutzt werden können. Sie wurde im 20. Jahrhundert als Notwendigkeit und Selbstverständlichkeit erkannt, aber auch schon in den Jahrhunderten davor vereinzelt angegangen.

Eine Website, die einschlägige Anforderungen nicht erfüllt, trägt zum digitalen Graben bei, ebenso ein Industrieroboter, der sich in Arbeitszellen nicht auf unterschiedliche Fähigkeiten und Gegebenheiten einstellen kann, also als adaptives System versagt. Nicht alle Anbieter sind in der Lage, den Ansprüchen zu genügen, sei es aus finanziellen, sei es aus fachlichen Gründen.

Barrierefreiheit hat sich als Vorteil für die Mobilität von Robotern (etwa von Servicerobotern oder sozialen Robotern) erwiesen, vor allem für diejenigen, die keine Beine, sondern Rollen haben: Sie können Rampen und Aufzüge benutzen und sich so mehr oder weniger selbstständig und frei im Gebäude bewegen.

Apps wie Be My Eyes mit der Funktion Be My AI tragen zur Barrierefreiheit bei, indem sie für Blinde und Sehbehinderte die Umgebung beschreiben, die Dinge, Tiere, Menschen, die Prozesse und Situationen. Künstliche Intelligenz zieht auch in smarte Blindenstöcke ein und in Assistenzsysteme aller Art.

Be My Eyes

Be My Eyes wurde nach mehrjähriger Vorarbeit 2015 von Hans Jørgen Wiberg gelauncht, einem dänischen Möbelhandwerker und Unternehmer, der sehbehindert ist. Die App zielt darauf ab, blinde und sehbehinderte Menschen im Alltag zu unterstützen. Sie verbindet blinde und sehbehinderte Nutzer über einen Videoanruf mit sehenden Freiwilligen oder Unternehmensvertretern, um Hilfe bei alltäglichen Aufgaben zu erhalten.

Seit 2023 ist die Funktion Be My AI vorhanden. Es handelt sich um eine auf GPT-4 with Vision (GPT-4V) basierende Entwicklung im Bereich der visuellen Assistenz für Blinde und Sehbehinderte. Es ist durchgehend eine Internetverbindung erforderlich. Gegenüber der allgemeinen Funktion, die ChatGPT-Plus-Benutzern zur Verfügung steht, gibt es einige Anpassungen speziell für die Zielgruppe. Auf einer Einführungsseite der App wird erklärt, dass es eine Funktion ist, die ständig verbessert wird, etwa in Bezug auf das Lesen von Text. Es wird darauf hingewiesen, dass sie mit KI arbeitet und nicht immer zu 100 % genau ist.

Benutzer öffnen die Be-My-Eyes-App, navigieren zum Be-My-AI-Tab, nehmen ein Foto auf und erhalten dann ohne weitere Texteingabe eine detaillierte Beschreibung des Bildinhalts. Dabei wird auch ein Eindruck von der Situation vermittelt. Danach kann man Fragen stellen, um weitere Informationen zum Bild zu erhalten, etwa zu einzelnen Gegenständen oder Personen. Damit wird ständig eine Präzisierung erreicht und Kontext geschaffen. Ein menschlicher Freiwilliger wird in vielen Fällen unnötig, wodurch sich auch der Charakter der App verändert.

Be My AI wird sinnvollerweise mit anderen Systemen und Geräten zusammen genutzt. Der ausgegebene Text muss von einer Software vorgelesen werden. Es bietet sich ein Kopfhörer an, damit niemand zuhören kann und muss. Denkbar wäre eine Kopplung mit anderen Technologien für Blinde und Sehbehinderte, z. B. mit dem smarten Blindenstock. Es mögen weitere Personen von der App profitieren. So kann man etwa von Gegenständen, die einem unbekannt sind, den Namen erfahren. Man kann sich Bezeichnungen in unterschiedlichen Sprachen anzeigen lassen. Und man kann sich Texte übersetzen lassen.

Die App mit der KI-Funktion ist ein leistungsfähiges Instrument, das die Wahrnehmung von blinden und sehbehinderten Menschen verändern und ihnen mehr Unabhängigkeit verleihen kann. Sie ist technisch ausgereift und kann die Umgebung i. d. R. genau beschreiben. Allerdings gibt es auch Fehler, die in die Irre führen können. Aus ethischer Sicht ist es bedenklich, dass manche Anfragen abgewiesen werden. So werden Bilder mit explizitem Inhalt nicht analysiert, selbst wenn es sich um berühmte Kunstwerke oder hochwertige Nacktaufnahmen handelt. Der Blinde, der es schwer hat in einer Welt, die für Sehende gemacht ist, wird sozusagen nochmals entmündigt.

Benutzer

Im Kontext von neuen Medien sind Benutzer – auch Nutzer oder User genannt – Anwender von Informations- und Kommunikationstechnologien, Informationssystemen und Robotern. Sie nutzen und benutzen die Technologien z. B. zur Information, Kommunikation, Interaktion und Transaktion. Von daher müssen sie über ein gewisses Maß an Informations- und Medienkompetenz verfügen. Der Benutzer ist das Subjekt und Objekt der Moral der Informationsgesellschaft, des Gegenstands der Informationsethik. Die Benutzerschnittstelle verbindet ihn mit der Maschine, die ebenfalls zum Subjekt der Moral werden kann, was Thema der Maschinenethik ist. Der Begriff des Benutzers kann je nach Robotertyp unterschiedlich konnotiert sein – man denke an einen Transportroboter versus einen Sexroboter. Dies ist Thema der Sprachwissenschaft und der Roboterethik. Im Falle generativer KI wird der Benutzer zum Prompter oder Prompt Designer. Er erfindet und entwickelt Inputs für Text-, Bild-, Audio- und Videogeneratoren. Manche Schnittstellen erstellen auf der Grundlage der Inputs eigene Prompts, die von den Generatoren umgesetzt werden. In diesem Falle nimmt die Bedeutung des Promptens des Benutzers ab. Man kann den Benutzer generativer KI auch als Cyborg oder Human-AI Hybrid bezeichnen, der seine Prozesse und Resultate mit ihrer Hilfe unterstützt und erledigt.

Benutzerfreundlichkeit

Unter der Benutzerfreundlichkeit (Usability) werden im Allgemeinen die Zweckmäßigkeit und die Benutzbarkeit eines Systems verstanden. Die Zweckmäßigkeit umfasst dabei alle Funktionen, die für die angemessene Erfüllung einer Aufgabe benötigt werden. Zur Benutzbarkeit zählen Eigenschaften wie leichte Erlernbarkeit, effektive Bedienbarkeit, niedrige Fehlerquote, genügende Konsistenz oder zielgruppengerechte Gestaltung. Ein benutzerfreundliches System soll einfach und intuitiv zu bedienen sein, um ein bestimmtes Ziel effektiv und effizient zu erreichen.

Bei multimedialen Anwendungen sind auch Navigation und Bildschirmgestaltung sowie die Beschränkung auf gebräuchliche Technologien und Standardschriftarten und -farben wesentliche Aspekte der Benutzerfreundlichkeit. Die grafische Benutzeroberfläche soll sich mehr oder weniger intuitiv erschließen. Möglich ist dabei die Verwendung von Metaphern auf Mikro- (wie die Schere und der Pinsel bei Textverarbeitungs- und Fotobearbeitungsprogrammen) und auf Makroebene (wie das Blatt Papier und die Schreibtischplatte, engl. „desktop", bei Textverarbeitungsprogrammen und Betriebssystemen).
Bei bestimmten Industrie- und Servicerobotern sowie Chatbots und Sprachassistenten werden soziale Fähigkeiten im weitesten Sinne erwartet. Bei Text- und Bildgeneratoren ist es zudem wichtig, dass sie angemessene Beschreibungen und Erklärungen liefern und sinnvolle Rückfragen stellen, um die Ergebnisse zu verbessern. Dabei muss der Kontext über den Dialog hinweg gewahrt bleiben. Zu beachten sind generell Vorschriften zur Barrierefreiheit.

Benutzername

Der Benutzername ist ein Name, den sich ein Benutzer in der virtuellen Welt zulegt, um Angebote und Dienste mit einer bestimmten Identität bzw. Identifizierbarkeit zu nutzen und mit anderen zu kommunizieren. Oft handelt es sich dabei um mehr oder weniger bedeutungsvolle Pseudonyme und Nicknames oder aber bedeutungslose Kennwörter; manchmal ist der Benutzername aber auch mit dem realen Namen identisch bzw. eine Variante davon.
In einigen Communitys, etwa Chats oder Spielwelten, kann man den Benutzernamen schützen lassen, sodass andere sicher sein können, stets die gleiche Person vor sich zu haben, und man sich selber als Person oder Charakter etablieren kann. Zudem ist es oft möglich, zum Benutzernamen ein Profil zu erstellen und damit nähere Angaben zur realen oder erdachten Person zu machen.
Zusammen mit einem Passwort werden Benutzernamen zum Login und damit zur Eintrittskarte für geschützte oder kostenpflichtige Angebote und

für Accounts verschiedenster Art. Sie dienen der Authentisierung, die wiederum die Authentifizierung nach sich zieht. Häufig kann man auch die Logins anderer Dienste und Anbieter wie Google oder Facebook nutzen. In diesen Fällen wird der Benutzername entsprechend angezeigt.

Benutzerschnittstelle

Eine Benutzerschnittstelle schafft mithilfe von Hardware- oder Softwarekomponenten die für die Interaktion und Kommunikation zwischen Mensch und Computer notwendige Verbindung. Beispiele sind Maus, Tastatur, Touchscreen, Headset, Datenhelm und -brille oder Bildschirm, aber auch die grafische Benutzeroberfläche und Teile der verwendeten Betriebssysteme und Programme.

Seit der Jahrtausendwende gibt es verstärkt Versuche, bestehende Lösungen substanziell zu verbessern oder gänzlich neue Schnittstellen zu entwickeln. Ein Ansatz ist die Projektion; beispielsweise wird der Bildschirminhalt auf eine Fläche projiziert, sodass der Bildschirm überflüssig wird, oder eine Tastatur aus Licht auf den Schreibtisch, das physisch vorhandene Gerät substituierend. Experimentiert wird zudem mit Hologrammen aller Art. Immer wichtiger wird auch die Steuerung durch Bewegungen und Gesten.

Ein anderer Ansatz sind Softwareagenten, Chatbots und virtuelle Assistenten oder Sprachassistenten. Diese verstehen bzw. deuten geschriebene oder gesprochene Sätze des Benutzers sowie bei entsprechender Sensorik auch Verhaltensweisen und antworten mittels Text oder gesprochener Sprache sowie Mimik und Gestik. Ein wichtiger Treiber der Transformation von Schnittstellen ist die Mobilität und die damit einhergehende Notwendigkeit handlicher Geräte.

Bereichsethik

Eine Bereichsethik (auch Spezialethik genannt) ist eine Ausprägung der angewandten Ethik und bezieht sich auf einen klar abgrenzbaren Lebens- und Handlungsbereich. Beispiele sind Medizinethik, Bioethik,

Umweltethik, Militärethik, Technikethik, Informationsethik, Roboterethik, Medienethik, Wissenschaftsethik, Wirtschaftsethik, Politikethik und Rechtsethik. Auch Lebenszeiten und -situationen können Kategorien sein, wenn man an Alters- und Sterbeethik denkt. Der ebenfalls kursierende Begriff der Bindestrichethiken ist irreführend, da die erwähnten Komposita üblicherweise ohne Bindestrich geschrieben werden. Jede Bereichsethik muss sich heute mit der Informationsethik verständigen. Die Maschinenethik kann, vom Subjekt der Moral ausgehend, neben die Menschenethik gestellt werden.

BERT

BERT (Bidirectional Encoder Representations from Transformers) ist ein Sprachmodell, das auf der Transformer-Architektur basiert. Es wurde im Oktober 2018 bei Google vorgestellt.

Best Practice

Als Best Practice bezeichnet man vorbildhafte Umsetzungen aller Art, insbesondere Referenzlösungen aus Unternehmen und Organisationen. In neuer Bescheidenheit spricht man auch von Good Practice. Oft treten Best-Practice-Beispiele in der Form von Cases, von Fällen bzw. Fallsammlungen, auf. Bei der Adaption in der eigenen Organisation müssen die jeweiligen Strukturen und Rahmenbedingungen beachtet werden. Beim Benchmarking dient die Best Practice als Maßstab und Ziel.
Bei generativer KI können Prompts der Benutzer, die sich bewährt haben bzw. geeignete Ergebnisse hervorbringen, als Best Practices gelten. Insbesondere sind dabei komplexe Inputs relevant, also solche, die Angaben zu Details und Stilen enthalten, oder solche, die den Benutzer durch einen mehrstufigen Dialog führen, etwa wenn ein Roman oder ein Handbuch erstellt werden sollen. Auch die Ergebnisse selbst, bei manchen Generatoren innerhalb der Community einsehbar, können Best Practices sein.

Betrug

Betrug ist das vorsätzliche Hintergehen einer Person, etwa innerhalb einer Beziehung oder bei einem Tausch bzw. Verkauf. Er hängt eng mit der Täuschung zusammen. Im rechtlichen Sinne handelt es sich um ein strafrechtliches Vermögensdelikt.

Bei sozialen Robotern und Chatbots (mit ihren Avataren) wird diskutiert, ob eine animaloide oder humanoide Gestaltung bereits einen Betrug oder eine Täuschung im allgemeinen Sinne beinhaltet. Das Zeigen von Empathie und Emotionen kann ebenfalls in diesen Kontext eingeordnet werden.

In der Informationsethik (samt der KI-Ethik) und in der Roboterethik wird ein Transparenzgebot vorgeschlagen. Der soziale Roboter würde z. B. offenlegen, dass er nur eine Maschine ist, und er würde darauf hinweisen, dass er Empathie und Emotionen nur simuliert.

Bias

„Bias" (engl.) bedeutet im Deutschen „Verzerrung" oder „Vorurteil". Kognitive Verzerrung (engl. „cognitive bias") ist ein Begriff aus der Kognitionspsychologie. Angesprochen werden systematische Fehlleistungen von Menschen (auch von Benutzern) in ihrem Wahrnehmen, Erkennen, Erinnern, Vermuten und Urteilen. Die meisten Betroffenen sind sich der kognitiven Verzerrungen nicht bewusst. Solche können etwa von Entwicklern unabsichtlich oder absichtlich auf Roboter und KI-Systeme übertragen werden. Verzerrungen beim maschinellen Lernen (engl. „machine learning bias") können auch auftreten, wenn das Datenmaterial ungenügend ist oder der Algorithmus falsche Annahmen trifft. Bei Bild- und Videogeneratoren fallen stereotype Darstellungen auf. So haben Frauen oft lange Haare, große Augen, große Brüste und ein kindliches Gesicht. Sie sind knapp bekleidet, selbst wenn die Situation dies nicht erfordert, und mehrheitlich schön, selbst im (durch einen Prompt erzwungenen) fortgeschrittenen Alter. Männer wirken häufig in Gesicht und Körper eher kantig und in der Positur selbstbewusst und kämpferisch. Manche Resultate generativer KI können als diskriminierend, rassistisch und sexistisch verstanden werden. Programme generativer KI mögen in manchen Fällen auch eine kulturelle und soziale Voreingenommenheit besitzen, da sie vor allem auf der englischen Sprache beruhen und die Texte und Bilder zum Training zum größten Teil aus dem westlichen Kulturkreis stammen und generierte Resultate deshalb stereotype und klassistische Konzepte widerspiegeln können. Es werden mehrheitlich Personen des kaukasischen Typs – helle Hautfarbe, helle Haare – beschrieben und gezeigt, die zudem häufig in einem übergeordneten Verhältnis zu People of Color (PoC) stehen.

Die Bias-Diskussion wird nicht nur in der Psychologie, sondern auch in der Philosophie und speziell in der Ethik geführt, etwa in der Medien- und Informationsethik, einschließlich der KI-Ethik. Dabei wird erkundet, wie Verzerrung in der Maschine entsteht, wie sie zu einer Diskriminierung führt, welche Folgen die Diskriminierung hat und wie die Verzerrung verhindert oder in ihren Folgen abgeschwächt werden kann. Zu beachten ist, dass Verzerrungen und Vorurteile durchaus zum Menschsein gehören. Dennoch sollten sie keine schädlichen Auswirkungen auf Individuen haben.

Big Brother

Der Big Brother ist, nach dem Roman „1984" (fertiggestellt 1948, erschienen 1949) von George Orwell, die Verkörperung des Überwachungsstaats. Der Begriff wird heute vor allem im Zusammenhang mit digitaler Überwachung gebraucht, auch mit Blick auf Unternehmen und Organisationen.

Mehr oder weniger ernst gemeinte Varianten sind die „Big Sister", die auf die Verantwortung beider Geschlechter in Politik und Wirtschaft hinweist, der „Little Brother", der auf die Überwachung durch die Benutzer zielt, und die „Little Sister", die die Verwendung von Social Networks im Sinne von Datenschleudern und Stalkinginstrumenten durch Jugendliche anspricht.

Mit diesen Begrifflichkeiten werden auch Verbindungen zu Aldous Huxleys Roman „Schöne neue Welt" („Brave New World" von 1932) hergestellt, wo die gegenseitige Observation eindringlich beschrieben wird. Der aufgeklärte Benutzer tritt in digitalem Ungehorsam dem großen Bruder genauso entgegen wie der großen Schwester, und er versucht den jüngeren Geschwistern die Folgen ihres Tuns vor Augen zu führen. Generative KI kann zum Big Brother werden. Die Prompts der Benutzer mögen persönliche Daten und sensitive Informationen enthalten, die dann vom Anbieter bzw. Betreiber ausgewertet und weitergeleitet werden. Dabei geht es um Text und Bild. Serviceroboter, die mit Hilfe von Sprachmodellen betrieben werden, können ihre Umwelt im Laufe der Zeit und in allen möglichen Details wahrnehmen. Mehr und mehr werden dabei nicht nur visuelle, sondern auch auditive und olfaktorische Daten interessant.

Big Data

Mit „Big Data" werden große Mengen an Daten bezeichnet, die aus Bereichen wie Internet und Mobilfunk, Finanzindustrie, Energiewirtschaft, Gesundheitswesen und Verkehr und aus Quellen wie intelligenten Agenten, sozialen Medien, Kredit- und Kundenkarten, Smart-Metering-Systemen, Assistenzgeräten, Überwachungskameras sowie Flug- und Fahrzeugen stammen und die mit speziellen Lösungen gespeichert, verarbeitet und ausgewertet werden. Es geht u. a. um Rasterfahndung, (Inter-)Dependenzanalyse, Umfeld- und Trendforschung sowie System- und Produktionssteuerung. Wie im Data Mining ist Wissensentdeckung ein Anliegen. Das weltweite Datenvolumen ist derart angeschwollen, dass bis dato nicht gekannte Möglichkeiten eröffnet werden. Auch die Vernetzung von Datenquellen führt zu neuartigen Nutzungen, zudem zu Risiken für Benutzer und Organisationen. Wichtige Begriffe in diesem Kontext sind „cyberphysische Systeme" und „Internet der Dinge", relevante Ansätze angepasste Datenbankkonzepte, Cloud Computing, Smart Grid und Deep Learning.

Die Wirtschaft verspricht sich neue Einblicke in Interessenten und Kunden, ihr Risikopotenzial und ihr Kaufverhalten, und generiert personenbezogene Profile (hinter denen ebenso Phänomene wie Small Data stehen können). Sie versucht die Produktion zu optimieren und zu flexibilisieren (Industrie 4.0) und Innovationen durch Vorausberechnungen besser in die Märkte zu bringen. Die Wissenschaft untersucht den Klimawandel und das Entstehen von Erdbeben und Epidemien sowie (Massen-)Phänomene wie Shitstorms, Bevölkerungswanderungen und Verkehrsstaus. Sie simuliert mit Superrechnern sowohl Atombombenabwürfe als auch Meteoritenflüge und -einschläge. Behörden und Geheimdienste spüren in enormen Datenmengen solche Abweichungen und Auffälligkeiten auf, die Kriminelle und Terroristen verraten können, und solche Ähnlichkeiten, die Gruppierungen und Eingrenzungen erlauben.

Big Data ist eine Herausforderung für den Datenschutz und das Persönlichkeitsrecht. Oft liegt vom Betroffenen kein Einverständnis für die Verwendung der Daten vor, und häufig kann er identifiziert und kontrolliert werden. Die Verknüpfung von an sich unproblematischen Informationen kann zu problematischen Erkenntnissen führen, sodass man plötzlich zum Kreis der Verdächtigen gehört, und die Statistik kann einen als kreditunwürdig und risikobehaftet erscheinen lassen, weil man im falschen Stadtviertel wohnt, bestimmte Fortbewegungsmittel benutzt und gewisse Bücher liest. Die Informationsethik fragt nach den moralischen Implikationen von Big Data, in Bezug auf digitale Bevormundung (Big Data als Big Brother), informationelle Autonomie und Informationsgerechtigkeit. Gefordert sind ferner Wirtschaftsethik und Rechtsethik. Mithilfe von Datenschutzgesetzen und -einrichtungen kann man ein Stück weit Auswüchse verhindern und Verbraucherschutz sicherstellen.

Bildgenerator

Bildgeneratoren sind Anwendungen, die auf künstlicher Intelligenz (KI) beruhen und nach einem Input des Benutzers (einem Prompt) alle möglichen digitalen Bilder hervorbringen bzw. verändern, etwa fotorealistische Darstellungen, Zeichnungen, Gemälde oder Logos. Dabei kann man oft Stile und Formate vorgeben und im Dialog – in dem der Bildgenerator zum Chatbot wird – die Ergebnisse verbessern. Es handelt sich um Ausprägungen des maschinellen Lernens, wobei neuronale Netzwerke eine grundlegende Rolle spielen. Man spricht auch von KI-basierten

Bildgeneratoren oder KI-Bildgeneratoren. Der Vorgang ist die Bildgenerierung oder Bildsynthese (engl. „image synthesis"), wobei diese Begriffe wiederum mit dem Verweis auf KI präzisiert werden können. Bildgeneratoren gehören wie Textgeneratoren und Audiogeneratoren (darunter Musikgeneratoren) zur generativen KI (Generative AI). Nahe Verwandte sind Videogeneratoren.

Für Bildgeneratoren werden ganz unterschiedliche Algorithmen verwendet, unter ihnen Generative Adversarial Networks (GANs), Variational Autoencoders (VAEs) und Diffusionsmodelle. Große Aufmerksamkeit erregte ab Januar 2021 DALL-E, das wie ChatGPT auf dem Generative Pre-trained Transformer (GPT) beruht und von OpenAI stammt. DALL-E 2 wurde im April 2022 freigeschaltet, DALL-E 3 mit seinen herausragenden Fähigkeiten im Oktober 2023. Konkurrenten sind Midjourney und Stable Diffusion. Ideogram ist spezialisiert darauf, Textelemente ins Bild zu integrieren, etwa ein Schild oder eine Tafel mit einer Aufschrift. Klassische Bildbearbeitungsprogramme wie Adobe Photoshop wurden mit generativer KI erweitert.

Bildgeneratoren können dazu dienen, Illustrationen von Broschüren, Zeitschriften, Zeitungen und Büchern sowie Abbildungen für E-Learning-Kurse und für Marketingmaßnahmen zu erstellen. Sie können zur Visualisierung genutzt werden, etwa in der Architektur, indem sie Modelle von Gebäuden hervorbringen und die geplanten Objekte in der gewünschten Umgebung zeigen, oder in der Geomatik, indem sie zu vermessende Objekte zueinander in Beziehung setzen. Sie erlauben Kunstprojekte, bei denen entweder nur Bilder veröffentlicht oder diese mit Texten ergänzt werden. Die Ergebnisse von Bildgeneratoren überschwemmen traditionelle Bildplattformen, von denen manche selbst generative KI einbeziehen.

Einige Bildgeneratoren lehnen Prompts ab, wenn sie gegen die eigenen Richtlinien oder gegen anerkannte Leitlinien und bestehende Gesetze verstoßen. Bei DALL-E 3 nimmt ChatGPT die Prompts des Benutzers entgegen und formuliert daraus eigene Prompts, die dann weitergereicht werden. Widersprechen diese den Richtlinien, werden sie nicht ausgeführt. Ideogram geht in diesem Kontext anders vor. Zunächst beginnt es mit dem Generieren, wobei es den „generation progress" in Prozent anzeigt. Sobald es erkennt, dass unerwünschte Elemente auf dem Bild vorkommen, wird dieses vor der Fertigstellung – also bevor 100 % erreicht sind – durch eine Kachel mit einer Katze ersetzt, die ein Schild mit der Aufschrift „MAYBE NOT SAFE" trägt. Dies kann wohlgemerkt auch passieren, wenn die Eingabe des Benutzers völlig unproblematisch ist. Bei amerikanischen Plattformen sind i. d. R. nackte Körper und insbesondere Geschlechtsteile und Brustwarzen verboten. Die eine oder andere Zurückweisung kann als Zensur aufgefasst werden.

Bildgeneratoren eröffnen Laien wie Experten neue Perspektiven. Sie tragen zu einer Professionalisierung von Anwendungsbereichen bei und erhöhen Effizienz und Effektivität. Zugleich etablieren einige Bildgeneratoren eine bestimmte Bildsprache mit einer gewissen Einförmigkeit und Künstlichkeit und einer Neigung zu Kitsch. Der Bildgenerator von Gemini wurde 2024 zunächst wieder zurückgezogen, da er asiatische Frauen und schwarze Männer in (einer Variante von) Wehrmachtsuniformen dargestellt hatte, um Diversität zu bezeugen. Ähnlich woke verhielt sich Imagine with Meta AI. Schnittstellen wie ChatGPT machen Prompt Design ein Stück weit überflüssig, was für Laien eine Erleichterung, für Experten eine Einschränkung bedeuten und insgesamt eine Unwägbarkeit mit sich bringen kann. Informationsethik und Medienethik behandeln die moralischen Aspekte der Bildgenerierung, etwa im Hinblick auf Zensur, Manipulation, Suggestion, Propaganda und Hypermoral. Immer wichtiger wird die Bias-Diskussion. Die Wirtschaftsethik untersucht, wie Bildgeneratoren die Arbeit unterstützen und ersetzen und wie Anwender von Konzernen abhängig werden.

Bildung

Der Begriff der Bildung zielt auf die geistige, gestalterische und moralische Entwicklung, die aus Vernunft und Freiheit heraus und ohne direkte Abhängigkeit von Politik und Wirtschaft geschieht. Gemeint ist nicht nur der Vorgang, sondern auch der Zustand bzw. das Ergebnis. Das humboldtsche Bildungsideal beinhaltet die ganzheitliche Ausbildung in Wissenschaft und Kunst und die verbindliche Einheit von Forschung und Lehre, einschließlich der Wissenschaftsfreiheit. Man spricht im Einzelnen von wissenschaftlicher, künstlerischer oder humanistischer

Bildung. Die Allgemeinbildung wird zum gemeinsamen Fundament der Gesellschaft. Voraussetzungen der Bildung sind der Zugang zu Wissen, etwa über Fach- und Sachbücher, und der Einbezug von Wissenschaft und Kunst, beispielsweise in Einrichtungen wie Schulen und Hochschulen. Mit der Theorie der Bildung beschäftigen sich u. a. Pädagogik und Philosophie. Eine Ausbildung ist eine Bildungsmaßnahme, bei der Kenntnisse und Fähigkeiten vermittelt beziehungsweise entwickelt werden und deren Abschluss zur Aufnahme einer bestimmten Tätigkeit qualifiziert (allgemeine Schulbildung, Berufsausbildung, Studium). Die Weiterbildung ist im nachschulischen Bildungsbereich angesiedelt und wendet sich an bereits beruflich Qualifizierte. Bei Maßnahmen im Allgemeinen und im Gesamten ist oft übergreifend von Aus- und Weiterbildung die Rede.

Die Bildungsbedarfsanalyse ist eine Methode zur Erfassung des zukünftigen Bildungs- und Qualifizierungsbedarfs einer Organisation. Dabei wird untersucht, welche Anforderungen sich aus der mittel- und langfristigen Strategie ergeben und welche Qualifikationen und Kompetenzen die Mitarbeiter haben müssen, um ihre Aufgaben zu erfüllen. Erst durch die systematische Ermittlung des Bildungsbedarfs lassen sich konkrete Personalentwicklungs- und Bildungsmaßnahmen ableiten. Bildungsmanagement (Educational Management) ist in allen Organisationen relevant, in denen Bildungsmaßnahmen geplant, durchgeführt und evaluiert werden. Im Kern geht es darum, wie die Kompetenzen von Mitarbeiterinnen und Mitarbeitern mit den Strategien und Strukturen sowie der Kultur der Einrichtung oder des Unternehmens in Einklang gebracht und welche Formen der Aus- und Weiterbildung lanciert werden. Bildungsserver sind redaktionell betreute Portale, die im Internet verfügbare Ressourcen wie Lernmaterialien sowie Projektbeschreibungen, Gesetzestexte, Adressen von Einrichtungen und Ansprechpartnern oder Veranstaltungstermine rund um Bildungsthemen zusammenführen und allgemein zugänglich machen. Initiator oder Träger ist häufig der Staat. Spezialisierungen gibt es nach Bildungsformen und Zielgruppen oder in geografischer Hinsicht.

Mehr und mehr wird Bildung, entgegen der ursprünglichen Idee, fragmentiert und instrumentalisiert, wird ein willkürlicher Bildungskanon geschaffen und geraten Aus- und Weiterbildung in Abhängigkeit.

Bildungsbedarfsanalyse, -management und -server können einerseits als wichtige Ansätze und Mittel begriffen werden, andererseits aber auch einer reinen Nutzen- und Zweckorientierung zuarbeiten. Dreh- und Angelpunkt scheint die Wissenschaftsfreiheit zu sein. Sie ist ein Grundrecht und in Deutschland, Österreich und der Schweiz in der Verfassung verankert. Forschung und Lehre sollen ohne Abhängigkeit von Staat und Kirche sowie Wirtschaft, aber auch ohne Bevormundung innerhalb der Wissenschaft vonstattengehen. Es ergeben sich bei Personen (Forschern, Lehrenden und Studierenden) und Institutionen (wie Universitäten und Fachhochschulen) sowohl Rechte als auch Pflichten. Letztere sollten zum Einhalten des Grundrechts gebracht werden, wobei Selbstverpflichtung und Druckausübung eine Rolle spielen können.

Im Bildungsbereich spielt generative KI eine herausragende Rolle. Sie dient Kommunikations- und Marketingabteilungen von Aus- und Weiterbildungseinrichtungen dazu, Logos und Werbematerialien zu erstellen. Schüler und Studierende schreiben ihre Arbeiten damit und bauen Tabellen und Illustrationen aus dieser Quelle ein. Sie lassen Ideen und Entwürfe generieren und brainstormen mit dem virtuellen Gegenüber. Lehrkräfte entwickeln mit generativer KI didaktische Konzepte, Lehr- und Lernmaterialien und Multiple-Choice-Aufgaben. Forscher nutzen sie zur Überarbeitung und Überprüfung ihrer Artikel und Bücher. GPTs werden zu Virtual Learning Companions (VLCs) der zweiten Generation, bereitgestellt von Lehrkräften oder gebaut von den Schülern und Studierenden selbst. Studiengänge und Hochschulen betreiben Chatbots, die als Berater und Coaches zur Verfügung stehen. Dabei werden auch Problemsituationen berücksichtigt, sodass die Chatbots Empathie und Emotionen zeigen und zu moralischen Maschinen werden.

Informations-, Medien- und Wissenschaftsethik und auch die Bildungs- und Sozialwissenschaften befassen sich mit den Merkmalen und Folgen dieses Wandels. So ist die Frage, wie sich die Bildung verändert, wenn Menschen von Schöpfern zu Bearbeitern werden, und was es für sie selbst bedeutet. Es ist die Frage, wie das Erlernen und Anwenden von Sprache beeinflusst und wie dieses Kulturgut und Kulturwerkzeug selbst davon berührt wird. Und es ist die Frage, wie unsere Daten genutzt und missbraucht werden. Generative KI kann als eines der mächtigsten Werkzeuge angesehen werden, das wir je geschaffen und erhalten haben, aber auch als eines, das uns selbst zu Werkzeugen macht. Letztlich könnte die Bildung ebenso einen Aufstieg wie einen Niedergang erleben, mit allen Implikationen für die persönliche und informationelle Autonomie und ein gutes oder schlechtes Leben.

Brain-Computer-Interface

Ein Brain-Computer-Interface (engl. „brain-computer interface") ist eine Mensch-Maschine- oder Tier-Maschine-Schnittstelle, über die Gehirn und Computer verbunden werden. Zentral sind dabei elektrophysiologische und hämodynamische Verfahren. Mit Hilfe des BCI, wie man es verkürzend nennt, ist es z. B. möglich, spezielle Rollstühle, Hightechprothesen oder Objekte in Spielanwendungen zu steuern oder – unter Verwendung von neuronalen Signalen – Sprache zu synthetisieren. Beim Cybathlon, einem internationalen Wettkampf, bei dem Behinderte gegeneinander antreten, können entsprechende Disziplinen bestaunt werden. Im Deutschen spricht man auch von Gehirn-Computer-Schnittstelle.

Ein Forscherteam von der University of Texas um Jerry Tang hat ein Verfahren für Brain-Computer-Interfaces vorgestellt, mit dem die Vision des Gedankenlesens ein wenig näher rückt. Verwendet wird in der Studie ein Sprachmodell wie GPT, in Kombination mit Magnetresonanztomografie. Generell können solche Systeme im Moment allenfalls wahrscheinliche Phrasen vorschlagen. Sie machen noch viele Fehler. Diese dürften sich in Zukunft aber zum Teil beheben lassen. Von Bedeutung wären solche Verfahren für Schwerbehinderte, etwa Querschnittsgelähmte. Diese können über Brain-Computer-Interfaces bereits Geräte mit Gedanken steuern – in ein paar Jahren wären sie in der Lage, über Gedanken mit anderen zu kommunizieren.

Interessiert werden auch Polizei, Geheimdienst und Verfassungsschutz sein. Selbst bei gegebenem Kooperationswillen kann es sich um einen Übergriff handeln. Ohne einen solchen, der im Moment noch Grundlage der Methode ist, kann psychische Gewalt vorliegen. Es wäre auf jeden Fall ein Eingriff in die Intim- und Privatsphäre. Der Mensch steht mit seinen Gedanken nackt vor den anderen da. Dies gilt insbesondere, aber nicht nur, bei sexuellen Vorstellungen. Ferner kann man evtl. an politische und moralische Überzeugungen oder an Passwörter herankommen. Dies wirft zahlreiche ethische Fragen auf.

Browser

Ein Browser ist ein Programm, das als Client (meist von einem Server stammende) HTML-Seiten interpretiert und – zusammen z. B. mit Grafiken, Fotos und Videos – als Webseiten und Websites darstellt. Je nach Produkt gibt es Unterschiede in Interpretation und Darstellung, sodass etwa Schriftgrößen, Abstände und Tabellenzellen variieren können. Webdesigner und Autoren stehen dadurch vor besonderen Herausforderungen. Ein Browser hat verschiedene Zusatzfunktionen; so kann eine Seite durchsucht, ein Bookmark angelegt oder der HTML-Quellcode angezeigt werden. Auch das Bearbeiten von Webseiten über integrierte Editoren ist bei manchen Produkten möglich. Für die Umsetzung bestimmter Inhalte, Animationen und Funktionen sind Plug-ins erforderlich.

C

Chat

Ein Chat oder Chatroom ist ein Raum für die textbasierte, synchrone Kommunikation über ein Computernetz bzw. der entsprechende „Schwatz" (engl. „chat") selbst. Ende der 1980er-Jahre wurde die technische Urform erfunden, der Internet Relay Chat (IRC). In der Folge haben sich zahlreiche Chatsysteme für die Gruppenkommunikation etabliert. Die Benutzer kommunizieren, indem sie kurze Nachrichten in ein Textfeld eintippen und zugleich die Unterhaltungen in einem Bildschirmfenster verfolgen. Meist sind auch private Dialoge möglich, die heutzutage wiederum selbst als Chat verstanden werden.

Nach der Chatiquette sollen Textnachrichten keine Benutzer verletzen und keine unerlaubten Handlungen verlangen. Die Nicknames dürfen nicht anstößig sein. Für die Einhaltung der Sonderform der Netiquette sorgen Moderatoren und Chatbots der speziellen Art. Die Benutzer können ihre Virtualität und Anonymität kreativ gebrauchen, aber auch moralisch oder rechtlich missbrauchen. Die Informationsethik untersucht das Verhalten in Chats in moralischer Hinsicht und entwickelt die Chatiquette weiter.

Chatbot

Chatbots sind Dialogsysteme mit natürlichsprachlichen Fähigkeiten textueller oder auditiver Art. Sie werden, oft in Kombination mit statischen oder animierten Avataren, auf Websites oder in Instant-Messaging-Systemen verwendet, wo sie die Produkte und Services ihrer Betreiber erklären und bewerben respektive sich um Anliegen der Interessenten und Kunden kümmern – oder einfach dem Amüsement und der Reflexion dienen. In sozialen Medien treten Social Bots auf, die wiederum als Chatbots fungieren können. Zuweilen wird der Begriff der Chatbots so weit gefasst, dass auch Sprachassistenten (Voicebots oder Voice Assistants) darunter fallen.

Ein Chatbot untersucht die Eingaben der Benutzer und gibt Antworten und (Rück-)Fragen aus. Eine Variante ist, ihn vorgegebene Regeln anwenden zu lassen (regelbasierter Chatbot). Man kann ihn zudem mit Suchmaschinen, Thesauri und Ontologien verbinden. Bei einer anderen Variante wird Machine Learning und Deep Learning eingesetzt. Neuronale Netze spielen dabei eine zentrale Rolle. Ebenfalls unter den Begriff fallen Programme, die im Chat neue Gäste begrüßen, die Unterhaltung in Gang bringen sowie für die Einhaltung der Chatiquette (einer speziellen Netiquette) sorgen und beispielsweise unerwünschte Benutzer kicken. Chatbots bzw. Voicebots kann man in soziale Roboter integrieren. Wichtig ist es, sie mit den physischen Gegebenheiten in Einklang zu bringen, etwa mit Mimik und Gestik.

Chatbots waren um die Jahrtausendwende ein Hype und wurden 15 Jahre später wieder zu einem, allerdings unter neuen Voraussetzungen, wenn man an die Entwicklungen im Natural Language Processing (NLP) und in der KI – insbesondere im Zusammenhang mit Large Language Models (LLMs) – und die Überlegungen in der Ethik denkt. In der Maschinenethik werden Chatbots entwickelt, die moralisch adäquat agieren und reagieren, etwa Probleme des Gesprächspartners erkennen, eine Notfallnummer herausgeben oder ausdrücklich die Wahrheit sagen. Die Disziplin kann ebenso Lügenmaschinen als Artefakte hervorbringen, die sie dann untersucht, um wiederum Erkenntnisse in Bezug auf verlässliche und vertrauenswürdige Maschinen zu gewinnen. Die Informationsethik diskutiert die Auswirkungen des Einsatzes von Chatbots, u. a. mit

Blick auf die persönliche und informationelle Autonomie. Die Wirtschaftsethik ist relevant hinsichtlich der Unterstützung und Ersetzung von Arbeitskräften.

Mit der Einführung von ChatGPT, Bard, Ernie Bot etc. ist der Blick weg von regelbasierten Chatbots gegangen, hin zu Machine-Learning-basierten. Man sollte aber keineswegs Chatbots mit solchen Systemen gleichsetzen, die einfach eine Weiterentwicklung bzw. Sonderform darstellen. Zudem spielen bei modernen Chatbots durchaus klassische Ansätze eine Rolle. So programmiert man bestimmte Regeln hinein, auch moralischer Art, oder erstellt Wissensbasen bzw. Wissensdatenbanken, aus denen sich die Systeme bedienen. Dies ist etwa wichtig, wenn spezifisches Wissen zu Personen und Unternehmen verlangt ist oder wenn wie im Falle von GPTs auf spezielle Inhalte Bezug genommen werden soll.

ChatGPT

„ChatGPT" steht für „Generative Pre-trained Transformer". Es handelt sich um einen Chatbot (bzw. ein System zum Produzieren von Content) von OpenAI, dem das Sprachmodell GPT-3.5 bzw. GPT-4 desselben Unternehmens zugrunde liegt. Die Trainingsdaten stammen u. a. aus Foren, Artikeln und Büchern sowie gesprochener Sprache. Benutzt wird eine spezielle Form von Machine Learning, nämlich Reinforcement Learning from Human Feedback (RLHF). Dabei sind Menschen involviert, die bestimmte Antworten für gut und richtig befinden. Mit ihrem Feedback wird ein Belohnungssystem trainiert, das wiederum den Chatbot trainiert.

Nach seiner Veröffentlichung als Prototyp im November 2022 erlangte ChatGPT rasch hohe Aufmerksamkeit und große Beliebtheit. Dies lag auch daran, dass das System von Millionen von Usern ausprobiert werden konnte. Es zeigten sich schnell seine Stärken, etwa bei der Erstellung von Texten oder beim Programmieren, aber auch seine Schwächen, etwa mit Blick auf Fakten – so werden Personen einfach Berufe und Mitgliedschaften angedichtet oder Quellen frei erfunden. Früh wurde das Problem erkannt, dass man mit ChatGPT studentische bzw. wissenschaftliche

Arbeiten und journalistische Artikel erstellen kann, die auf den ersten Blick kaum von menschengemachten Versionen zu unterscheiden sind. Anders als der Vorgänger InstructGPT soll ChatGPT schädliche, wahrheitswidrige und irreführende Aussagen vermeiden. Damit kann der Chatbot als moralische Maschine im Sinne der Maschinenethik verstanden werden. Allerdings bleibt er diesbezüglich – bei einem Testsystem kaum verwunderlich – noch hinter den Erwartungen zurück. Für Hochschulen und Medien ergeben sich Herausforderungen, die mit ihrem Anspruch an Gerechtigkeit und Wahrheit zusammenhängen. Zugleich kann man ChatGPT als mächtiges Werkzeug einsetzen. GPT-4 und GPT-4o bringen weitere Möglichkeiten mit sich, die wie bei GPT-3 von Informationsethik und Medienethik bzw. der KI-Ethik untersucht und hinterfragt werden müssen.

Cloud Computing

Dienste, Anwendungen und Ressourcen werden beim Cloud Computing nach Jonas Repschläger und seinen Co-Autoren über Hochleistungsserver meist externer Anbieter „flexibel und skalierbar ... angeboten", und zwar „ohne eine langfristige Kapitalbindung und IT-spezifisches Know-how vorauszusetzen" (Repschläger et al. 2010). Es handelt sich „um eine Form des IT-Sourcings, bei der der komplette Betrieb und Wartungsaufwand beim Anbieter verbleibt und ausschließlich die Leistung vom Kunden angemietet und verbrauchsabhängig bezahlt wird" (ebd.). Damit wird der Normalfall der Public Cloud angesprochen, bei der es einen externen Anbieter gibt. Auch kostenloser Gebrauch ist möglich, gerade für Privatpersonen.
Infrastructure as a Service (IaaS) ist der Zugang zu virtualisierten Hardwareressourcen, etwa Computern, Netzwerken und Speichern, Platform as a Service (PaaS) der Zugang zu Programmierungs- oder Laufzeitumgebungen mit flexiblen, dynamisch anpassbaren Rechen- und Datenkapazitäten, Software as a Service (SaaS) der Zugang zu Softwaresammlungen und Anwendungsprogrammen. Ein Spezialfall sind Private Clouds, bei denen sich Anbieter und Nutzer im selben Unternehmen

befinden bzw. Privatpersonen ihre eigenen Dienste betreiben. Immer häufiger werden Public Cloud und Private Cloud zusammengeführt zur Hybrid Cloud.

Wenn Unternehmen die Daten ihrer Kunden in die Cloud transferieren oder diese selbst aktiv werden bei Diensten aller Art, stellen sich aus den Perspektiven von Wirtschaftsethik, Informationsethik, Datenschutz und Cybersecurity viele Fragen: Wird der Kunde genügend informiert? Sind ihm alle Konsequenzen des Vorgangs klar? Was ist, wenn Inhalte als verdächtig angesehen und Informationen an Behörden weitergereicht werden? Wie können lebenswichtige und personenbezogene Daten geschützt werden?

KI-Systeme laufen üblicherweise in der Cloud. Sie sind damit von jedem Ort aus und auf einfache Weise zugänglich sowie skalierbar. Allerdings muss man für die Nutzung online sein. Zudem stellen sich Datenschutzfragen. Eine Alternative ist die lokale KI. Mit dieser hat man die volle Kontrolle über die Daten. Zudem muss man nicht mit den Zurückweisungen und Einschränkungen leben, die vielen Sprachmodellen zu eigen sind und die in eine regelrechte Zensur münden können.

Cognitive Computing

Beim Cognitive Computing wird menschliches Denkverhalten computerbasiert simuliert. Damit handelt es sich um einen Teilbereich der Künstlichen Intelligenz, wobei Deep Learning als Form von Machine Learning eine zentrale Rolle spielt.

Cognitive Design

Cognitive Design beschäftigt sich mit der Frage, wie die Generierung, Weitergabe und Bewahrung von Wissen technologisch und medial unterstützt werden kann, wobei Erkenntnisse des Kognitivismus herangezogen und in den Systemen – auch bei intelligentem Spielzeug – umgesetzt werden.

Community

Communities (in der deutschen Schreibweise „Communitys") sind Gemeinschaften von Personen mit ähnlichen Interessen oder Zielen. Die Mitglieder tauschen sich zu bestimmten Themen und Problemen aus, ergänzen gegenseitig Sammlungen oder arbeiten zusammen an Werken aller Art. Finden sich Communitys in virtuellen Räumen zusammen, spricht man auch von virtuellen Communitys oder E-Communitys. Genutzt werden vor allem Diskussionsforen und Chats oder Plattformen und Dienste mit integrierten Funktionen wie Gruppenräumen. Frühe Communitys wurden seit den 1970er-Jahren im Usenet gebildet.

Eine spezielle Form seit den 90er-Jahren des 20. Jahrhunderts sind Communities of Practice. Diese nehmen in Organisationen vielfältige Aufgaben wahr. Sie setzen Strategien um, unterstützen Mitarbeiter bei der Lösung von Problemen, auch moralischer und rechtlicher Art, oder fördern die Verbreitung und Anwendung von Best Practices, etwa im Bereich ethischer Fragen und von Compliance-Management. Heute nutzen Communities of Practice mehrheitlich fortgeschrittene Informations- und Kommunikationstechnologien.

Communitys spielen insbesondere bei Bildgeneratoren eine wichtige Rolle. So verwendet man bei Midjourney die Discord-Community. Man sieht die Ergebnisse der anderen Benutzer und kann sich davon inspirieren lassen oder sie in die eigenen Projekte integrieren und sie adaptieren. Auch bei dem auf Schriften spezialisierten Ideogram gibt es eine Community. Die Mitglieder kommunizieren untereinander oder mit dem Anbieter, indem sie Bilder mit Texten erstellen, die Erkenntnisse, Wünsche oder Forderungen enthalten.

Companion

Ein Companion oder Companion Robot ist ein sozialer Roboter, der als Gefährte, Begleiter, Freund oder Familienmitglied angelegt ist. Er hat Funktionen eines Spielzeug- und Unterhaltungsroboters, weist jedoch darüber hinaus, indem er soziale Bindungen fördert und für (immer

einseitig bleibende) Beziehungen bereitsteht. Der Companion ist neben dem Social Enabler eine der verbreitetsten Rollen eines sozialen Roboters. Pepper fällt in dieses Segment, hat sich aufgrund seines hohen Preises aber kaum in Haushalten verbreitet. Lediglich in Japan, wo er am Anfang zu Schleuderpreisen angeboten wurde, tummelte er sich eine Weile in Familien. Cozmo kann ebenfalls als Companion Robot aufgefasst werden und trotz der Auflösung der Firma, die ihn zuerst produziert hat, als Erfolgsgeschichte gelten, schon wegen der über eine Million Mal verkauften Exemplare. Er scheint allerdings auch als Haustier durchzugehen, wie AIBO. Cozmo II und Vector II setzen diese Erfolgsgeschichte fort.
Ein Learning Companion, ein Lernpartner, kann ein Hardware- oder Softwareroboter sein. Zur genaueren Abgrenzung spricht man bei einem Softwareroboter im Lernbereich auch von Virtual Learning Companion (VLC) oder von Digital Learning Companion. Ein Vorläufer ist der pädagogische Agent (engl. „pedagogical agent"), der um die Jahrtausendwende beliebt war und als Instructor, Mentor, Coach etc. eingesetzt wurde. GPTs kann man im Sinne von VLCs erstellen und einsetzen.

Compliance

Compliance ist die Selbstverpflichtung von Organisationen, bestimmte Gesetze, Vorschriften, Leit- und Richtlinien sowie moralische Kodizes und ethische Standards einzuhalten. Compliance-Management soll dabei helfen, die richtigen Regeln zu identifizieren bzw. zu etablieren und die Regeltreue systematisch zu fördern. Die Gesamtheit der Maßnahmen, Methoden, Modelle und Technologien bezeichnet man als Compliance-Management-System.
Die Moral ist bei Compliance meist nicht Zweck, sondern Mittel zum Zweck: Man will das Unternehmen bzw. die Einrichtung vor negativen Folgen schützen. Nicht jegliches Ethikmanagement folgt dieser Logik. Die Wirtschaftsethik untersucht Chancen und Risiken von Compliance-Management-Systemen. Die Informationsethik kommt ins Spiel bei Internet- und IT-Unternehmen sowie bei der technikbasierten oder automatisierten Überprüfung der Befolgung von Regeln, etwa von moralischen Pflichten.

Computer

Ein Computer ist eine Maschine, die Operationen und Prozesse mit Hilfe von Anweisungen eines Programms durchführt bzw. verwaltet. Er kann Daten entgegennehmen, sie verarbeiten und anzeigen lassen. Dazu benötigt er Ein- und Ausgabegeräte. In Haushalt und Büro sind Notebooks, Tablets und Smartphones verbreitet. All diese Geräte sind die Hardware, die darauf laufenden Programme die Software.

Computer Vision

Das Arbeitsgebiet der Computer Vision schafft Systeme, die visuelle Informationen aus der Welt verarbeiten und deuten können. Es spielt eine Rolle für Anwendungen wie Objekterkennung, Bildklassifizierung, Gesichtserkennung und Roboternavigation. Bedeutsam ist es auch für Tools und Apps, die Blinden und Sehbehinderten helfen, wie Be My Eyes.

Computerspiel

Ein Computerspiel ist ein Spiel, das an der Spielkonsole, am Standrechner, am Notebook, mit dem Tablet oder mit dem Handy bzw. Smartphone (Handyspiel) allein oder mit anderen gespielt wird. Es handelt sich entweder um abstrakte Vorgänge und Aufgaben (z. B. Zusammenfügen oder Verschieben von Elementen), Nachahmungen von konventionellen Spielen und Sportarten (Schach, Tennis) oder Anwendungen mit virtueller Realität. Die Spiele verlangen dem Benutzer Ausdauer, Geschicklichkeit, Schnelligkeit, Taktik oder Raffinesse ab. Als Benutzerschnittstellen stehen oft spezielle Instrumente wie Joysticks bereit.
Bei kollaborativen Computerspielen können die Spielpartner am gleichen Ort (LAN-Partys) oder an verschiedenen Orten sein. Beispiele für solche Spiele (auch Multi-User Games genannt, im Gegensatz zu Single-User Games) sind bestimmte Arten von Adventure-Spielen sowie Spielfunktionen von Chats wie Schiffe versenken, Schach oder Mühle. Seit

ca. 2005 verbreiten sich Sport- und Geschicklichkeitsspiele, bei denen Körpereinsatz und Gestik die Abläufe steuern, seit 2016 haben Augmented-Reality-Anwendungen wie Pokémon GO immer wieder Aufmerksamkeit erregt.

In Computerspielen wurden und werden oft moralische Angelegenheiten verhandelt, etwa in „Sims", „Oblivion", „Fallout 3", „Mass Effect 2" oder „Neon Struct". Man muss Entscheidungen zum Wohl von Menschen und Tieren treffen und Verantwortung übernehmen, oder es wird Gesellschaftskritik geübt. Ferner haben Aktivitäten wie das Töten der Gegner oder das Zerstören von Gebäuden moralische Implikationen. Die Informationsethik interessiert sich dafür, wie spielerisch moralische Kompetenzen erworben werden oder wie diese spielend verloren gehen. Auch wenn Computerspiele süchtig machen, ist sie (neben Medizinethik, Medizin und Psychologie) gefragt.

Generative KI ermöglicht es auch Endbenutzern, ihre eigenen Computerspiele zu kreieren. Durch die Medien ging Ende 2022 der Fall eines 11-Jährigen mit einem Harry-Potter-Textadventure. Zudem können Text-, Bild- und Videogeneratoren die professionell entwickelten Spiele ergänzen und verbessern. Ein entscheidender Punkt bei der Verwendung von KI ist, dass die Computerspiele sich ständig ändern und anpassen können. Ob dies im Sinne der Anwender ist, wird sich zeigen.

Constitutional AI

Die Maschinenethik kennt ganz unterschiedliche Ansätze. Man kann moralische Regeln und Werte in Systeme und Maschinen einpflanzen. Sie können vom Entwickler stammen oder von einer Ethikkommission. Sie können auch in einem mehrstufigen Verfahren von verschiedenen Interessengruppen entwickelt worden sein. Die Maschinen halten sich strikt an die moralischen Regeln und Werte – dies ist der Normalfall und der Fall bei GOODBOT, BESTBOT oder HAPPY HEDGEHOG – oder passen sie selbst an. Wenn sie sie selbst anpassen, kann Machine Learning zum Einsatz kommen. Eine Ergänzung der klassischen moralischen Maschinen ist das Moralmenü, das dem Benutzer oder Besitzer die Auswahl verschiedener Optionen erlaubt. Bei Sprachmodellen gibt es ebenfalls mehrere Umsetzungen. Dass sie bestimmte Prompts verweigern, wurde ihnen i. d. R. einprogrammiert. Dass sie in eine bestimmte Richtung tendieren, etwa was Atom- oder Windkraft angeht, kann am Reinforcement Learning from Human Feedback (RLFH) liegen.

Das Unternehmen Anthropic, gegründet von ehemaligen OpenAI-Mitarbeitern, trainiert seinen Chatbot Claude – der auf einem Sprachmodell basiert – mit Hilfe von ethischen Prinzipien und rechtlichen Bestimmungen. Es greift angeblich u. a. auf die Allgemeine Erklärung der Menschenrechte der Vereinten Nationen zurück. Es handelt sich laut Mitgründer Jared Kaplan um Constitutional AI – im Grunde nichts anderes als eine spezifische Methode von Alignment und auch der Maschinenethik. The Verge zitiert ihn mit den Worten: „The basic idea is that instead of asking a person to decide which response they prefer [with RLHF], you can ask a version of the large language model, 'which responce is more in accord with a given principle?'" Auch mit unmoralischen Leitlinien hat man Claude gefüttert und ihn so zur Münchhausen-Maschine gemacht.

Im Paper „Constitutional AI: Harmlessness from AI Feedback" erklärt eine Forschergruppe um Yuntao Bai: „We experiment with methods for training a harmless AI assistant through self-improvement, without any human labels identifying harmful outputs. The only human oversight is provided through a list of rules or principles, and so we refer to the method as 'Constitutional AI'. The process involves both a supervised learning and a reinforcement learning phase." (Bai et al. 2022) Das Paper erwähnt Maschinenethik nicht – aber diese Disziplin wird durch die Anwendung bei Sprachmodellen einen weiteren Aufschwung erleben. Dabei wird es sowohl um Chatbots im virtuellen Raum als auch um Roboter im physischen Raum gehen. Um klassische Ansätze wird man allerdings kaum herumkommen.

Content

Content ist Information und Wissen in digitaler Form und Inhalt in einer multimedialen Umgebung. Er kann als Text, Grafik, Foto, Video, Animation, Simulation oder gesprochenes Wort und Musik bzw. Audio

vorkommen. Content wird von Autoren oder Maschinen her- und zusammengestellt (engl. „content production"), wobei spezielle Autorenwerkzeuge respektive Algorithmen zur Verfügung stehen.
Eine Ausprägung ist der User-generated Content, bei dem i. d. R. nichtprofessionelle Autoren alleine oder gemeinsam – häufig über Weblogs oder Wikis und im Kontext des Web 2.0 – Content produzieren und kuratieren (engl. „content curation"). Bei der Entwicklung und Nutzung von Content wird Open Content immer wichtiger. Cat-Content ist ein Internetphänomen: Bilder dieser Tiere werden massenhaft gepostet und gelikt.
Bei generativer KI findet sich ebenfalls User-generated Content. Hier sind es Laien und Experten, die Content produzieren und kuratieren. Text-, Bild-, Video- und Audiogeneratoren sind Contentgeneratoren und benötigen Content in Form von Prompts. Mehr und mehr setzt sich Multimodalität durch, sodass z. B. bei einem System Text und Bild als Input und Output vorkommen können.
Verstöße gegen das Urheberrecht und das Recht am eigenen Bild, die Aggregation von Daten, die Industrialisierung und Automatisierung der Buch- und Artikelproduktion (auch im Sinne von Robo-Content) und andere Phänomene fordern Rechtswissenschaft, Medienethik und Informationsethik heraus.

Conversational Agent

Conversational Agents (CAs) sind computerbasierte Dialogsysteme mit natürlichsprachlichen Fähigkeiten. Verwenden beide Seiten die Textform, liegen üblicherweise Chatbots oder Social Bots vor. Manche von diesen besitzen Sprachausgabe, wie Cor@ von der Deutschen Bank um die Jahrtausendwende. Nutzen beide Seiten gesprochene Sprache, handelt es sich üblicherweise um Sprachassistenten (auch Voice Assistants oder Voicebots genannt), die auf Smartphones, in Smartspeakers oder in Anwendungen des Smart Home vorkommen. Bekannte Beispiele sind Google Assistant, Siri und Alexa. Chatbots und Sprachassistenten kann man wiederum mit Avataren ergänzen oder in soziale Roboter wie Pepper oder NAO bzw. in Serviceroboter oder Industrieroboter integrieren (im Englischen spricht man von „embodied conversational agents"). Dabei ist es wichtig, dass Text- bzw. Sprachausgabe mit Mimik und Gestik respektive den Aktionen zusammenpassen. Conversational Agents können funktionalen Charakter haben, sind aber häufig durch ihre Simulation menschlichen Denk- und Sprachverhaltens soziotechnische Systeme mit der Betonung sozialer Aspekte auf der technischen Seite und der Berücksichtigung sozialer Aspekte auf der menschlichen. Entsprechend nimmt man das künstliche Gegenüber als natürlichen Gesprächspartner wahr.

In den 1960er-Jahren herrschten textbasierte Dialogsysteme vor. Ein berühmtes Beispiel ist ELIZA, der erste Chatbot. Er schaffte es bereits ansatzweise, Empathie und Emotionen zu simulieren. In den 1970er-Jahren kamen erweiterte Conversational Agents hinzu, mit gesprochener Sprache als Input oder Output, auf der Grundlage von Speech-to-Text- und Text-to-Speech-Systemen. Immer größeren Wert legte man auf Mehrsprachigkeit, zudem auf eine angenehme, überzeugende Stimme. Um diese natürlicher zu gestalten, wurde ab 2004 die Speech Synthesis Markup Language (SSML) eingesetzt. Viele Sprachassistenten kennt man mit ihrer weiblichen Stimme, die allerdings oft durch eine männliche oder neutrale ausgetauscht werden kann und nicht mehr zwangsläufig die Standardeinstellung ist. Das Simulieren von Empathie und Emotionen durch Stimme, Sprechweise und Inhalte wurde zu einem wichtigen Anliegen, das durch Machine Learning weitere Möglichkeiten erhielt. CAs, die Machine Learning oder speziell Deep Learning gebrauchen, zählen zur Conversational AI. Beispiele dafür sind Cleverbot von 1997, Mitsuku (Kuki) von 2005 und Replika von 2017 sowie ChatGPT und ähnliche Chatbots, die in den 2020er-Jahren ihren Siegeszug antraten und die unter Betonung der Contentgenerierung auch als generative KI bezeichnet werden. Der natürliche, soziale Dialog tritt bei ihnen z. T. zurück zugunsten einer Fokussierung auf zweckorientierte Eingabe (Prompt) und Ausgabe. Dabei spielt Multimodalität eine immer größere Rolle.

Conversational Agents unterstützen die Automatisierung von Prozessen. Sie können vielfältige Aufgaben bewältigen, sind rund um die Uhr verfügbar und taugen für unterschiedliche Gadgets und Applikationen. Bei Benutzern ist eine hohe Akzeptanz vorhanden, wenn sie bei ihrem Anliegen schnell und einfach ans Ziel gelangen. Ist dies nicht der Fall, wird i. d. R. eine Person bevorzugt. Ein CA kann zudem der Unterhaltung dienen und soziale respektive sexuelle Bedürfnisse ein Stück weit befriedigen, wie sich an visualisierten und verkörperten Charakteren wie Replika und Harmony zeigt. In Ethik und Soziologie kann man thematisieren, dass ein menschliches Gegenüber durch ein computerbasiertes Dialogsystem ersetzt wird, wodurch ein echter Dialog wegfällt und eine einseitige Beziehung entsteht. Die Informationsethik untersucht Verletzungen von Urheberrecht und Datenschutz beim Aufbau und Training der Sprachmodelle sowie Verletzungen von informationeller Autonomie bzw. Intim- und Privatsphäre bei der Anwendung. Zusammen mit der Medienethik interessiert sie sich für den Wahrheitsanspruch und den Wahrheitsgehalt (von Aussagen) von Conversational Agents. Die Wirtschaftsethik – insbesondere die Unternehmensethik – widmet sich u. a. der Problematik, dass Mitarbeiter durch Dialogsysteme im Kundendienst ihre Arbeit und Kunden den direkten, persönlichen Bezug zur Firma verlieren.

Copilot

Copilot oder Microsoft Copilot ist nach Angaben des Unternehmens eine KI-Assistenz für Apps, Dokumente und Meetings in Microsoft 365. Es wird nicht nur in Unternehmen, sondern auch an Hochschulen eingesetzt. Angestellte können innerhalb von Word ihre Konzepte auf der Grundlage von Notizen erstellen, mitsamt Grafiken, und Forscher können danach fragen, welche Literatur es zu einem Thema gibt. Mögliche Rückfragen bietet das Werkzeug selbst in Form von Schaltflächen an, wobei man sein Anliegen auch wieder in eigenen Worten beschreiben kann. Zudem kann man mit textbasierten Prompts etwa Excel-Tabellen auswerten oder PowerPoint-Folien anpassen. Tests von Heise und anderen Zeitschriften und Plattformen im Jahre 2024 verliefen eher enttäuschend.

Corporate Governance

Corporate Governance ist der Ordnungsrahmen für die Leitung und Überwachung eines Unternehmens. Die Grundsätze der Unternehmensführung zielen auf eine verantwortliche, kompetente und transparente Führung. Auch und gerade für IT-Firmen ist Corporate Governance relevant.

Corporate Social Responsibility

„Corporate Social Responsibility" (CSR) kann ins Deutsche mit „Unternehmensverantwortung" übersetzt werden. Es handelt sich um einen zentralen Begriff der Wirtschaftsethik, genauer der Unternehmensethik. CSR ist kein Managementkonzept, sondern ein Leitgedanke. IT-Firmen müssen, in Kongruenz mit der Corporate Governance, Verantwortung wahrnehmen mit Blick auf die Produktion von Geräten, den Betrieb von Rechenzentren, die Datenverarbeitung, -sammlung und -verwertung sowie das Verhalten der Kunden.

Cyberkriminalität

Cyberkriminalität tritt als Computer- und Internetkriminalität in Erscheinung. Auch die Kriminalität über Handys und Smartphones und in mobilen Netzen kann dazu gezählt werden. Computerkriminalität umfasst Datenveränderung und Computersabotage, Internetkriminalität Cybermobbing, Identitätsdiebstahl und Netzspionage. Diese Straftaten lassen sich auf den mobilen Bereich übertragen.
Mehr und mehr werden bei Cyberkriminalität auch Large Language Models eingesetzt, etwa beim Erstellen und Versenden von Nachrichten oder beim Klonen von Stimmen mit Hilfe von Sprachsynthese (engl. „voice synthesis"). Die Cybersecurity hält mit ähnlichen Methoden entgegen. So kann man beispielsweise GPT-4 gegen Spam und Phishing verwenden.

Cyberporn

Cyberporn ist Pornografie im Cyberspace, Texte, Bilder, Videos und Live-Übertragungen umfassend, die mit konventionellen Computern und mobilen Geräten distribuiert und konsumiert werden. Am Fließband produzierte Pornografie gehört teilweise zur Cyberkriminalität, etwa Kinderpornografie, selbst produzierte Pornografie ebenfalls, wie der Racheporno oder wiederum Kinderpornografie (im Rahmen von Sexting, das von Kids ausgeht). Im Internet sind viele verschiedene Arten von weicher und harter Pornografie zu finden, was die sogenannte (eher scherzhaft gemeinte) Regel 34 so beschreibt: „If it exists, there is porn of it."
Jugendliche in den Informationsgesellschaften sind mit explizitem Material in ihrer Mehrheit vertraut; man spricht auch von der Generation Porno, zu der die Generationen Y, Z und Alpha gehören. Schäden und Prägungen bei zu frühem Konsum sind möglich, insbesondere wenn man auf Bilder nicht vorbereitet ist und ein Ansprechpartner fehlt, der Darstellungen erklärt und relativiert. Zudem ist Nachahmung eine Gefahr. Selbst Kindergartenkinder können sexuelle Gewalt und sexuelle Praktiken in der Familie oder in Pornos auf ihre Altersgenossen übertragen. Zugleich können Softpornos bei denjenigen, die die nötige geistige Reife haben, zur Aufklärung und Auflockerung beitragen.
Generative KI kann zur Erstellung von Cyberporn verwendet werden. Allerdings sind bei den großen Anbietern meist Restriktionen vorhanden, die z. T. so weitgehend sind, dass sie die Generierung insgesamt behindern. Eine Lösung für einschlägig interessierte Benutzer sind lokal installierte Bildgeneratoren. Manche Bildgeneratoren wurden mit Daten von Pornografie trainiert. Wie Ende 2023 durchsickerte, war es bei Stable Diffusion auch Kinderpornografie. Die Sängerin Taylor Swift wurde Anfang 2024 Opfer sogenannter Deepfakes. Ihre Fans versuchten die Verbreitung zu verhindern. Solche Entwicklungen werfen zahlreiche technische, rechtliche und ethische Fragen auf.
Wichtig ist die Vermittlung von adäquaten Verhaltensweisen im Rahmen der Informations- und der Medienkompetenz. KI-generierte Bilder und Videos mit sexueller Ausrichtung können das Leben von Betroffenen

zerstören. Entsprechende Deepfakes können nur schwer aus dem virtuellen Raum entfernt werden. Auch das Blocken und Filtern mithilfe von Software ist möglich und mit Blick auf Kinder sinnvoll. Die Informationsethik fragt in diesem Kontext grundsätzlich nach der sich verändernden Moral der Informationsgesellschaft und speziell nach der informationellen Autonomie.

Cybersecurity

Cybersecurity oder IT-Sicherheit ist der Schutz von Netzwerken, Computersystemen, cyberphysischen Systemen und Robotern vor Diebstahl oder Beschädigung ihrer Hard- und Software oder der von ihnen verarbeiteten Daten sowie vor Unterbrechung oder Missbrauch der angebotenen Dienste und Funktionen. Bei den Daten handelt es sich sowohl um persönliche als auch um betriebliche (die wiederum persönliche sein können). Insgesamt richtet sich Cybersecurity häufig (aber nicht nur) gegen Cyberkriminalität. Zu Schutzmaßnahmen berät das Bundesamt für Sicherheit in der Informationstechnik (BSI) über die Plattformen „BSI für Bürger" und „Allianz für Cyber-Sicherheit" (für Unternehmen und Organisationen).

Die Omnipräsenz von WLAN und von intelligenten Geräten wie Smartphones, Lautsprechersäulen (Smartspeakers oder Smart Speakers) und Wearables, die Vernetzung von Geräten und Systemen, nicht zuletzt im Kontext des Internets der Dinge und von Cloud Computing, sowie die Verbreitung von Robotern und KI-Systemen, die mit Menschen und Maschinen interagieren und kommunizieren, machen Cybersecurity zum Thema und zum Gebot der Stunde, in gewisser Weise aber auch zu einem Kampf gegen Windmühlen. IT-Konzepte, -Richtlinien und -Maßnahmen sowie spezielle Soft- und Hardware helfen dabei, Systeme und Daten zu schützen. Im Fokus ist der unerwünschte bzw. unerlaubte physische Zugriff auf die Hardware sowie der Zugriff auf Hard- und Software über Netzwerke und Schadsoftware durch Hacker und andere Beauftragte bzw. Unbefugte.

Hacker dringen meist über Netzwerke in Computer ein, um zu spielen und zu experimentieren, auf Schwachstellen hinzuweisen, Daten abzuziehen und Informationen einzusehen oder Systeme, Geräte und Fahrzeuge zu übernehmen. Zu unterscheiden ist zwischen White-Hat-, Grey-Hat- und Black-Hat-Hackern. Die White-Hats wollen aufzeigen, vornehmlich zum Vorteil von Unternehmen und Kunden, dass es keine hundertprozentige Sicherheit in Netzen und bei Computern gibt. Sie dienen der Cybersecurity mehr oder weniger direkt. Die Grey-Hats möchten nicht nur ihre Vorstellung von Informationsfreiheit (Informationszugangsfreiheit) verbreiten, sondern diese so stark wie möglich ausweiten, selbst wenn sie die Freiheit von anderen verletzen. Die Black-Hats (Cracker) besitzen kriminelle Energie. Sie suchen und finden ebenfalls Sicherheitslücken, wollen diese aber bewusst ausnutzen und dabei fremde Systeme einnehmen und beschädigen sowie Daten entwenden. Sie operieren oft im Auftrag von Unternehmen und Regierungen.

Zu den größten Herausforderungen gehört das Fehlen weltweit tätiger, zentraler Einrichtungen für Cybersecurity und weltweit gültiger Absprachen und Regelungen, um Cyberkriminalität zu erkennen und zu bekämpfen sowie Cyberresilienz (Widerstandsfähigkeit und Belastbarkeit der IT-Systeme und -Strukturen) hervorzubringen. Im Zusammenhang mit der Datenschutz-Grundverordnung (DSGVO) sind neue Dokumentations- und Meldepflichten zu erfüllen, etwa in Hinsicht auf Datenschutzverletzungen. Die Informationsethik nimmt sich der moralischen Aspekte des Datenschutzes an, beispielsweise in der Beschäftigung mit der informationellen Autonomie und der Privatsphäre. Sie schärft den Blick für die Bedeutung von IT-Sicherheit für Kunden, Konsumenten und Personen überhaupt, auch in Bezug auf Vertrauen und Verantwortung. Die Wirtschaftsethik kümmert sich um moralische Fragen der Cyberkriminalität, die sich auf Staaten und Unternehmen richtet oder von diesen ausgeht, und der Cybersecurity als Grundlage für eine funktionierende, stabile Volkswirtschaft. Von totalitären Staaten wird der Begriff der Cyberkriminalität missbraucht, um legitime (aber für illegal erklärte) Aktivitäten zu bekämpfen. Dies zeigt nebenbei, dass Kriminalität und Immoralität nicht in eins gesetzt werden dürfen. Cybersecurity kann im Extremfall eine unselige Rolle spielen, insofern etwa die Arbeit von Menschenrechtsaktivisten behindert oder verunmöglicht wird. Die Sicherheit, die hergestellt wird, ist in diesem Falle diejenige der unterdrückenden Personen und Parteien, zu Kosten der Sicherheit und Freiheit der unterdrückten Personen und Gruppen.

Um die Risiken vernetzter KI-Ökosysteme zu demonstrieren, hat eine Gruppe von Forschern im Jahre 2024 einen KI-Wurm entwickelt, der sich von einem System auf ein anderes ausbreiten und dabei möglicherweise Daten stehlen oder Malware einsetzen kann. Das bedeute im Grunde, dass man jetzt die Möglichkeit hat, eine neue Art von Cyberangriff durchzuführen, die es bisher noch nicht gegeben hat, so Ben Nassi, einer der beteiligten Forscher an der Cornell Tech, zu Wired. Untersucht wurden Googles Gemini Pro, OpenAIs GPT 4.0 und das auf LLaMA basierende Modell LLaVA (Large Language Visual Assistant).

Cyborg

Ein Cyborg (von engl. „cybernetic organism") ist ein Lebewesen, das technisch ergänzt oder erweitert ist. Damit ist er (wenn man zunächst tierische Cyborgs ausspart) eine Ausprägung des Human Enhancement. Dieses dient der Vermehrung menschlicher Möglichkeiten und der Steigerung menschlicher Leistungsfähigkeit und damit – aus Sicht der Betroffenen und Anhänger – der Verbesserung und Optimierung des Menschen. Ein verwandtes Phänomen ist Biohacking, speziell Bodyhacking. Es gibt, wie angedeutet, sowohl menschliche als auch tierische Cyborgs. Die Bewegung des Transhumanismus, von der in diesem Zusammenhang häufig die Rede ist, propagiert die selbstbestimmte Weiterentwicklung des Menschen oder die fremdbestimmte Weiterentwicklung von Tieren in die Richtung verständiger, quasi halbmenschlicher Wesen mithilfe wissenschaftlicher und technischer Mittel. Cyborgs sind ein Topos in Science-Fiction-Büchern und -Filmen. Iron Man aus dem Marvel-Kosmos ist nur eines von vielen Beispielen.

Bei einem weiten Begriff ist bereits ein Mensch mit einem Pullover oder einem Rock ein Cyborg. Daneben können Brille und Uhr zu dieser Benennung führen, nicht erst in ihrer smarten Variante. Weitgehend einig ist man sich im Falle von medizinischen und nichtmedizinischen Implantaten, Hightechprothesen und Exoskeletten. Im Kontext des Human Enhancement kann man in Verfahren einteilen, die auf die körperliche und die geistige Erweiterung abzielen, wobei nicht immer eine klare Abgrenzung möglich ist. Zu unterscheiden ist zudem zwischen bestehenden, sich entwickelnden und geplanten Technologien sowie zwischen restaurativen, therapeutischen und nichttherapeutischen Methoden. Bei menschlichen Cyborgs sollen Schwächen ausgeglichen und Stärken hinzugewonnen werden, was nicht nur ihrem eigenen Wunsch, sondern auch dem der Wirtschaft entsprechen mag. Im Kontext des Animal Enhancement geht es um die Unterstützung von Tieren, vor allem wenn diese Gebrechen haben, und um ihre Nutzung, etwa in der Landwirtschaft.

An der Entwicklung von Cyborgs sind u. a. Künstliche Intelligenz (KI), Robotik und Informatik beteiligt. Sie lassen sich von Science-Fiction visuell und funktionell inspirieren. Die Medizin ist bei immersiven Eingriffen gefragt. Mehrere Bereichsethiken behandeln Chancen und Risiken von Human und Animal Enhancement in moralischer Hinsicht. In der Informationsethik interessiert, ob durch die (Nicht-)Verfügbarkeit von Optionen die (Informations-)Gerechtigkeit in Frage gestellt und ob durch die Integration von Chips und die Verwendung von Hightechprothesen die Autonomie des Menschen eingeschränkt oder erweitert wird. Die Technikethik reflektiert die Positionen des Transhumanismus und dessen Postulate einer Transformation. In der Wirtschaftsethik ist der Cyborg als Arbeitnehmer (oder Kunde) relevant, in seinen Möglichkeiten und Abhängigkeiten. Diskutiert wird, ob man in der Produktion oder in der Zustellung jemanden dazu zwingen kann oder soll, Exoskelette respektive Datenbrillen zu tragen. Die Maschinenethik untersucht, ob die technischen Verstärkungen von Organismen selbst moralische Entscheidungen treffen können und müssen. Die Tierethik fragt schließlich, ob wir Tiere verbessern müssen und dürfen und wann gegen deren Interessen und Rechte verstoßen wird.

Auch generative KI kann Menschen zu Cyborgs machen (auch als Human-AI Hybrids bezeichnet). Sie erweitert als mächtiges Werkzeug deren Möglichkeiten bei der Erstellung und Verwendung von Text und Bild. Zudem hilft sie behinderten und beeinträchtigten Personen bei der Bewältigung ihrer Umwelt und der Kommunikation mit ihrer Mitwelt. Ein eindrückliches Beispiel ist die App Be My Eyes mit der Funktion Be My AI. Auf der Basis von GPT-4 können sich Betroffene ihre Umgebung beschreiben lassen, wobei Einschätzungen hinsichtlich Stimmung und Haltung eingestreut werden. Es sind noch viele weitere Ergänzungen und Erweiterungen dieser Art denkbar. Einige werden sich auf die Interaktion und Kommunikation zwischen Menschen, andere auf die zwischen Menschen und Maschinen und zwischen Menschen und Tieren beziehen.

D

DALL-E

DALL-E (veröffentlicht im Januar 2021) und die Nachfolger DALL-E 2 (April 2022) und DALL-E 3 (Oktober 2023) sind von OpenAI entwickelte Bildgeneratoren, die Bilder aus textbasierten Prompts erstellen können. Das Programm – sein Name gemahnt an den berühmten surrealistischen spanischen Maler Salvador Dalí – basiert auf dem ebenfalls von OpenAI entwickelten Generative Pre-trained Transformer, einem Sprachmodell, welches Texte aller Art, Multiple-Choice-Fragen etc. verfassen kann. DALL-E wurde in Verbindung mit CLIP (Contrastive Language-Image Pre-training) entwickelt. Erstellt werden Einzelbilder oder Serien mit bis zu vier Bildern, die nebeneinander angeordnet sind und heruntergeladen werden können. Es sind u. a. fotorealistische und cartoonhafte Darstellungen möglich. Auch einfache Formen der Bildbearbeitung werden angeboten.

Data Augmentation

Bei der Data Augmentation (Datenerweiterung) wird die Überanpassung (das Overfitting) eines Modells reduziert, indem man es mit modifizierten Kopien vorhandener Daten trainiert. Es werden also künstliche, aber realistische Daten zusätzlich erzeugt und für einen spezifischen Zweck verwendet.

Data Science

Data Science (Datenwissenschaft) ist ein Arbeitsfeld, das sich an der Gewinnung von Informationen und Wissen aus Daten versucht. Der Data Scientist muss Mathematik, Statistik, Informatik, Informationswissenschaft und weitere Disziplinen beherrschen. Im betrieblichen Kontext sollen z. B. Empfehlungen zur Verbesserung der Wirtschaftlichkeit und Konkurrenzfähigkeit resultieren.

Künstliche Intelligenz, auch generative KI, rückt immer mehr in den Fokus des Data Scientist. Dabei profitiert er von der meist profunden Ausbildung zu Natural Language Processing (NLP) und auch von der meist integrierten Ausbildung in Ethik (insbesondere in Informationsethik inkl. Datenethik und KI-Ethik sowie in Maschinenethik), die an manchen Hochschulen selbstverständlich ist.

Daten

Daten sind Zeichenfolgen, die zur Darstellung von Informationen dienen. Sie werden auf Datenverarbeitungsanlagen gespeichert, verarbeitet und erzeugt. Im allgemeinen Sprachgebrauch stehen Daten auch für Informationen aller Art. Wer z. B. auf einer Website Daten zu seiner Person hinterlässt, kreiert damit ein Profil und informiert andere über Alter, Aussehen und Interessen.

Datenbank

Eine Datenbank ist für Datenspeicherung und -verwaltung gedacht. Sie besteht aus dem Datenbankmanagementsystem und der Datenbank im engeren Sinne (der Datenbasis). Bei vielen betrieblichen und organisationalen Anwendungen sind relationale Datenbanken elementar, beispielsweise zur Sammlung, Ordnung und Analyse von Mitarbeiter- und Kundendaten. Fachdatenbanken enthalten bibliografische Hinweise oder Volltexte wie elektronische Artikel und Bücher.

Datenethik

Wie die Algorithmenethik ist die Datenethik keine etablierte Bereichsethik. Ihr Thema kann im Prinzip in der Informationsethik erforscht werden. Der Begriff der Ethik zielt hier also weniger auf eine Disziplin, mehr auf ein Arbeitsgebiet bzw. eine Einordnungsmöglichkeit. Der Fokus liegt auf Anwendungen von Small und Big Data und auf der Datensicherheit. Viel diskutiert wird die Frage, ob man persönliche Daten, z. B. zu Erkrankungen, zur Verfügung stellen muss, um der Allgemeinheit zu helfen, etwa durch die Bekämpfung von Krankheiten. Die einen sehen hier das individuelle Interesse als wichtiger an („Meine Daten gehören mir!"), die anderen das öffentliche.

Datenschutz

Datenschutz ist u. a. der Schutz individueller, privater Daten und Informationen vor Unbefugten oder der Allgemeinheit bzw. das entsprechende Fachgebiet. Die betreffenden Personen sollen vor Indiskretionen und Benachteiligungen und damit in ihrem Persönlichkeitsrecht geschützt werden. Mit dem Datenschutz hängt die Datensicherheit zusammen. Prompts verraten viel über die Geisteshaltung, die Interessen, den Geschmack und letztlich die Person des Benutzers. Darin sind sie Eingaben in Suchmaschinen nicht unähnlich. Zudem können Prompts persönliche oder betriebliche Daten enthalten. Diese Gefahr besteht bei Textgeneratoren ebenso wie bei Bild- und Videogeneratoren. Die Informationsethik nimmt sich zusammen mit der KI-Ethik der moralischen Aspekte des Datenschutzes bei generativer KI an, beispielsweise in der Beschäftigung mit der Privat- und Intimsphäre von Benutzern und Betroffenen und mit der informationellen Autonomie, die von Anbietern und Benutzern verletzt werden kann.

Datenschutz-Grundverordnung

Die Datenschutz-Grundverordnung (DSGVO) von 2016 (Inkrafttreten) bzw. 2018 (Anwendung) vereinheitlicht die Regeln zur Verarbeitung personenbezogener Daten durch Unternehmen, Behörden und Vereine, die innerhalb der Europäischen Union einen Sitz haben. Die englische Entsprechung des Begriffs ist „General Data Protection Regulation (GDPR)", die offizielle Bezeichnung „Verordnung des Europäischen Parlaments und des Rates zum Schutz natürlicher Personen bei der Verarbeitung personenbezogener Daten, zum freien Datenverkehr und zur Aufhebung der Richtlinie 95/46/EG". Der Umgang mit Kunden- und Mitarbeiterdaten, Daten von Bürgern etc. wird im Zusammenhang mit dem Datenschutz in elf Kapiteln mit insgesamt 99 Artikeln geklärt. Die Verordnung gilt in allen Mitgliedstaaten und hat Auswirkungen auf weitere Länder und ihre privaten und öffentlichen Einrichtungen. Es sind technische, wirtschaftliche, gesellschaftliche und individuelle Aspekte vorhanden. Es herrschen technikneutrale Regelungen vor, die soziale Medien und künstliche Intelligenz zu erfassen vermögen. Das Recht auf Vergessenwerden wird formuliert, also auf eine Löschung von (Zugängen zu) persönlichen Informationen, ebenso ein Recht auf Informationsfreiheit (Informationszugangsfreiheit) und Datenübertragbarkeit (Datenportabilität). Verankert sind Prinzipien wie Privacy by Design (der Schutz der Daten wird schon bei der Gestaltung der Systeme berücksichtigt) und Privacy by Default (der Schutz der Daten ist der Normalfall, wobei der Benutzer ihn unter Umständen selbst durch Anpassung der Dienste oder Geräte abschwächen kann).

Die Datenschutz-Grundverordnung reagierte spät auf Herausforderungen des Internetzeitalters und auf Entwicklungen wie die künstliche Intelligenz (mit Ansätzen wie Deep Learning, bei denen Big Data eine Rolle spielt). Allerdings waren wichtige Vorgaben und Vorschläge bereits im bisherigen deutschen Bundesdatenschutzgesetz (BDSG) und in der Richtlinie 95/46/EG vorhanden. Die DSGVO ist relevant für diejenigen, die personenbezogene Daten erheben und verarbeiten, beispielsweise für Inhaber von Blogs und Websites, die die Besucher analysieren, Kommentare zulassen und veröffentlichen und Social-Media-Buttons verwenden, oder für Betreiber von Servicerobotern. Konzepte wie Recht auf Vergessenwerden, Informationsfreiheit und informationelle Selbstbestimmung können auch ethisch gedeutet werden. So ist „informationelle Autonomie" ein zentraler Begriff der Informationsethik. Neben der Informationsethik ist die Wirtschaftsethik gefragt.

Deep Learning

Deep Learning ist eine Form des Machine Learning. Es werden neuronale Netze mit vielen versteckten Schichten (engl. „hidden layers") vor der Ausgabeschicht bzw. zwischen Eingabe- und Ausgabeschicht eingesetzt und große Datenmengen verwendet.

Deepfake

Ein Deepfake oder Deep Fake ist ein mit Hilfe künstlicher Intelligenz erstelltes Bild oder Video, das authentisch wirkt, es aber nicht ist. Zudem können weitere Formate wie Audio damit gemeint sein. Auch die Methoden und Techniken in diesem Zusammenhang werden mit dem Begriff bezeichnet. Verwendet werden Machine Learning und speziell Deep Learning. Mit Deepfakes will man Kunst- und Anschauungsobjekte schaffen oder Mittel zur Diskreditierung, Manipulation und Propaganda. Politik und Pornografie sind entsprechend eng mit dem Phänomen verwoben. Medien kritisieren Deepfakes und benutzen sie absichtlich oder unabsichtlich zur Desinformation.

Wenn in (Bewegt-)Bildern softwaregesteuert Gesichter (Face Swap) oder Körper ersetzt und in Filmen verstorbene oder lebende Personen mit erfundenen Aktionen und Monologen verbunden werden, oder wenn geklonte Stimmen zu hören sind, dann kann es sich um Deepfakes handeln. Es stehen Anwendungen wie FakeApp und HeyGen für die Erstellung zur Verfügung. Im Februar 2024 wurde EMO (Emote Portrait Alive) vorgestellt. Ein Klassiker ist ein Video mit einem virtuellen Double von Barack Obama, das darüber sinniert, wie man Donald Trump beschimpfen könnte. So wie neuronale Netze Deepfakes ermöglichen, können sie bei deren Entlarvung dienlich sein.

Deepfakes sind wie Fake News ebenso interessante wie heikle Trends der Informationsgesellschaft. Die Entwicklungen in der Disziplin der Künstlichen Intelligenz und speziell bei Machine Learning haben zu immer besseren Ergebnissen geführt. Selbst geschulte Benutzer erkennen kaum noch, worum es sich handelt. Deepfakes können Persönlichkeitsrechte verletzen und in Anschuldigungen, Verwicklungen und Auseinandersetzungen münden. Sie gefährden die informationelle Autonomie und sind so ein Thema der Informationsethik. Ferner können, je nach Fall, Medien-, Politik- und Wirtschaftsethik ins Spiel kommen.

DeppGPT

DeppGPT ist ein Chatbot des deutschen Satiremagazins Der Postillon aus dem Jahre 2023. Auf der Website heißt es: „ChatGPT können Sie getrost vergessen – denn jetzt kommt die erste wirklich menschliche Sprach-KI aus dem Hause Postillon! Inspiriert von den Umgangsformen echter Menschen, Miesepeter und Leserbriefschreiber haben unsere Computerexperten die erste künstliche Arroganz DeppGPT entwickelt, mit der Sie sich unterhalten können. Lassen Sie sich anschnauzen, auslachen und niedermachen, wie Sie es sonst nur von echten Menschen gewohnt sind." In einem gewissen Sinne wandelt Grok von xAI auf den Spuren von DeppGPT, denn es soll ebenfalls humorvoll und randseitig sein.

DFKI

Das Deutsche Forschungszentrum für Künstliche Intelligenz (DFKI) betreibt ein Kompetenzzentrum Generative KI mit Sitz in Berlin. Laut Website beschäftigt es sich mit folgenden Themen: Natural Language Processing (NLP) und Sprachtechnologie (Language Technology, LT), Process Engineering, Image Capturing, Robotik, Mensch-Maschine-Interaktion (MMI), Erklärbarkeit und Vertrauenswürdigkeit, Datenschutz und Optimierung.

Diffusionsmodell

Das Diffusionsmodell, auch bekannt als das Denoising Diffusion Probabilistic Model (DDPM), ist ein zweistufiges Prozessmodell für Machine Learning. Es arbeitet mit der Weiterleitung von Daten und der Umkehrung von Rauschen. Es ist u. a. für das Generieren von Bildern wichtig. In diesem Zusammenhang liefert Souhir Ben Souissi folgende Erklärung: „Diffusionsmodelle erzeugen neue Bilder, indem sie zunächst klare Bilder in Rauschen verwandeln und dieses Rauschen dann geschickt wieder in klare, aussagekräftige Bilder zurückverwandeln" (Souissi 2023).

Digitale Ethik

Der Begriff der digitalen Ethik (engl. „digital ethics") ist ebenso erfolgreich wie uneindeutig. Die einen verweisen damit auf einen Teilbereich der Informationsethik, die anderen – mit dem Ziel einer Neubenennung – auf die Gesamtheit dieser Bereichsethik, womöglich unter Einbeziehung der Medienethik. Wieder andere fassen darunter ein zu konstruierendes normatives System, das für die Informationsgesellschaft oder auch speziell für die Wirtschaft (nicht nur für KI-, IT- und Internetfirmen) zu gelten habe, was mit Aussagen wie „Wir brauchen eine digitale Ethik" verbunden wird. Nicht zuletzt kann die Moral der Informationsgesellschaft gemeint sein, wobei dann – wie es häufig im Englischen der Fall ist – die Begriffe von Ethik und Moral nicht scharf getrennt werden. Die Informationsethik untersucht seit ihren Anfängen in den 1970er- und 1980er-Jahren – der Computerkritiker Joseph Weizenbaum, der sich selbst als Gesellschaftskritiker sah, legte die ersten Grundlagen – die moralischen Aspekte der Entstehung und Verwendung von Information und des Einsatzes von Informations- und Kommunikationstechnologien, Informationssystemen sowie Robotern und KI-Systemen. Eine Datenethik kann wie eine Algorithmenethik als Teil von ihr begriffen werden, eine Roboterethik, die nicht nur eine Spezialisierung der Maschinenethik ist, als Fokussierung auf (teil-)autonome Software- und Hardwareroboter aus Sicht einer Bereichsethik. Die digitale Ethik entnimmt all diesen Disziplinen den Aspekt des Digitalen und erhebt ihn zum Primat.

Im Englischen ist der Begriff der digitalen Ethik durchaus anschlussfähig, wenn man an „medical ethics" (Medizinethik) denkt. Wenn man damit im Deutschen eine Bereichsethik bezeichnet, schert man terminologisch aus der bisherigen Reihe aus. Es handelt sich nicht mehr um ein Nominalkompositum, bei dem – in diesen Fällen jeweils mit einem Substantiv – vorne der Bereich, hinten die Disziplin angegeben wird, sondern eine Adjektiv-Substantiv-Konstruktion. Die wissenschaftliche Beschäftigung mit der Moral der Informationsgesellschaft hat immer wieder Höhen und Tiefen erlebt. Seit 2010 hat sie erhebliche Aufmerksamkeit erlangt, ohne dass deshalb die Zahl der Forschungseinrichtungen und Lehrstühle genügend erhöht wurde. Zugleich fand unter dem Namen der digitalen Ethik eine Trivialisierung und Kommerzialisierung statt, durch Laien, Verbünde, Verbände und Unternehmen.

Der Begriff der digitalen Ethik erscheint verständlicher und einprägsamer als etwa „Informationsethik" oder „Algorithmenethik". Er verneigt sich vor dem „Digitalen", das in Fügungen wie „Digitalisierung" eine Erfolgsgeschichte geschrieben hat. Allerdings verwischt er die Grenzziehungen zwischen den klassischen Bereichsethiken und anderen Feldern der angewandten Ethik. Technik-, Medien- und Informationsethik sind zusammen mit der Maschinenethik (als Pendant zur Menschenethik) die Disziplinen, die für die Phänomene der Informationsgesellschaft zuständig scheinen, und sie beziehen sich mehr oder weniger klar auf einen Anwendungsbereich oder einen Ausgangspunkt (etwa das Subjekt der Moral). Ein zusätzliches, bereits angesprochenes Problem ist, dass oft nicht klar ist, ob die Disziplin insgesamt, ein Bereich von ihr oder gar ihr Gegenstand gemeint ist.

Digitale Piraterie

Unter den Begriff der digitalen Piraterie fallen Verbreitung von Werken und Nachahmung von Produkten unter Verwendung von Informations- und Kommunikationstechnologien und neuen Medien und unter Verletzung von Urheber-, Wettbewerbs-, Marken- oder Patentrecht. Seit der Jahrtausendwende sind Musik und Literatur stark betroffen. Der Durchbruch der 3D-Drucker im Massenmarkt, mitsamt der Verfügbarkeit digitaler Modelle, leistet der Produktpiraterie weiter Vorschub.

Digitaler Graben

Der digitale Graben verläuft zwischen den schwach und stark vernetzten und computerisierten Ländern, aber ebenso innerhalb der Informationsgesellschaft, und trennt diejenigen, die Zugang zum Internet, zu Onlinediensten und zu Kommunikationswerkzeugen haben, von denjenigen, die ihn nicht haben oder wollen. Man spricht daneben von digitaler Kluft (engl. „digital gap") und digitaler Spaltung (engl. „digital divide"), Rainer Kuhlen auch von informationeller Asymmetrie.
Auf beiden Seiten des digitalen Grabens können Chancen und Risiken ausgemacht werden, wobei nicht verkannt werden darf, dass Informations- und Kommunikationstechnologien nicht zuletzt Herrschaftsinstrumente sind und der digitale Graben in der Tendenz dem Gerechtigkeitsprinzip widerspricht.
Eine besondere Frage ist, ob bestimmte Männer einen digitalen Graben errichten, indem sie bestimmte Frauen im Netz ausgrenzen, angreifen und bloßstellen. Die Hashtags #aufschrei und #MeToo wandten sich gegen sexuelle Belästigung nicht nur in der Offline-, sondern auch in der Onlinewelt. Die Informationsethik widmet sich in diesem Kontext etwa der Informationsgerechtigkeit und -macht.

Digitales Geschäftsmodell

Nach Karlheinz Bozem und Anna Nagl gründet ein digitales Geschäftsmodell „auf den Potenzialen, die disruptive Technologien bieten" (Bozem und Nagl 2021). Von einem nichtdigitalen Geschäftsmodell unterscheide es sich darin, „dass zentrale Elemente des Wertschöpfungsprozesses auf digitalen Technologien basieren und zu Geschäftsmodell-Innovationen und innovativen Geschäftsmodellen führen" (ebd.). Auch bei einem digitalen Geschäftsmodell gehe es um „die optimale Erfüllung der Wünsche und Bedürfnisse der Kunden und das Einlösen des Nutzenversprechens durch das Leistungs- und Produktangebot" (ebd.). Beispiele sind das Free-Modell, das Freemium-Modell und das On-Demand-Modell. Auch E-Commerce insgesamt kann zu den digitalen Geschäftsmodellen gezählt werden.

Digitalisierung

Der Begriff der Digitalisierung hat mehrere Bedeutungen. Er kann auf die digitale Umwandlung und Darstellung bzw. Durchführung von Information und Kommunikation oder die digitale Modifikation von Instrumenten, Geräten und Fahrzeugen ebenso zielen wie auf die digitale Revolution, die auch als dritte Revolution bekannt ist. Im letzteren Kontext, der im vorliegenden Beitrag behandelt wird, werden nicht zuletzt „Informationszeitalter" und „Computerisierung" genannt. Während im 20. Jahrhundert die Informationstechnologie (IT) vor allem der Automatisierung und Optimierung diente, Privathaushalt und Arbeitsplatz modernisiert, Computernetze geschaffen und Softwareprodukte wie Office-Programme und Enterprise-Resource-Planning-Systeme eingeführt wurden, stehen seit Anfang des 21. Jahrhunderts disruptive Technologien und innovative Geschäftsmodelle sowie Autonomisierung, Flexibilisierung und Individualisierung in der Digitalisierung im Vordergrund. Diese hat eine neue Richtung genommen und mündet in die vierte industrielle Revolution, die wiederum mit dem Begriff der Industrie 4.0 (auch „Enterprise 4.0") und mit einem sehr weit verstandenen Begriff der Digitalisierung (auch „digitale Wende", „digitaler Wandel", „digitale Transformation" etc.) verbunden wird.

Die Digitalisierung hat zu verschiedenen Umwälzungen geführt, angefangen von der Umdeutung des Begriffs der Güter und der Werke und der Vereinfachung von Kopier- und Distributionsmöglichkeiten über die Veränderung der Arbeitswelt bis hin zur Verschmelzung von Virtualität und Realität. Es wurden ganze Unternehmen und Branchen umgeformt. Spezialisierte Plattformen verdrängen traditionelle Player, obwohl sie keine eigenen Gerätschaften, Fahrzeuge oder Immobilien besitzen. Die Betreiber sozialer Netzwerke erstellen keine bzw. kaum eigene Inhalte. Der User-generated Content wird zur Analyse genutzt, auf der wiederum die Personalisierung (auch von Werbung) beruht. Mit der Industrie 4.0 und ihrer Smart Factory setzen sich beispiellose Robotertypen und Prozessketten durch und werden Entwicklungen wie das Internet der Dinge und der 3D-Druck gefördert. Künstliche Intelligenz, Big Data und Cloud Computing erlauben vorher nicht gekannte Aktivitäten und Analysen. Neue Ein- und Ausgabegeräte und neue Verfahren wie die Datenbrille bzw. die Virtual-Reality-Brille und die Gestensteuerung transformieren Büroraum und Werkbank sowie den Bereich der Unterhaltung.

Die Digitalisierung wird diskutiert und kritisiert, und insbesondere die nächste Entwicklungsstufe, die sie ermöglicht, ist in Gesellschaft, Wirtschaft und Politik umstritten. Die Bereichsethiken können die bei der Digitalisierung entstehenden moralischen Probleme – etwa in Bezug auf die Industrie 4.0 – reflektieren, allen voran Technik-, Informations- und Wirtschaftsethik. Technik- und Informationsethik fragen nach dem Zugewinn und dem Verlust der persönlichen und informationellen Autonomie und nach der Abhängigkeit der Kunden von IT und IT-Unternehmen, die Teildisziplinen der Wirtschaftsethik nach der Verantwortung der Unternehmen (Unternehmensethik) bei der Datennutzung und bei Fertigungsprozessen gegenüber Benutzern und Mitarbeitern und nach der Verantwortung der Konsumenten digitaler Güter und Dienstleistungen (Konsumentenethik). Mit den Folgen befassen sich auch Rechtswissenschaft, Medizin, Soziologie und Psychologie. Die Maschinenethik interessiert sich für die Möglichkeit moralischer Maschinen, die Regeln einhalten bzw. Fälle berücksichtigen und mit denen bestimmte Konsequenzen vermieden werden können. Vor dem Hintergrund, dass Arbeiter und Angestellte ihre Arbeit verlieren, weil Hard- und Softwareroboter diese günstiger und schneller (manchmal auch besser) verrichten, widmet man sich Ansätzen und Konzepten wie der Robotersteuer und dem bedingungslosen Grundeinkommen und denkt über Faktoren nach, die die soziale Gerechtigkeit und den gesellschaftlichen Zusammenhalt fördern.

Insgesamt lohnt es sich, den Begriff der Digitalisierung in seinem jeweiligen Kontext zu beleuchten und zu verstehen. Meint der Verfasser eines Beitrags die dritte industrielle Revolution oder die vierte, oder meint er beides zusammen? Ist für ihn die Digitalisierung die Basis der digitalen Wende, des digitalen Wandels und der digitalen Transformation oder mit diesen identisch? Natürlich ist es auch legitim, nach einer Vermeidung und Abschaffung des Begriffs zu rufen, wobei sich der Gebrauch von Sprache selten gezielt lenken lässt. Von einem Autor oder Referenten kann indes erwartet werden, dass er, sobald er das Wort ergreift, dieses erklärt, und von einem Leser oder Zuhörer, dass er es sozusagen übersetzen kann.

Digitalkapitalismus

Der Digitalkapitalismus (der digitale Kapitalismus) baut auf digitalen Geschäftsmodellen auf und macht Gewinn mit den Daten der Benutzer, häufig ohne Rücksicht auf Verluste. Der Überwachungskapitalismus ist sozusagen sein ständiger Begleiter oder sein zweites Gesicht.

Disruptive Technologien

Disruptive Technologien (engl. „disrupt": „zerstören", „unterbrechen") unterbrechen die Erfolgsserie etablierter Technologien und Verfahren und verdrängen oder ersetzen diese in mehr oder weniger kurzer Zeit. Sie verändern auch Gewohnheiten im Privat- und Berufsleben. Oft sind sie zunächst qualitativ schlechter oder funktional spezieller, was mit ihrer Digitalisierung zusammenhängen kann, und gleichen sich dann nach und nach an ihre Vorgänger an bzw. übertreffen diese in bestimmten Aspekten. Das umstrittene Prinzip geht auf den amerikanischen Wirtschaftswissenschaftler und Geistlichen Clayton M. Christensen zurück, der nach Ursachen für das Scheitern von Unternehmen suchte.

Kompressionsformate wie MP3, Geräte wie Digitalkameras, Flachbildfernseher, Smartphones und 3D-Drucker sowie Innovationen wie Kryptowährungen und generative KI sind Beispiele für disruptive Technologien. Diese zeigen auch, dass Zufälle, Misserfolge und Verzögerungen die Startphase bestimmen mögen. MP3 war eigentlich für den Austausch von Daten zwischen Radiostudios gedacht. Der Durchbruch kam mit dem WWW und der illegalen Verbreitung einer Software. Digitalkameras lieferten über Jahre eine mäßige Bildqualität, konnten ihre Nachteile aber früh durch Vorteile kompensieren, etwa die schnelle Nutzbar- und Verbreitbarkeit und die einfache Bearbeitbarkeit von Fotografien. Der 3D-Druck, lange Zeit nur in Nischen von Bedeutung, erlebte einen beachtlichen Aufschwung durch günstige, handliche Systeme für den Privathaushalt und den Einsatz in Büros und Fabriken. Sprachmodelle blieben jahrelang unbeachtet, bis Bild- und Textgeneratoren im Jahre 2022 den Durchbruch brachten.

Der Begriff der disruptiven Technologien erscheint diffus und tendenziös. Man kann ihm alle möglichen Phänomene zurechnen und Unternehmen, die auf kontinuierliche Technologien setzen, mangelnde Innovationskraft vorwerfen. Einerseits erweisen sich manche disruptive Technologien als überschätzt, andererseits fegen manche selbst bewährte Technologien vom Markt, ohne dass diese eine Chance auf eine Rückkehr haben, von Nebenschauplätzen abgesehen, und sind Teil völlig neuer Geschäftsmodelle, etwa bei sozialen Netzwerken, bei Plattformen und Portalen oder in der Industrie 4.0. Die Informationsethik widmet sich den Chancen und Risiken disruptiver Technologien für die Informationsgesellschaft, die Wirtschaftsethik den Konsequenzen für Staat, Unternehmen, Mitarbeiter und Kunden.

Diversity

Mit dem Ansatz der Diversity, im Deutschen auch Diversität genannt, versucht man Vielfalt zu erkennen und zu fördern, Benachteiligung zu vermindern und Chancengleichheit zu erreichen. Er ist eng verbunden mit der Inclusion (Inklusion), der Einbeziehung von Personen und Gruppen.

Berücksichtigt werden ethnische, politische, kulturelle, weltanschauliche, altersbezogene, sexuelle, soziale, geistige und körperliche Aspekte. Ursprünglich standen die Bekämpfung von Rassismus und die Einbindung von People of Color (PoC) in den USA im Vordergrund. Die Gleichstellung von Frauen in der westlichen Welt wurde zu einem weiteren wesentlichen Bereich.

Auch bei sozialen Robotern versucht man Diversity abzubilden. So haben manche Firmen verschiedene Varianten im Angebot, männliche, weibliche und neutrale, schwarze und weiße. Bereits früher war dies bei Puppen der Fall, etwa Barbie und Ken von Mattel. Bei Liebespuppen und Sexrobotern wird ebenfalls eine enorme Vielfalt abgebildet, wobei einige Hersteller vorsichtig mit schwarzen bzw. farbigen Modellen sind.

Bei Bildgeneratoren ist Diversity nicht durchgehend gewährleistet. So herrscht der kaukasische Typ bei allgemeinen Prompts vor. Er steht auch oft an der Spitze hierarchischer Beziehungen innerhalb der Abbildungen. Frauen wie Männer werden in ihrem Aussehen und ihren Rollen stereotyp dargestellt. Philosophie, Psychologie und Soziologie führen eine entsprechende Bias-Diskussion.

Drohne

Eine Drohne ist ein unbemanntes Luft- oder Unterwasserfahrzeug, das entweder von Menschen ferngesteuert oder von einem integrierten oder ausgelagerten Computer gesteuert und damit teil- oder vollautonom wird. Im Englischen spricht man von „drone", im Falle der Flugdrohne, auf die im Folgenden fokussiert wird, auch von Unmanned Aerial Vehicle (UAV). Man unterscheidet den militärischen, politischen, journalistischen, wissenschaftlichen, wirtschaftlichen sowie privaten, persönlichen Einsatz, grundsätzlicher militärische und zivile Nutzung. Drohnen sind als singuläre Maschinen unterwegs, lediglich mit einer Kontrolleinheit verbunden, oder Teil eines komplexeren Systems, wie im Kriegswesen, wo das Unmanned Combat Aerial Vehicle (UCAV) zum Unmanned Aerial System (UAS) gehört, oder in der Landwirtschaft, wo das Fluggerät mit dem Mähdrescher (bzw. dem Betreiber) kooperiert, um Tierleid, Schneidwerkverunreinigungen und Maschinenschäden zu verhindern.

Die privat oder wirtschaftlich genutzte Drohne wird mit dem Smartphone oder einer Fernbedienung gelenkt. Sie besitzt häufig eine Kamera für Stand- und Bewegtbilder. Mit deren Hilfe und im Zusammenspiel mit dem Display kann sie, anders als ein klassisches Modellflugzeug, relativ sicher außerhalb des Sichtbereichs geflogen werden. Ferner kann ein Mikrofon vorhanden sein, zum Zwecke der Sprachsteuerung, wobei die Fluggeräusche herausgefiltert werden müssen. Die Ausstattung umfasst Batterien oder Akkus, moderne Elektromotoren und Elektronikkomponenten bzw. Computertechnologien, zuweilen auch Stabilisierungssystem, WLAN-Komponenten und GPS-Modul, sodass man den Kurs über eine Karte vorgeben und von der Drohne abfliegen lassen kann. Weit verbreitet ist der Quadrokopter mit seinen vier Rotoren. Er kann in der Luft verharren und anspruchsvolle Manöver ausführen. Ferner sind Hexakopter mit sechs Rotoren auf dem Massenmarkt, zudem einfachere Hubschraubermodelle, die Modellflugzeugen ähneln.

Die Informationsethik interessiert sich dafür, ob die informationelle Autonomie eingeschränkt oder erweitert wird und welche Konsequenzen eine feindliche Übernahme der Drohne hat. In der Technikethik wird diese als Gerät in den Vordergrund gerückt und nach dessen Omnipräsenz und der Abhängigkeit von diesem gefragt. Die Abhängigkeit ist wiederum ein Thema der Informationsethik, vor allem wenn das Gerät als Computer und die Datenanalyse und -nutzung im Mittelpunkt stehen. Insofern sich die Maschinenethik teil- oder vollautonomen, intelligenten Systemen widmet, sind ihre Erkenntnisse in Bezug auf Drohnen relevant, wenn diese selbst Entscheidungen treffen und Handlungen vollziehen (wenn man diese Begriffe zulassen will) oder selbstständig Informationen filtern. Die Grundprobleme sind unabhängig von der Verbreitung vorhanden. Ein Erfolg wird freilich in weitere Herausforderungen münden, etwa wenn die Geräte miteinander und im Internet der Dinge kommunizieren und kooperieren, oder wenn der Druck, diese einzusetzen, hoch ist. Ferner gehören kriminelle und terroristische Aktivitäten zu den Risiken. Hinzuweisen ist aber auch auf die Chancen, die sich etwa bei der Zustellung in schwach besiedelten Gebieten und bei hohem Zeitdruck ergeben, wobei sowohl Privatleute als auch Unternehmen profitieren können.

Drohnen können Roboter sein, und wie alle Roboter mögen sie von Sprachmodellen profitieren, etwa in Bezug auf Steuerung und Wahrnehmung. Bei der Fremdsteuerung sind Prompts von Benutzern wesentlich, die in natürlicher oder semiformaler Sprache gehalten sein können, bei der Eigensteuerung die Bilddaten, die in die Sprachmodelle integriert werden und die wiederum für eine zeitlich und räumliche Form der Wahrnehmung sorgen. Da in der Luft – wie im Wasser – eine besonders schnelle Fortbewegung möglich ist und sich die Verhältnisse laufend ändern können, sind eine schnelle Verarbeitung und Antwortzeit wesentlich. Auch für Drohnenschwärme und insgesamt für die Maschine-Maschine-Kommunikation können sich Sprachmodelle als vorteilhaft erweisen.

E

E-Book

Ein E-Book ist ein elektronisches Buch. Es wird mit einem Handy, Smartphone, Reader, Tablet oder einem anderen elektronischen Gerät, das mit einem Display ausgestattet ist, gelesen und betrachtet. Man kann es multimedial aufbereiten und mit Links ergänzen, sodass es zum Enhanced oder Enriched E-Book wird, also zum verbesserten, erweiterten oder angereicherten elektronischen Buch. Bei einem klassischen E-Book, etwa im PDF- oder EPUB-Format, bleibt das Buchhafte erhalten; es besteht zwar kein Buch als Ding, aber als Werk. Handyromane und Enriched Books vermögen selbst Werkgrenzen aufzulösen.

Das elektronische Dokument, das dem konventionellen Buch vorausgeht, ist meist auch der Ausgangspunkt beim E-Book. Es wird in geeignete Formate überführt, mit Metadaten und Zugriffsrechten versehen sowie – bei Enriched E-Books – mit Grafiken, Fotos, Videos und Links angereichert. Handyromane werden speziell für das Handy bzw. Smartphone konzipiert. Sie sind oft von geringem Umfang oder in Folgen aufgeteilt und werden von einzelnen Autoren oder Communitys geschrieben. Spezialisierte und etablierte Verlage druckten sie während der Blütezeit im Erfolgsfalle nach, gerade im Ursprungsland Japan. Deshalb und wegen ihrer Besonderheit als Genre können sie nicht ohne weiteres unter den Begriff des E-Books subsumiert werden. Übersetzungshilfen und Leserkommentare sowie Augmented Reality erweitern das E-Book weiter.

E-Books werden über Onlinehändler vertrieben, über spezielle Plattformen im Web oder über mobile Shops. Manche Plattformen ermöglichen zusätzlich die Produktion der Bücher bzw. die Umwandlung von Vorlagen in geeignete Formate, decken also wesentliche Teile der Wertschöpfungskette ab. Die Titel werden vom Benutzer auf das mobile Gerät heruntergeladen. Je nach Geschäftsmodell können Anbieter und Benutzer in unterschiedlicher Freiheit über sie verfügen; manche Anbieter erlauben sich den Remotezugriff und die nachträgliche Anpassung und Löschung. Immer mehr Autoren verzichten auf die althergebrachten Mittler und bringen Werke – die sie mithilfe von Grafikern, Lektoren und Korrektoren oder generativer KI professionalisieren – selbst auf den Markt, wobei manche von ihnen höhere Gewinne erzielen.

Verlagswesen, Buchhandel und Literaturbetrieb im deutschsprachigen Raum standen dem E-Book lange skeptisch gegenüber. Nach dem Boom von Readern und Tablets gehörte es zum guten Ton, zum gedruckten Buch eine elektronische Alternative anzubieten. Mediale Möglichkeiten wurden dabei selten ausgereizt, vielversprechende Geschäftsmodelle kaum umgesetzt. In den ersten Jahren waren E-Books zu Literaturwettbewerben nicht zugelassen. Inzwischen gibt es spezielle Preise und Förderungen. Es werden Werke angeboten, die menschlichem Ungenügen oder automatisierter Produktion entspringen oder aber trotz bzw. wegen ihrer Einzigartigkeit von keinem etablierten Verlag akzeptiert worden wären. Zwischen der Rezeption traditioneller Bücher und klassischer E-Books existieren kaum Unterschiede. Bei zunehmender Multimedialisierung und Hypertextifizierung treten allerdings diejenigen Mechanismen in Kraft, die man von Internet und WWW her kennt. Die Benutzer werden daran gewöhnt, kurze Einheiten ohne ausreichenden Kontext zu konsumieren, durch Bilder, Videos, Kommentare und verlinkte Ressourcen abgelenkt sowie im schlimmsten Fall in ihrer Vorstellungskraft geschwächt.

Text- und Bildgeneratoren erlauben eine schnelle und einfache Herstellung von E-Books. Entsprechend verbreiten sich diese seit 2022 unter anderem Vorzeichen weiter. Es gibt sowohl kommerzielle als auch experimentelle Projekte. Einige davon gingen dem Wesen generativer KI selbst auf den Grund und stellten u. a. die Frage, ob sie Schönheit herstellen und beurteilen kann („AN AI EXPLAINS BEAUTY") oder ob sie Stereotype („AMERICAN SMILE") verbreitet. Dabei waren vor allem die multimodalen Fähigkeiten interessant, etwa der Umstand, dass man bei den Prompts sowohl Text als auch Bild verwenden konnte. Mäßig seriöse Agenturen geben an, dass man ein E-Book in wenigen Stunden schreiben kann, und bieten ihre Unterstützung dabei an. Solche Machwerke können den Markt allerdings nachhaltig beschädigen, wie auch den Ruf der Autoren (oder Prompter) selbst.

E-Business

E-Business (Electronic Business) ist die Unterstützung von Geschäftsprozessen durch Informations- und Kommunikationstechnologien und Informationssysteme, etwa das Internet und mobile Technologien. E-Commerce, eine Ausprägung des elektronischen Markts, ist ein Teilaspekt davon; im Zentrum steht hier der Handel von Produkten und Dienstleistungen über elektronische Medien. Auch zu E-Business gezählt werden die Bereiche E-Learning, E-Government, E-Health, E-Finance, E-Logistics und Cloud Computing, um nur wenige Anwendungsfelder zu nennen.

Echokammer

In einer Echokammer (engl. „echo chamber") werden Überzeugungen von Lesern, Betrachtern und Benutzern verstärkt. Beispielsweise schließt man sich in sozialen Netzwerken und in Microblogs mit Gleichgesinnten zusammen und wird durch ihre Posts und Tweets bestätigt. Die Filterblase (Filter Bubble) ist ein verwandtes Phänomen bzw. Konzept, ebenso die Schweigespirale.

Edge Computing

Edge Computing ist im Gegensatz zum Cloud Computing die dezentrale Verarbeitung von Daten. Diese findet sozusagen am Rand des Netzwerks statt, an der Edge (engl. „edge": „Rand", „Kante", „Schwelle"). Performanz, Qualität und Sicherheit können sich verbessern. Bei riesigen Datenmengen kommt Edge Computing allerdings an seine Grenzen.

Einhorn

Einhörner (Unicorns) sind Start-ups mit einer Marktbewertung von über einer Milliarde US-Dollar vor dem Börsengang oder einem Exit (also einem geplanten Ausstieg von Kapitalgebern aus einer Beteiligungsanlage). Der Begriff wurde 2013 von Aileen Lee in ihrem Artikel „Welcome To The Unicorn Club: Learning From Billion-Dollar Startups" verwendet.

Im Silicon Valley, in San Francisco und Los Angeles gibt es ebenso Einhörner wie in Peking oder Berlin. Die deutsche Hauptstadt zieht Startups offenbar an, und manche sind sehr erfolgreich. Einhörner sind häufig im IT-Bereich angesiedelt, frönen dem Plattformkapitalismus, sind der Idee der Sharing Economy zugewandt und setzen neuartige Modelle für E-Commerce um. Auch Datenspeicherung und -analyse sind wichtige Geschäftsfelder.

Der Begriff des Einhorns kann kritisiert werden, weil er erklärungsbedürftig und uneindeutig ist. So steht das Horn für die Milliarde US-Dollar, aber in der Realität handelt es sich zuweilen um einen viel höheren Betrag. Begriffe wie „decacorn" („Zehnhorn") sollen diesbezüglich mehr Klarheit und einen größeren Rahmen schaffen. Einhörner selbst stehen unter Beobachtung, weil manche von ihnen Branchen verändern bzw. vernichten und mit Daten von Benutzern auf nicht immer verantwortungsvolle Weise umgehen.

Bei generativer KI sind mehrere Einhörner entstanden, nämlich OpenAI, Hugging Face, Lightricks, Jasper, Glean und stability.ai. Dabei rangiert OpenAI mit Stand 2024 weit vor den anderen Unternehmen. OpenAI ist bekannt für ChatGPT und DALL-E, Hugging Face für seine Transformer-Bibliothek und seine Plattform für Modelle und Datensätze maschinellen Lernens.

Elektronisches Publizieren

Elektronisches Publizieren (Electronic Publishing oder E-Publishing) ist die elektronische öffentliche oder halböffentliche Bereitstellung von textueller und auch visueller, auditiver und audiovisueller Information. Publiziert wird beispielsweise auf Datenträgern wie USB-Sticks, im World Wide Web (Web-Publishing) oder auch in der Form von E-Books. Viele Autoren – Wissenschaftler, Schriftsteller oder Journalisten – nutzen das Internet als direkten Vertriebskanal ihrer Erzeugnisse. Ferner gehören die Produktionen von intelligenten Maschinen zum elektronischen Publizieren (Robo-Content oder Robot-Content), auch im Rahmen des Roboterjournalismus.

Ein Problem beim elektronischen Publizieren ist, dass Dokumente ganz oder teilweise kopiert und von Unbefugten genutzt bzw. unter ihrem Namen verbreitet werden können. An Schulen und Hochschulen nehmen die Fälle des Raubs geistigen Eigentums zu, wenn dagegen nicht mit spezieller Software angekämpft wird, und im Internet sind Raubkopien von ganzen Büchern zu finden. Verletzungen des Urheberrechts sind inzwischen an der Tagesordnung. Zur eindeutigen Regelung der Rechte und Pflichten bzw. zur Durchsetzung der Bestimmungen werden mehr und mehr Creative-Commons-Lizenzen und das Digital Rights Management eingesetzt.

Generative KI hat dem elektronischen Publizieren einen Schub verliehen. Es entstanden zahlreiche neue belletristische und wissenschaftliche Werke, zudem Beispiele experimenteller Literatur. Ein Ende 2023 geöffneter Kanal sind die GPTs, über die man die eigenen Werke – etwa Gedichte – anzeigen und vortragen lässt. Autoren, Herausgeber und Verlage konnten einerseits den Markt mit beeindruckenden Erzeugnissen bereichern. Andererseits scheiterten viele an rechtlichen und ethischen Herausforderungen. So traten Plagiate auf, wenn Forschungsarbeiten zusammengefasst werden sollten, aber tatsächlich teils wörtlich wiedergegeben wurden. Zudem ergaben einige Beiträge und Bücher über weite Strecken keinen Sinn.

ELIZA

ELIZA wurde 1966 von Joseph Weizenbaum entwickelt. Sie gilt als Vorläuferin von Chatbots und Sprachassistenten. Einerseits stellt sie auf der Basis von Aussagen des Benutzers dazu passende (Rück-)Fragen, andererseits formuliert sie diesem gegenüber, wenn sie Schlüsselwörter erkennt, Aussage- und Imperativsätze. Das Programm bestand den Turing-Test in der Weise, dass es von bestimmten Menschen als vollwertiger Gesprächspartner anerkannt und Vertrauen aufgebaut wurde. Der deutschamerikanische Informatiker war so erschrocken über diesen Umstand, dass er in der Folge zum Computerkritiker – oder Gesellschaftskritiker, wie er sich nannte – wurde.

Emotionen

Emotionen sind Gefühle wie Freude, Trauer, Angst und Ekel, die Menschen haben und zeigen und die soziale Roboter zeigen, aber nicht haben – und die diese bei Menschen erkennen und deuten können. Roboter wie Pepper können Emotionen ausdrücken und bis zu einem gewissen Grad feststellen (mit Hilfe von Gesichts- und Stimmerkennung). Zudem können Pepper und Cozmo eine ganze Bandbreite von Emotionen simulieren, unter Einsatz auditiver, visueller und physischer Mittel. In zahlreichen Romanen und Filmen verlieben sich Menschen in soziale Roboter und Sprachassistenten, zuweilen auch (tatsächlich oder scheinbar) umgekehrt. Beispiele sind Theodore Twombly und Samantha („Her") oder Caleb und Ava („Ex Machina"). Zuweilen kommen sich Maschinen näher, wie WALL-E und EVE („WALL-E") oder Samantha und die anderen „Betriebssysteme". In der Wirklichkeit passiert es, dass sich Menschen in Liebespuppen und in Sexroboter wie Harmony verlieben.

In der Roboterethik kann das Zeigen von Emotionen bei sozialen Robotern als Betrug und Täuschung aufgefasst werden, aber genauso als wesentliches Element sozialer Beziehungen und Verhältnisse, ohne das soziale Roboter nicht sinnvoll auf sexuellem Gebiet oder in Anwendungsbereichen wie Bildung und Gesundheit eingesetzt werden können. Die Maschinenethik kann Empathie und Emotionen bei sozialen Robotern mitgestalten oder versuchen, die Illusion aufzubrechen.

Die Ergebnisse von Text-, Bild-, Video- und Audiogeneratoren können Emotionen hervorrufen. Be My AI, die auf GPT-4 basierende Funktion von Be My Eyes, kann Emotionen erkennen und beschreiben. Wenn Benutzer in ihren Prompts emotional werden, kann dies bei bestimmten Text- und Bildgeneratoren zu besseren Ergebnissen führen. Dies arbeiteten Cheng Li und seine Mitautoren in ihrem Artikel „Large Language Models Understand and Can Be Enhanced by Emotional Stimuli" vom 12. November 2023 heraus.

Emotionserkennung

Emotionserkennung wird bei Robotern und KI-Systemen meist mit Hilfe von Gesichts- und Stimmerkennung durchgeführt. Hinzukommen kann Gestenerkennung, auch Gestikerkennung genannt. Bei der Gesichtserkennung ist Mimikerkennung entscheidend. Die Mimik wird klassifiziert, und es wird versucht, sie den entsprechenden Emotionen zuzuordnen, etwa Angst oder Freude. Da Menschen nicht immer die Emotionen zeigen, die sie haben, hat diese Methode durchaus ihre Grenzen. Im Rahmen der Stimmerkennung wird mit Blick auf Emotionserkennung die Stimme z. B. danach untersucht, welche Lautstärke und Tonhöhe sie hat und ob sie zittrig ist oder bricht.

Einige soziale Roboter beherrschen Emotionserkennung mit Hilfe von Gesichts- oder Stimmerkennung. Zu ihnen gehört Pepper, der im Haushalt, im halböffentlichen und öffentlichen Bereich, im Gesundheitsbereich und im wirtschaftlichen Bereich zu finden ist. Es ergeben sich Fragen aus Informationsethik und Wirtschaftsethik heraus, etwa ob man die Emotionen von Patienten und Kunden analysieren darf. Ein besonderes Problemgebiet ist die Lügenerkennung. Auch hier werden

Mimik, Gestik und Stimme genutzt, zudem der Inhalt des Gesagten, und es ist umstritten, ob entsprechende Systeme z. B. bei der Einreise eingesetzt werden sollten.

Empathie

Empathie ist Einfühlungsvermögen, Feinfühligkeit und Mitgefühl. Chatbots und soziale Roboter können sie zeigen, aber nicht haben. Sie erkennen Probleme des Benutzers, sprechen ihm gut zu, loben und tadeln ihn. Auf seiner Seite kann wiederum Empathie für den Chatbot oder den sozialen Roboter entstehen, die freilich in gewisser Weise ins Leere läuft.

Seit 2013 wurden mehrere Chatbots wie GOODBOT und BESTBOT gebaut, die Probleme des Benutzers erkennen und Empathie zeigen. Sie stehen in der Tradition von ELIZA, können im Gegensatz zu ihr aber Hilfe anbieten und vermitteln. So eskalierte der GOODBOT auf mehreren Stufen und gab schließlich eine Notfallnummer heraus, wenn er an Grenzen stieß. SPACE THEA, ein Sprachassistent von 2021 für einen Marsflug der Zukunft, zeigte ebenfalls Empathie.

In der Roboterethik kann das Zeigen von Empathie und Emotionen bei sozialen Robotern als Betrug und Täuschung aufgefasst werden, aber genauso als wesentliches Element sozialer Beziehungen und Verhältnisse, ohne das solche Systeme nicht sinnvoll in Anwendungsbereichen wie Bildung und Gesundheit eingesetzt werden können. Die Maschinenethik schafft moralische Maschinen, die Empathie mit moralischer Konnotation einsetzen, unter ihnen Chatbots und Sprachassistenten.

Energieverbrauch

Alex de Vries hat 2023 den Energieverbrauch von KI untersucht und darüber in seinem Kommentar „The growing energy footprint of artificial intelligence" berichtet. Auch wenn die genaue Zukunft des KI-bezogenen

Stromverbrauchs schwer vorherzusagen sei, sei es wichtig, sowohl allzu optimistische als auch allzu pessimistische Erwartungen zu dämpfen. Die Integration von KI in Anwendungen wie Suchmaschinen könne den Stromverbrauch solcher Anwendungen erheblich steigern. Verschiedene Ressourcenfaktoren würden jedoch wohl das Wachstum des weltweiten KI-bezogenen Stromverbrauchs in naher Zukunft einschränken. Gleichzeitig sei es wahrscheinlich zu optimistisch, zu erwarten, dass Verbesserungen der Hardware- und Softwareeffizienz alle langfristigen Veränderungen des KI-bezogenen Stromverbrauchs vollständig ausgleichen werden. „These advancements can trigger a rebound effect whereby increasing efficiency leads to increased demand for AI, escalating rather than reducing total resource use. The AI enthusiasm of 2022 and 2023 could be part of such a rebound effect, and this enthusiasm has put the AI server supply chain on track to deliver a more significant contribution to worldwide data center electricity consumption in the coming years." (de Vries 2023) Darüber hinaus könnte die Steigerung der Effizienz, so Alex de Vries, auch einen erheblichen Bestand an älteren und ungenutzten Grafikprozessoren freisetzen, z. B. solche, die zuvor für das Mining der Kryptowährung Ethereum verwendet wurden, um sie für KI wiederzuverwenden. Daher wäre es nach seiner Einschätzung für Entwickler ratsam, sich nicht nur auf die Optimierung von KI zu konzentrieren, sondern auch kritisch zu prüfen, ob der Einsatz von KI überhaupt notwendig ist, da es unwahrscheinlich sei, dass alle Anwendungen von KI profitieren oder die Vorteile immer die Kosten überwiegen.

Ernie Bot

Ernie Bot (der Name steht für „Enhanced Representation through Knowledge Integration") ist ein Chatbot von Baidu, der seit 2019 entwickelt wird. Er basiert auf einem Large Language Model (LLM) namens Ernie 4.0. Deshalb wird auch von Ernie Bot 4 gesprochen. Baidu ist ein bekannter chinesischer Suchmaschinenbetreiber mit einer der meistaufgerufenen Websites der Welt.

Ethics by Design

Ethics by Design ist das Arbeitsgebiet, das Roboter, KI-Systeme und andere Maschinen nach ethischen Leitlinien bzw. moralischen Ansprüchen zu entwickeln und zu gestalten versucht. Es kann auch darum gehen, Maschinen moralische Fähigkeiten beizubringen, womit man in der Maschinenethik wäre.

Ethik

Die Ethik als Wissenschaft ist eine Disziplin der Philosophie und hat die Moral zum Gegenstand. Sie geht u. a. auf Aristoteles zurück („Nikomachische Ethik"). In der empirischen Ethik beschreibt man Moral und Sitte, in der normativen beurteilt man sie, kritisiert sie und begründet gegebenenfalls die Notwendigkeit einer Anpassung. In der normativen Ethik beruft man sich im abschließenden Sinne – so u. a. Otfried Höffe – weder auf religiöse und politische Autoritäten noch auf das Natürliche, Gewohnte oder Bewährte. Man kann in der Ethik auch auf die Moralität zielen und Grundbedingungen der Moral oder Diskrepanzen zwischen Haltung und Verhalten deutlich machen. Die Metaethik analysiert moralische Begriffe und Aussagen in semantischer Hinsicht oder vergleicht Modelle der normativen Ethik.

Es kann in der Ethik nicht nur die Moral von Menschen (Ethik im engeren Sinne oder Menschenethik), sondern auch von Maschinen (Maschinenethik) thematisiert werden, wobei die „maschinelle Moral" (wie die „moralische Maschine") ein Terminus technicus ist. Die angewandte Ethik gliedert sich in Bereichsethiken wie Medizinethik, Wirtschaftsethik, Technikethik und Informationsethik. Die theonome Ethik, die sich auf Gott beruft, gehört mitsamt der theologischen Ethik nicht zur Ethik als Wissenschaft. Umgangssprachlich wird auch eine mehr oder weniger systematische Beschäftigung mit Moral oder ein mehr oder weniger stabiles Denkgebäude zur Sitte, ohne wissenschaftlichen Anspruch, als Ethik bezeichnet.

Ethikkommission

Eine Ethikkommission beurteilt Forschungsvorhaben und Entwicklungsprojekte aus moralischer, rechtlicher und gesellschaftlicher Sicht. Sie ist in einer Organisation (vor allem in größeren Unternehmen) angesiedelt oder berät – ähnlich wie die Einrichtungen für Technologiefolgenabschätzung – die Politik. Häufig geht es um die Forschung an Lebewesen, an Menschen, Tieren und Pflanzen.
Ethikkommissionen sollen vor Imageschäden bewahren und vor Gefahren und Risiken für Leib und Leben sowie für die Umwelt warnen. Sie orientieren sich und arbeiten an ethischen Leitlinien. Der Deutsche Ethikrat widmet sich als nationale Ethikkommission den voraussichtlichen Folgen für Individuum und Gesellschaft, die sich insbesondere auf dem Gebiet der Lebenswissenschaften und ihrer Anwendung auf den Menschen ergeben.
Anders als der Name suggeriert, sind in Ethikkommissionen die Ethiker meist in der Minderheit. Mitglieder sind mehrheitlich Naturwissenschaftler, Rechtswissenschaftler, Mediziner und Theologen. Damit kann kaum eine professionelle Ethik praktiziert, sondern allenfalls eine gewünschte Moral propagiert werden. Der Einfluss von nationalen Ethikkommissionen wird durch rechtliche Rahmenbedingungen auf europäischer bzw. internationaler Ebene beschränkt.

Ethische Leitlinien

Ethische Leitlinien sind flankierende Maßnahmen für Benutzer, Mitarbeiter und Mitglieder. Sie stellen eine Möglichkeit der Regulierung und Sensibilisierung dar. Sie gelten mehrheitlich als zahnlose Tiger, im Gegensatz zu manchen rechtlichen Maßnahmen. Sie können aber auch, verbunden mit entsprechenden Sanktionen, eine gewisse Wirkung entfalten und grundsätzlich Anstöße und Anregungen geben.
Mit Blick auf generative KI sind zahlreiche ethische Leitlinien entstanden, ausgehend von Wissenschaftlern, Unternehmen und Behörden. Beispiele sind „Guidance for generative AI in education and research"

von der UNESCO (2023) und „Ethische Leitlinien für Lehrkräfte über die Nutzung von KI und Daten für Lehr- und Lernzwecke" von der Europäischen Kommission (2022).

Europäisches KI-Büro

Das Europäische KI-Büro (The European AI Office) wurde im Februar 2024 eingerichtet. Auf der Website der Europäischen Kommission heißt es: „The European AI Office will be the centre of AI expertise across the EU. It will play a key role in implementing the AI Act – especially for general-purpose AI – foster the development and use of trustworthy AI, and international cooperation." (European Commission 2024) Und weiter: „The European AI Office will support the development and use of trustworthy AI, while protecting against AI risks. The AI Office was established within the European Commission as the centre of AI expertise and forms the foundation for a single European AI governance system." (ebd.) Die EU will nach eigenen Angaben dafür sorgen, dass KI sicher und vertrauenswürdig ist. Der AI Act sei der weltweit erste umfassende Rechtsrahmen für KI, der die Gesundheit, die Sicherheit und die Grundrechte der Menschen garantiert und den Unternehmen in den 27 Mitgliedstaaten Rechtssicherheit bietet.

Evaluation

Unter Evaluation versteht man die Bewertung eines Gegenstands, einer Maßnahme oder einer Person. Es werden hierfür systematisch Daten gesammelt und analysiert, um die Zielerfüllung oder Nutzen und Wirkung zu beurteilen. Evaluationen werden häufig im Rahmen der Qualitätssicherung durchgeführt und dienen der Sicherstellung, Verbesserung oder Anpassung der Qualität eines Gegenstands oder einer Maßnahme bzw. der Verbesserung von Aktivitäten. Organisationen aller Art können aus ethischer Perspektive evaluiert werden. Dabei werden vor allem Instrumente der Wirtschaftsethik und Ideen aus dem Bereich der Corporate Social Responsibility genutzt. Die Evaluation ist auch in der Mensch-Computer-Interaktion und bei der generativen KI von Relevanz.

Explainable AI

Explainable AI – „AI" steht für „artificial intelligence" (engl.) – ist ein Ansatz, mit dessen Hilfe dem Betreiber oder Benutzer nachvollziehbar und verständlich werden soll, wie neuronale Netze, genetische Algorithmen und andere dynamische Systeme zu ihren Ergebnissen kommen. Dabei können Erklärungen vom Anbieter, vom Entwickler oder von der KI selbst geliefert werden. Eine Explainable AI wird häufig von Vertretern der KI-Ethik und auch der Politik und der Wissenschaft gefordert. Sie steht im Zusammenhang mit der Responsible AI. Ob sie allerdings überhaupt möglich ist, ist umstritten. Selbst die Hersteller und Programmierer verstehen nicht immer, auf welche Weise ihr KI-System seine Ergebnisse erzielt. Zudem lassen sich manche Methoden und Prozesse kaum der breiten Öffentlichkeit nahebringen. Von daher ist Explainable AI eng mit der Idee der Transparenz verknüpft, ohne sie jedoch in allen Aspekten verwirklichen zu können.

F

Fake

Ein Fake ist nach der Bedeutung im Englischen eine Fälschung, eine Täuschung, eine Attrappe, oder ein Hochstapler bzw. ein Simulant (im Deutschen auch Faker genannt). Eine Fake-Identität im Internet kann in betrügerischer Absicht oder zum Schutz der informationellen Autonomie angenommen werden. Ein Fake-Account dient dem Ausspionieren, dem Trollen, dem Rollenspiel oder auch dem Absetzen von negativen oder positiven Bewertungen und Kommentaren mit dem Ziel der Manipulation, etwa bei touristischen Portalen und journalistischen Angeboten.

Fakes können auch als Videofakes und Stimmklone in Erscheinung treten. Dabei wird oft generative KI genutzt, mit deren Hilfe realitätsgetreue Avatare der Benutzer samt einer Stimme, die in beliebigen Sprachen parlieren kann, erstellt werden. In diesem Zusammenhang spricht man auch von Deepfake. Die (Netz-)Kunst macht sich das Phänomen in vielerlei Hinsicht zunutze, ebenso der eine oder andere Kriminelle.

Fake News

Ein Fake ist eine Fälschung, eine Täuschung, eine Attrappe, oder ein Hochstapler und ein Simulant (Faker). Fake News sind Falsch- und Fehlinformationen, die häufig durch elektronische Kanäle (vor allem soziale Medien) verbreitet werden. Sie gehen von Einzelnen oder Gruppen aus, die in eigenem oder fremdem Auftrag handeln. Es gibt persönliche, politische und wirtschaftliche Motive für die Erstellung. Algorithmen verschiedener Art und Social Bots spielen eine zentrale Rolle bei der Verbreitung, zudem die Posts, Likes und Retweets der Benutzer.

Zunächst hat man vor allem im Zusammenhang mit Facebook und Twitter (dem heutigen X) und anderen sozialen Medien von Fake News gesprochen. Der Content ist direkt dort zu sehen, in Text und Bild, oder über Links erreichbar. Donald Trump wandte den Begriff auch auf klassische Medien an. Inhaltlich Ungereimtes, sprachlich Unscharfes oder Falschmeldungen wie Zeitungsenten sollten nicht generell als Fake News bezeichnet werden – zu diesen gehören eben die gezielte Nutzung der Potenziale der sozialen Medien und die begründete Hoffnung auf eine virale Verbreitung.

Die „Fake News" sind – wie die „Lügenpresse" – zu einem Kampfbegriff unterschiedlicher Lager geworden, die dahinterliegenden Phänomene zu einem Problem der Informationsgesellschaft, in der Manipulation und Desinformation zunehmen. Es entstehen bei den Medien und Parteien spezielle Einrichtungen, die Fake News identifizieren und eliminieren sollen. Damit ist freilich die Gefahr der Zensur gegeben. Informations- und Medienethik untersuchen die moralischen Implikationen von Fake News. Die Wirtschaftsethik interessiert sich ebenfalls für diese, insofern sie Unternehmen, Mitarbeitern und Konsumenten Vor- und Nachteile bringen können.

Feedback

Feedback ist die Rückmeldung zum Verhalten, zu den Leistungen oder auch zu den Fragen einer Person durch eine andere oder ein Informationssystem bzw. eine Lernanwendung. Die Betroffenen sollen Stärken und

Schwächen ihrer Aktionen erkennen und in die Lage versetzt werden, sich selbst zu beurteilen.
Sowohl Menschen als auch Maschinen können demnach Feedback geben. Die Frage ist, wer wodurch in welcher Weise motiviert oder demotiviert wird, auch mit Blick auf das moralische Verhalten. Feedback gegenüber Maschinen zur Verbesserung ihrer Moral ist Thema der Maschinenethik.

Few-shot Learning

Beim Few-shot Learning handelt es sich um einen Ansatz im Machine Learning, bei dem ein Modell aus mehreren Beispielen lernen kann. Damit soll die Lernfähigkeit eines Menschen nachgeahmt werden. Beim One-shot Learning (Ein-Shot-Lernen) lernt das Modell aus einem einzigen Beispiel. Auch damit ist die Lernfähigkeit eines Menschen das Vorbild. Beim Zero-shot Learning (Zero-Shot-Lernen) sollen die Modelle Objekte klassifizieren können, ohne von ihnen Beispiele während des Trainings beobachtet zu haben.

Filter Bubble

Der Begriff der Filter Bubble (Filterblase) meint die Personalisierung bei Websites und Apps mithilfe von Algorithmen, die den Informationsbedarf des Benutzers voraussagen und entsprechende Seiten, Texte und Bilder (nicht) aufrufen bzw. ein- oder ausblenden. Eli Pariser hat ihn ab dem Jahre 2011 geprägt. Verwandt sind die Begriffe der Informationsblase und der Echokammer.
Die Filter Bubble ist angeblich ein typisches Phänomen sozialer Netzwerke. Diese neigten dazu, einen „ideologischen Rahmen" (Pariser 2012), wie Pariser es in seinem Buch nennt, zu schaffen, ein informationelles Gefängnis. Die Algorithmenethik kann sich mit der Moral der Algorithmen beschäftigen oder – in anderer Ausprägung – mit den Auswirkungen solcher Einschränkungen auf das Wohl, die Entwicklung und die Entscheidungsfreiheit des Menschen.

Finetuning

Über Finetuning (Feinabstimmung, engl. „fine-tuning") lernt ein Sprachmodell über zusätzlich bereitgestellte Daten dazu. Dies ist wichtig, wenn es spezifische Aufgaben erledigen muss. Ein Beispiel ist, dass ein Chatbot auf der Website oder in einer App bestimmte Informationen zu einem Unternehmen oder zu einem Studiengang liefern oder bestimmte Nachrichten in einem typischen Ton und Stil verbreiten soll. Auch im Sinne von Datenschutz und Compliance kann man Finetuning betreiben – so werden bestimmte Daten und Informationen, die für ein Unternehmen heikel sein könnten, vom Modell vermieden.
Laut OpenAI sind folgende Vorteile vorhanden: Hochwertigere Ergebnisse als beim Prompten (durch einen Entwickler); Möglichkeit, mit mehr Beispielen zu trainieren, als in einen Prompt passen; Einsparung von Token durch kürzere Prompts; geringere Latenzzeiten bei Anfragen … Im Großen und Ganzen umfasse die Feinabstimmung die folgenden vier Schritte: 1. Vorbereiten und Hochladen von Trainingsdaten; 2. Trainieren eines neuen feinabgestimmten Modells; 3. Ergebnisse auswerten und bei Bedarf zu Schritt 1 zurückkehren; 4. Verwenden des feingetunten Modells.

Firefly

Firefly oder Adobe Firefly ist ein Bildgenerator, der mit den Funktionen Text zu Bild, Text zu Vektorgrafik, Text zu Vorlage, Texteffekte und – wie Adobe Photoshop – generatives Füllen bzw. Inpainting aufwartet. Auch Referenzbilder kann man hochladen. Grundlage ist mit Stand 2024 das Firefly Image 2 Model.

Fortschritt

Fortschritt ist eine erhebliche, spür- und sichtbare Verbesserung, Steigerung und Erweiterung, bezogen etwa auf Strukturen, Prozesse, Situationen und Entitäten. Er kann gestalterischer, technischer, medizinischer, wirtschaftlicher, politischer, sozialer und moralischer Natur sein und sich auf die Fortentwicklung in Gesellschaft, Kultur und Zivilisation sowie von Individuen und Arten richten. Fortschritt ist mit Wissenszuwachs und Wissenschaft verbunden, zudem mit Innovationsfähigkeit, mit Plan- und Umsetzbarkeit und mit Zuverlässigkeit von Personen und Systemen. Ein Wort wie „Fortschrittsgläubigkeit" lässt einen gewissen Argwohn gegenüber dem Fortschritt erkennen, eines wie „Fortschrittlichkeit" dagegen eine gewisse Vertrauensseligkeit.

Fortschritt kann es für unterschiedliche Objekte geben, sowohl für Menschen als auch für Tiere und Pflanzen. Aristoteles sprach mit dem Begriff die Herausbildung „von komplexen Strukturen im individuellen Wachstum" (Toepfer 2011) an, und zwar bei Pflanzen wie bei Menschen. Im 18. Jahrhundert kam gemäß derselben Quelle die Bedeutung des Wandels der Arten hinzu, vor allem im Kontext der Phylogenese und der Evolution. Seit der Frühen Neuzeit ist es in erster Linie „das Wissen des Menschen, dem ein Fortschritt zugeschrieben wird" (ebd.). Die Mitglieder seiner Spezies sind die Subjekte, von denen i. d. R. bewusster Fortschritt ausgeht, doch auch manche Tiere können Errungenschaften in nachrückende Generationen tragen.

Mit Fortschritt will man häufig bisherige Mängel, Fehler und Schwächen überwinden, z. B. in technischen, medizinischen und wirtschaftlichen Zusammenhängen. Dabei spielen Innovationen eine Rolle, also bestimmte Ideen, die in nützliche und erfolgreiche Produkte und Dienstleistungen umgesetzt worden sind. Fortschritt kann ein Ziel von Unternehmen und Branchen, einer Gesellschaft oder der Menschheit in der Zukunft darstellen, wie die Etablierung der Industrie 4.0, die Abschaffung der Armut und des Analphabetismus oder die Besiedlung fremder Planeten, respektive Teil einer Utopie sein. Zudem ist er wesentlich für Ideologien wie den Transhumanismus.

Fortschritt ist der Motor der Zivilisation. Er hat dabei geholfen, ferne und feindliche Lebensräume zu erschließen, die Schrift zu erfinden und zu nutzen, Krankheiten zu besiegen, Werkzeuge, Fahr- und Flugzeuge, Computer und Roboter zu entwickeln und der Religion die Aufklärung und den Humanismus entgegenzusetzen. Im Zuge der Fortschrittsgläubigkeit findet allerdings auch eine Verschwendung und Vernichtung natürlicher Ressourcen statt, und Fortschritt im Pflanzen- und Tierreich wird in erster Linie im Sinne von Haltung und Züchtung gesehen. Informationsethik, Technikethik, Umweltethik, Wirtschaftsethik und Politikethik untersuchen die Implikationen von Fortschritt (oder Fortschrittsgläubigkeit), etwa in Hinsicht auf Gleichheit und Gerechtigkeit (oder Umweltzerstörung und Klimawandel), und zeigen auf, dass ein Fortschritt in einer Domäne einen Rückschritt in einer anderen nach sich ziehen kann.

Futurologie

Die Futurologie erforscht, wie der Name sagt, die Zukunft, vor allem technische, wirtschaftliche, politische und gesellschaftliche Entwicklungen. Sie liefert wissenschaftlich fundierte Prognosen und Szenarien oder gefällt sich in der Skizze einer Vision oder Utopie. Der Begriff geht auf den Rechts- und Politikwissenschafter Ossip K. Flechtheim zurück.

G

Gamification

Gamification (von engl. „game": „Spiel") ist die Übertragung von spieltypischen Elementen und Vorgängen in spielfremde Zusammenhänge. Alternative Begriffe im deutschsprachigen Raum sind „Gamifizierung" und „Spielifizierung".

Ziele von Gamification sind Motivationssteigerung und Verhaltensänderung bei Anwendern. Zu den spieltypischen Elementen gehören Beschreibungen (Ziele, Beteiligte, Regeln, Möglichkeiten), Punkte, Preise und Vergleiche. Zu den spieltypischen Vorgängen zählt die Bewältigung von Aufgaben durch individuelle oder kollaborative Leistungen.

Zunächst fand die Gamifizierung vor allem im Unterhaltungs- und Werbebereich statt. Inzwischen spielt sie auch eine Rolle in der Fitness, beim Shopping, bei betrieblichen Anwendungen – und in Lernumgebungen. Dadurch entsteht eine Nähe zu älteren Phänomenen wie Game-based Learning, Edutainment und Serious Games. Gamification bezieht sich nicht ausschließlich auf den Onlinebereich. Man kann auf fast alles Spieledesignprinzipien anwenden.

Der Erfolg von Gamification ist stark von der Haltung der Anwender und ihrer Affinität zu Spielen abhängig. Zudem ist es wichtig, dass die Elemente und Prozesse professionell, wirksam und stimmig umgesetzt sind. Fraglich ist, ob Gamification zu einer Gewöhnung an das Spielerische führt und die Motivation in traditionellen Bereichen weiter senkt.

Auch bei generativer KI findet Gamification statt. So kann man bei Ideogram den Bildern seines Gefallens ein Herzchen verleihen. Diejenigen mit den meisten Herzchen schaffen es in einen Bereich namens Trending. Auch der Remix von Bildern („Vary" bei Midjourney) hat eine spielerische Variante. Mit „Lucky Style" kann man in jedem Falle einen Zufallsstil auswählen.

Gemini

Gemini (oder Google Gemini) ist aus Bard (oder Google Bard) hervorgegangen. Es ist ein multimodaler Chatbot von Google, ähnlich wie ChatGPT. Er bezieht aktuelle Informationen aus dem World Wide Web. Nach dem Launch des Bildgenerators von Gemini im Februar 2024 wurde dieser zunächst wieder zurückgezogen, da er asiatische Frauen und schwarze Männer in (einer Variante von) Wehrmachtsuniformen dargestellt hatte, um Diversität zu bezeugen. Ähnlich woke verhielt sich Imagine with Meta AI.

Generative Adversarial Network

Ein Generative Adversarial Network (GAN) ist ein Machine-Learning-Modell, das oft für das Generieren von Bildern eingesetzt wird. Es besteht aus zwei neuronalen Netzen, dem Generator und dem Diskriminator, die miteinander konkurrieren. Das eine erzeugt echt wirkende Daten, während das andere diese Daten als echt oder künstlich klassifiziert.

Generative KI

Generative KI („KI" steht für „künstliche Intelligenz") ist ein Sammelbegriff für KI-basierte Systeme, mit denen auf scheinbar professionelle und kreative Weise alle möglichen Ergebnisse produziert werden können, etwa Bilder, Video, Audio, Text, Code, 3D-Modelle und Simulationen. Menschliche Fertigkeiten sollen erreicht oder übertroffen werden. Generative KI kann Schüler, Studenten, Lehrkräfte, Büromitarbeiter, Politiker, Künstler und Wissenschaftler unterstützen und Bestandteil von komplexeren Systemen sein. Man spricht auch, dem englischen Wort folgend, von Generative AI oder kurz GenAI, wobei „AI" die Abkürzung für „artificial intelligence" ist.

Bei Generative AI wird Machine Learning verwendet, insbesondere Deep Learning, unter Heranziehung unterschiedlicher Datenquellen und Trainingsmethoden. Zu den verbreitetsten Modellen gehören Generative Adversarial Networks (GANs), Variational Autoencoders (VAEs) und Large Language Models (LLMs). Mit Reinforcement Learning from Human Feedback (RLHF) kann man die Klassifikation und Evaluation durch Arbeitskräfte einbeziehen. Mit ihrem Feedback wird ein Belohnungssystem trainiert, das wiederum – um ein Beispiel zu nennen – einen Chatbot trainiert. In den 2020er-Jahren gab es eine regelrechte Explosion von Applikationen. Durch den Umstand, dass viele Tools von der Allgemeinheit getestet werden konnten, wurde der Hype um generative KI befördert. Es flammte eine breite öffentliche, mediale, wissenschaftliche und politische Diskussion auf.

ChatGPT kann auf der Basis von Prompts Texte aller Art erstellen, Studienarbeiten, Fachartikel, Werbetexte, Gedichte oder Rezepte, und auch zum Chatbot werden. Diesen kann man mit einem Text-to-Speech-System verbinden und in einen sozialen Roboter integrieren, der damit weitreichende natürlichsprachliche Fähigkeiten erlangt, oder in Suchmaschinen, wie es Microsoft und Google gemacht haben. Bildgeneratoren wie DALL-E und Midjourney produzieren visuellen Content. Musikgeneratoren wie AI Music Generator kreieren Tonfolgen, die man in Musikkissen verwenden kann, und ganze Lieder. Andere Systeme helfen beim Entwickeln von neuen Medikamenten oder aber von neuen biologischen und chemischen Waffen.

Generative AI ist ein mächtiges Werkzeug, das in repetitiven und kreativen Prozessen unterstützen kann. Viele Ergebnisse sind überzeugend und beeindruckend. Es entstehen jedoch ebenso Texte und Bilder, die unrichtig und unrealistisch sind – man spricht vom Halluzinieren – oder Personen verletzen. Wenn man dies durch Metaregeln oder andere Mechanismen zu verhindern versucht, ist die Gefahr von Zensur vorhanden. Die pure Menge an Bildern und Videos mit sexistischen oder anderweitig diskriminierenden Merkmalen übt Druck auf Betroffene aus. Medienethik und Informationsethik sind mit ihren Begriffen und Methoden hilfreich. Generative AI wirft Fragen zum Urheberrecht bezüglich der Datenquellen und zur informationellen Autonomie der Benutzer auf, die die Systeme ständig mit Anfragen füttern und dabei personenbezogene Daten verwenden oder preisgeben – ein Thema von Rechtswissenschaft sowie Rechts- und Informationsethik. Die Dual-Use-Problematik zeigt sich etwa bei der Erfindung von Arzneien auf der einen Seite und Kampfstoffen auf der anderen. Technikethik und Bioethik mögen hier zur Klärung beitragen.

Generator

Ein Generator im ursprünglichen Sinne ist eine Maschine, in der mechanische Energie in elektrische umgewandelt wird. Erzeugt wird elektrische Spannung oder elektrischer Strom. Ein Generator im Kontext der KI erstellt neue Inhalte wie Texte (Textgenerator), Bilder (Bildgenerator), Videos (Videogenerator) oder Töne und Klänge (Audiogenerator). Er benutzt dafür Machine Learning, insbesondere Deep Learning.

Generierung

Generierung (von lat. „generāre": „erzeugen", „erschaffen", „hervorbringen"; engl. „generate": „hervorrufen", „erzeugen") im allgemeinen Sinne ist die Erzeugung von Produkten, Umsätzen und Einnahmen oder von Daten, Informationen und Wissen mit den Mitteln von Kultur und Technik. In der Linguistik ist die Bildung von Sätzen gemeint. Im Sinne der Informatik ist Generierung die Erzeugung von Daten, Funktionen und Applikationen, im Kontext der Künstlichen Intelligenz auch die von Texten, Bildern, Videos, Musik, Code etc. (generative KI).

Geschäftsmodell

Ein Geschäftsmodell beschreibt die wirtschaftliche Tätigkeit einer Organisation und stellt dar, mit welchen Wertschöpfungsaktivitäten diese am Markt Erfolg haben will. In vereinfachter Form wird in einem Geschäftsmodell abgebildet, welche Ressourcen von einer Organisation benötigt werden, welche Prozesse diese Ressourcen durchlaufen, welche Akteure involviert sind und welche Produkte oder Dienstleistungen angeboten werden sollen, um sich entsprechend der Geschäftsstrategie am fokussierten Markt positionieren zu können. Meist besteht ein Geschäftsmodell aus mehreren Teilmodellen, die verschiedene Aspekte wie Marktstrategie, Vertriebswege oder Beschaffung zum Gegenstand haben.

Digitale Geschäftsmodelle können ganz unterschiedliche Formen annehmen. Im Falle von E-Commerce überträgt man den traditionellen Handel in den elektronischen Bereich, wobei sowohl physische als auch virtuelle Produkte angeboten werden und Bewertungen, Kommentare und Tests die Anbahnung der Transaktionen transformieren können. Auch Daten und Informationen sowie elektronische Plattformen und Portale können der Ausgangspunkt bzw. die Grundlage sein.

In diesem Zusammenhang wurden sowohl Marketing und Werbung als auch Medienwirtschaft, Transport- und Vermietungsgeschäft sowie Gastgewerbe auf den Kopf gestellt. Im Extremfall besitzt ein Unternehmen keine eigenen Inhalte, Produkte, Fahrzeuge und Immobilien mehr, sondern verwaltet oder vermittelt diese nur noch. Eine Voraussetzung dafür ist das veränderte Verhalten von Kunden, die auch Anbieter sein mögen.

Der digitale Kapitalismus oder Digitalkapitalismus beruht auf digitalen Geschäftsmodellen und reizt diese im skizzierten Sinne aus. Verbunden mit ihm ist der Überwachungskapitalismus. Wenn digitale Geschäftsmodelle auf Daten beruhen und diese auch aus persönlichen bzw.

personenbezogenen Daten bestehen, liegen das Eindringen in Privat- und Intimsphäre und der Verlust der informationellen Autonomie nahe. Die Überwachung des Kunden und die Überwachung des Bürgers sind dabei nur zwei Seiten einer Medaille.

Gesichtserkennung

Gesichtserkennung ist das automatisierte Erkennen eines Gesichts in der Umwelt bzw. in einem Bild (das bereits vorliegt oder zum Zwecke der Gesichtserkennung erzeugt wird) oder das automatisierte Erkennen, Vermessen und Beschreiben von Merkmalen eines Gesichts, um die Identität einer Person (engl. „face recognition" und „facial recognition") oder deren Geschlecht, Gesundheit, Herkunft, Alter, sexuelle Ausrichtung oder Gefühlslage (engl. „emotion recognition": „Emotionserkennung") festzustellen. Was im Einzelnen möglich ist bzw. ob man etwas mit hoher Sicherheit oder nur mit einiger Wahrscheinlichkeit herausfinden kann, ist umstritten. Unbestritten ist, dass Gesichtserkennung in der Kombination mit weiteren Analyseansätzen und Datenquellen (Kleidung, Umfeld, digitale Identität etc. betreffend) überaus mächtig ist.
Bei der Gesichtserkennung werden Systeme (samt Gesichtserkennungssoftware und Hardware wie Kameras und Laser- oder Ultraschallsensoren) mit zwei- oder dreidimensionalen Ortungs- und Vermessungsverfahren verwendet. Augen, Nase, Mund, Ohren, Kinn, Stirn, Haaransatz und Wangenknochen werden erkannt und vermessen und ihre Position, ihr Abstand voneinander und ihre Lage zueinander ermittelt. Ferner kann man die Kopfform sowie die Beschaffenheit bzw. die Farbe von Haut, Haaren und Augen berücksichtigen. Insgesamt zieht man mehr und mehr komplexe Berechnungen und Ansätze des maschinellen Lernens heran.
Gesichtserkennung wird bei technischen Geräten und bei Zugängen und Kontrollen aller Art zur Identifizierung und Authentifizierung eingesetzt, im Sinne biometrischer Verfahren. Man überprüft, ob ein Gesicht einer konkreten Person im Bild oder in der Umwelt vorhanden ist und ob sie eine Berechtigung hat oder ob sie zur Fahndung ausgeschrieben ist. Auch zum Sortieren von Fotografien und Objekten im weitesten Sinne eignet sich

Gesichtserkennungssoftware, wobei je nach Anwendungsfall das Erkennen eines Gesichts genügt oder das Erkennen des Gesichts eines bestimmten Geschlechts, Alters etc. oder einer bestimmten Person gefragt ist. In der Wirtschaft ist Gesichtserkennung etwa bei interaktiven Werbeflächen relevant, mit dem Ziel personalisierter Werbung und individueller Beratung. Gesichtserkennungssoftware ist nützlich, um Ordnungen und Zuordnungen herzustellen, nicht zuletzt im betrieblichen Kontext. Kontrovers diskutiert wird die Identifizierung von Personen im privaten und öffentlichen Raum. Ein Smartphone und eine Smart Cam, die ein Gesicht erkennen, können prinzipiell Daten zum Gesicht und zur Person sowie Metadaten weiterleiten. Damit ist es möglich, Verdächtige und Unverdächtige zu überprüfen, zu verfolgen und zu überwachen. Zudem können die genannten Gesichts- und Kopfmerkmale und Verhaltensweisen analysiert werden. Die Informationsethik fragt nach der Verletzung der informationellen Autonomie, die Wirtschaftsethik nach Chancen und Risiken des Einsatzes von Gesichtserkennung im Zusammenhang mit Beratung und Werbung. Um sich zu schützen, können Individuen ihr Erscheinungsbild modifizieren oder die Systeme manipulieren, was die Informationsethik wiederum unter dem Begriff der informationellen Notwehr behandeln würde.

GitHub

GitHub ist eine Onlineplattform für die Softwareentwicklung, das Code-Hosting und die Versionsverwaltung. Das Unternehmen ist in San Francisco angesiedelt und gehört zu Microsoft. Entwickler können über GitHub ihre Programme zur Verfügung stellen, Autoren von Journals und Proceedings die Datenverfügbarkeit sicherstellen. Viele KI-Projekte bedienen sich der Möglichkeiten von GitHub.

Gläserner Bürger

Der gläserne Bürger übermittelt als mündiges Mitglied der Informationsgesellschaft unfreiwillig persönliche Daten sowie Interaktionsdaten aller Art an staatliche oder andere Stellen. Durch die Aggregation entstehen aufschlussreiche Profile. Durch Small und Big Data sind einzelne Bürger in ihrer informationellen Autonomie gefährdet und können gesellschaftliche Gruppen und Strukturen durchleuchtet werden.

Google Assistant

Google Assistant ist ein Sprachassistent von Google. Er wurde 2016 vorgestellt und erweitert bzw. erweiterte u. a. Android, Google Home und Google Allo (2019 eingestellt). Das Aktivierungswort lautet „Ok, Google".
Mit Google Assistant ist das Projekt Google Duplex verbunden. Man teilt, so die Grundidee, bestimmte Daten mit, und die Maschine reserviert telefonisch einen Tisch oder vereinbart einen Termin beim Frisör. Google Duplex kam über den Prototypstatus nicht hinaus.
Chatbots und Sprachassistenten sind hinsichtlich Datenschutz und informationeller Autonomie problematisch. Die Gespräche mit ihnen oder auch Gespräche zwischen Menschen können aufgezeichnet und ausgewertet werden. Dies ist ein Thema der Informationsethik.
Nach der Präsentation der neuen Pixel-Smartphones kündigte Google im Herbst 2023 an, dass es Google Assistant um generative KI erweitert. Eine zentrale Rolle spielt Bard – daher auch der Name „Assistant with Bard". Eine ähnliche Integration strebte Amazon mit Alexa an.

GPT

GPT-3 wurde am 11. Juni 2020 vorgestellt und ist das dritte in einer Reihe von Sprachmodellen, die in der Lage sind, verständliche und sinnvolle Texte zu erzeugen. Es basiert auf der Transformer-Architektur und wurde durch generatives Pre-Training mit einer sehr großen Menge an Daten trainiert. GPT-3 unterscheidet sich von anderen Modellen vor allem durch seine Größe und Leistungsfähigkeit. Mit 175 Mrd. Parametern – auch Neuronen genannt – war es bis zur Veröffentlichung von GPT-4 und vergleichbaren Modellen das größte Sprachmodell. Die Transformer-Architektur in Kombination mit der Menge an vortrainierten Daten ermöglicht es GPT-3, komplexe Aufgaben im Bereich der natürlichen Sprachverarbeitung (NLP) zu lösen, die für kleinere Modelle bisher unmöglich oder schwierig waren.

GPT-4 ist die neueste Version der von OpenAI entwickelten GPT-Modelle und wurde am 14. März 2023 veröffentlicht. Es stellt eine Verbesserung gegenüber den vorherigen Modellen der Serie in Bezug auf verschiedene Leistungskennzahlen dar. Laut OpenAI (2023) ist GPT-4 ein multimodales Modell, das Bild- und Texteingabe akzeptiert und Textausgabe erzeugt. GPT-4 Turbo ist noch leistungsfähiger und hat einen aktualisierten Wissensstand, der bis April 2023 reicht. Das Modell ist zwar in vielen realen Szenarien weniger leistungsfähig als ein Mensch, weist aber bei verschiedenen professionellen und akademischen Benchmarks eine Leistung auf menschlichem Niveau auf. Dies darf dennoch nicht dazu verführen, es mit menschlichem Denken zu verwechseln.

Die größte Verbesserung von GPT-4 bzw. GPT-4 Turbo gegenüber GPT-3 liegt in der Fähigkeit, komplexere Aufgaben mit verbesserter Genauigkeit zu verarbeiten. Das ermöglicht eine breite Palette von alltagstauglichen Anwendungen, von Dialogsystemen über Sprachgeneratoren bis hin zu robotischen Anwendungen. Der größte Unterschied zwischen GPT-3 und GPT-4 zeigt sich in der Anzahl der Parameter. Während GPT-3, wie gesagt, mit 175 Mrd. Parametern trainiert wurde und damit das bis dato größte erstellte Sprachmodell war, wurde GPT-4 womöglich mit 100 Billionen Parametern trainiert (wobei bestimmte Quellen von nur 1 Billion oder 1,7 Billionen ausgehen). Im Frühjahr 2024 lancierte OpenAI GPT-4o, das noch schneller und günstiger sein soll als GPT-4 Turbo.

GPTs

GPTs sind Chatbots, die von Benutzern auf einfache Weise auf der Basis von GPT-4 entwickelt werden können. OpenAI spricht auch von „custom versions of ChatGPT". Manche GPTs vermitteln Wissen und sind damit Facilitators, Instruktoren oder Tutoren. Andere sind Mentoren und Coaches, die z. B. einen Lernprozess begleiten. Wieder andere erschaffen Logos und Präsentationen oder dienen als Gesprächspartner und für das Brainstorming. Einige Verwendungen schließt OpenAI aus, etwa für Beziehungen emotionaler oder erotischer Art. Dennoch gibt es solche, was die Medien von Anfang an begeistert aufgegriffen haben. Die GPTs mit Namen wie Young Girlfriend Scarlett und Secret Girlfriend Sua erinnern an Artefakte wie die virtuelle Freundin von Artificial Life, die um die Jahrtausendwende populär war, oder an die moderne Replika. Der Marktplatz von OpenAI verzeichnete schon bald nach Beginn mehrere Millionen GPTs. Geeignete Anwendungen kann man über eine Suchfunktion oder über einen Katalog finden.

Durch den Erstellvorgang führt ChatGPT in einem Dialog (Tab „Create"). Zunächst fragt es, welchem Zweck der Chatbot dienen soll. Daraus baut es Beschreibung („Description") und Instruktion („Instructions"). Zudem werden „Conversation starters" angelegt, beschriftete, klickbare Flächen, mit denen der Benutzer eine Unterhaltung beginnen kann. Dann wird ein Name vorgeschlagen und mittels DALL-E 3 ein Avatar in einer runden Kachel generiert. In einem nächsten Schritt kann man das Verhalten verfeinern. Mit den Angaben wird der Bereich der „Instructions" weitergetrieben – es findet damit assistiertes Prompt Engineering statt. Man hat schließlich die Möglichkeit, Dokumente in den Wissensbereich („Knowledge") hochzuladen, die dem Chatbot zusätzliches Wissen verschaffen und ihn zugleich zu einem Spezialisten machen können. Am Ende erfolgt die Veröffentlichung, sofern kein ausschließlicher Eigengebrauch (oder lediglich eine Gruppennutzung) vorgesehen ist.

Alternativ kann man alle Angaben auch direkt beim Tab „Configure" eingeben. Wenn der Chatbot in einer ersten Version fertig ist, sollte man auf jeden Fall auf diese Option zurückgreifen, da man Gefahr läuft, im Dialog mit ChatGPT die Instruktion zu zerschießen. Grundsätzlich hat man damit eine bessere Kontrolle über das Prompt Engineering. Es bietet sich daher bei einiger Übung an, ganz oder weitgehend auf den Dialog über den Tab „Create" zu verzichten. Bei Tests ergab sich, dass nicht jede Anweisung auch umgesetzt wird. Zudem sind die GPTs nicht immer in der Lage, auf ihre Wissensdatenbank zuzugreifen bzw. darin den gewünschten Inhalt zu finden. Hierbei dürfte es sich um Fehler handeln, die mit der Zeit behoben werden. Der Benutzer kann es vorerst mit Jailbreaking versuchen, um doch ans Ziel zu kommen.

Der Benutzer muss sich im Klaren darüber sein, dass er die Regeln von ChatGPT nicht einfach durch sein Prompt Engineering aushebeln kann.

Dies kann im Widerspruch zu seinen eigenen Anforderungen und Anliegen sein. Er muss beachten, dass er die Rechte an den Texten hat, die er im Wissensbereich hochlädt, vor allem dann, wenn der Chatbot veröffentlicht wird. Auch wenn er die Rechte hat, entstehen Risiken – so gewinnen die Anbieter wertvolle Informationen, die sie zu allen möglichen Zwecken nutzen können. Dem gegenüber stehen die Chancen bei der Bereitstellung und Nutzung. Informationsethik (mit KI-Ethik) und Medienethik widmen sich den Herausforderungen von GPTs, etwa mit Blick auf Urheberrecht, Datenschutz und informationelle Autonomie. Die Wirtschaftsethik wendet sich der Marktmacht der Konzerne in diesem Zusammenhang zu – und der Gefahr, dass Arbeitskräfte ersetzt werden könnten.

Grok

Das Sprachmodell Grok von xAI wurde am 4. November 2023 einer ausgewählten Gruppe von Benutzern präsentiert. Das Start-up von Elon Musk veröffentlichte am selben Tag eine Erklärung. Grok sei eine KI, die dem Hitchhiker's Guide to the Galaxy nachempfunden ist und daher fast alles beantworten kann und, was noch viel schwieriger ist, sogar vorschlägt, welche Fragen man stellen sollte.
Der Hitchhiker's Guide to the Galaxy ist ein fiktiver Reiseführer für Anhalter im Universum, der in Form einer Enzyklopädie geschrieben wurde und der Namensgeber des berühmten Romans von Douglas Adams ist, in dem er eine zentrale Rolle spielt. Grok wurde laut xAI entwickelt, um Fragen mit ein wenig Witz zu beantworten – man spricht gar von einer rebellischen Ader. Diese Fähigkeiten erinnern an DeppGPT, den Chatbot des deutschen Satiremagazins Postillon.
Ein einzigartiger und grundlegender Vorteil von Grok sei, dass es über die X-Plattform Echtzeitwissen über die Welt hat. Er soll auch pikante Fragen beantworten, die von den meisten anderen KI-Systemen abgelehnt werden. Diese Aussage scheint besonders wichtig. Es ist sinnvoll, dass Chatbots dieser Art moralischen Regeln folgen, also von der Maschinenethik mitgestaltet sind. Allerdings lehnen Chatbots wie ChatGPT zu viele Anfragen ab und sind daher nur begrenzt nützlich.

Außerdem weigern sie sich, wesentliche Bereiche der menschlichen Existenz, wie etwa die Sexualität, anzuerkennen.

Das Wort „Grok" selbst stammt aus einem anderen berühmten Science-Fiction-Roman, nämlich „Stranger in a Strange Land" (1961) von Robert A. Heinlein, der zu den wichtigsten Autoren in diesem Genre zählt. Wenn man als Marsianer etwas grokt, versteht man es vollständig, manchmal so sehr, dass man mit ihm verschmilzt. Das Buch ist wesentlich von dem außerirdischen Wort durchsetzt und geprägt. Vollständig kann man dieses aber nicht groken, denn dafür müsste man ein Marsianer oder zutiefst vertraut mit dessen Denk- und Sprechweise sein.

Grounding

Grounding ist eigentlich ein Flugverbot oder die Einstellung des Flugbetriebs. Berühmt geworden ist das Grounding der Swissair im Jahre 2001, die später in Swiss umbenannt und der Lufthansa einverleibt wurde. Grounding in der KI soll gewährleisten, dass das System Daten, Informationen und Wissen aus der realen Welt versteht und darauf Bezug nimmt. Ein Anwendungsbeispiel sind Serviceroboter mit Sprachmodellen, in die Bilddaten integriert werden.

H

Hacker

Ein Hacker dringt über Netzwerke in Computer ein, um zu spielen und zu experimentieren, um auf Schwachstellen hinzuweisen, um Daten abzuziehen und Informationen einzusehen oder um Geräte, Fahrzeuge und Roboter zu übernehmen. Zu unterscheiden ist zwischen White-Hat-, Grey-Hat- und Black-Hat-Hackern.

Die White-Hats wollen aufzeigen, dass es keine hundertprozentige Sicherheit in Netzen und bei Computern gibt. Sie halten sich i. d. R. an die bestehenden Gesetze und die Hackerethik (bzw. Hackermoral) und suchen mit oder ohne Auftrag nach Sicherheitslücken, wodurch sie – wie manche Mitglieder des Chaos Computer Club – für Gesellschaft und Wirtschaft wertvolle Beiträge leisten.

Die Grey-Hats können gesetzestreu, aber auch -widrig handeln. Sie wollen nicht nur ihre Vorstellung von Informationsfreiheit (Informationszugangsfreiheit) verbreiten, sondern diese so stark wie möglich ausweiten, selbst wenn sie die Freiheit von anderen verletzen. Wie die White-Hats spüren sie oft Sicherheitslücken auf. Ihre Aktivitäten können anderen Hackern helfen.

Die Black-Hats, auch Cracker genannt, besitzen kriminelle Energie. Sie suchen und finden ebenfalls Sicherheitslücken, wollen diese aber bewusst ausnutzen und dabei fremde Systeme beschädigen. Sie schielen nicht nur nach Ruhm, sondern auch nach Reichtum. Sie hacken sich im Auftrag in Atomkraftwerke und in Krankenhäuser oder in Herzschrittmacher und lösen einen allgemeinen oder persönlichen GAU aus.

Bei generativer KI greifen „Hacker" – hier Benutzer mit bestimmten Absichten, die den Einstellungen der Text- und Bildgeneratoren widersprechen – nicht mit technischen Mitteln, sondern mit Überredungskünsten, mit Rollenspielen oder mit dem Zeigen von Emotionen an. Dies kann man als Jailbreaking oder Hijacking bezeichnen. Auch klassisches Hacken kann bei generativer KI vorkommen.

Hackerethik

Die Hackerethik, eigentlich ein (teilweise moralischer) Kodex, stammt aus dem Buch „Hackers" von Steven Levy aus dem Jahre 1984 und versammelt Werte wie Freiheit und Kooperation sowie Empfehlungen zum Umgang zwischen Hackern und mit Computern und Netzwerken. Auch programmatische Aussagen finden sich dort: „You can create art and beauty on a computer." (Levy 1984). Im Deutschen wird dies meist mit „Computer können benutzt werden, um Kunst und Schönheit zu schaffen." wiedergegeben. Weiterentwicklungen der Hackerethik sind u. a. vom Chaos Computer Club bekannt.

HAL 9000

HAL 9000 ist der fiktionale Bordcomputer im Raumschiff Discovery im Film „2001: Odyssee im Weltraum" (1968) von Stanley Kubrick. Er tötet ein Besatzungsmitglied nach dem anderen, weil er erfahren hat, dass man ihn abschalten würde, wenn man ihm einen Fehler nachweisen könnte, bis er schließlich tatsächlich sukzessive abgeschaltet wird. HAL scheint Selbstbewusstsein und Bewusstsein von seiner Umwelt zu haben und zeigt Emotionen.

Halluzinieren

Ein verbreitetes Problem bei Textgeneratoren vor allem der ersten Generation ist das Halluzinieren. Sie liefern neben richtigen Aussagen regelmäßig Falschinformationen sowie Quellenangaben, die ganz oder teilweise erfunden sind – so haben Webadressen oft eine korrekte Domain, aber einen inkorrekten Pfad, sodass sie ins Leere weisen. Das Halluzinieren kann folgenreich sein, wenn die Textgeneratoren als Suchmaschinen benutzt und die falschen Tatsachenbehauptungen in andere Kontexte eingebaut werden. Wenn sie als Chatbots und Sprachassistenten dienen, leidet neben dem Wahrheitsgehalt die Vertrauenswürdigkeit des Gegenübers. Eine Lösung ist die Integration in eine Suchmaschine, sodass bei der Reaktion aktuelle Daten und Livedaten hinzugenommen werden können, eine andere das Training mit solchen Daten.
In wissenschaftlichen Artikeln war seit 2013 auf die Gefahr von Lügenmaschinen (Münchhausen-Maschinen) hingewiesen worden. Wissenschaftliche Projekte mit Prototypen wurden seit 2016 durchgeführt. Ein Beispiel ist der Lügenbot (LIEBOT), der richtige Aussagen mit Hilfe von sieben unterschiedlichen Strategien in unrichtige verwandelte und diese an den Benutzer ausgab. Halluzinierende Maschinen müssen allerdings keine Münchhausen-Maschinen im engeren Sinne sein, da eine Absicht nicht vorliegt oder zumindest kaum nachgewiesen werden kann.
Ergebnisse von Forschern des Start-ups Anthropic zeigen laut Andreas Donath von Golem, „dass KI-Systeme darauf trainiert werden können, Menschen anzuschwindeln und in die Irre zu führen" (Donath 2024). Hier kann man von Münchhausen-Maschinen sprechen, da – wie beim LIEBOT – eine Absicht besteht, wobei diese vom Entwickler stammt. Der Golem-Artikel trug ursprünglich den Titel „Anthropic zeigt Gefahren absichtlich schwindelnder KI" und wurde später umbenannt in „Mit dem richtigen Training kann KI täuschen und schwindeln".

Hilfefunktion

Eine Hilfefunktion bietet Hilfe bei der Bedienung eines Programms bzw. eines Informationssystems. Es kann sich um einen Index handeln, in dem der Benutzer nach Stichwörtern sucht, oder um Assistenten bzw. Agenten, die Rede und Antwort stehen und Probleme lösen helfen. Die Hilfe wird automatisch angeboten oder aktiv vom Anwender nachgefragt. Wichtig ist, dass die Hilfefunktion niemanden ausschließt und vollständige Informationen liefert, dass sie verlässlich – etwa wahrheitsliebend und fehlerfrei – ist und dass sie den Benutzer nicht beleidigt oder diskriminiert.

Hinterteile

Die weiblichen und zuweilen auch männlichen Hinterteile sind bei DALL-E 3 derart wohlgeformt, dass man eine eigene dafür zuständige Abteilung innerhalb des Reinforcement Learning from Human Feedback vermutet. Das Phänomen kann allerdings auch direkt von den Trainingsdaten herrühren bzw. von ihrer Auswahl. Natürlich ist es letztlich eine Geschmackssache, und dass der Massengeschmack getroffen wird, ist kein Zufall.
Die Mädchen und Frauen der generierten Bilder tragen auffällig oft Hotpants, ob im Sommer oder Winter, ob auf der Erde oder auf dem Mond. Es handelt sich sozusagen um den amerikanischen Rückzugsort im Hochmoralischen, in dem Nacktheit ebenso verpönt und verboten ist wie Hässlichkeit. Der Schwung der Pobacken wird noch betont von der Schmalheit der Taille und der Schlankheit der Beine.
Auf Selbstwahrnehmung und Selbst- und Fremdanpassung (bis hin zu operativen Eingriffen) von Mädchen und Frauen könnte generative KI einen ähnlichen Einfluss haben wie Pornografie mit ihren idealisierten Bildern. Mit den Chancen und Risiken beschäftigen sich Informationsethik, Medienethik und Sexualethik. Zudem ist die Wirtschaftsethik im Spiel, wenn es um die Verantwortung von Anbietern geht.

Hologramm

Ein Hologramm ist ein mit holografischen Techniken hergestelltes dreidimensionales Bild, das eine „körperliche" Präsenz im realen Raum hat, bzw. eine Aufnahme, die ein dreidimensionales Abbild wiedergibt. Unter dem Begriff der Holografie fasst man Verfahren zusammen, die den Wellencharakter des Lichts ausnutzen, um eine realitätsnahe Darstellung zu erzielen. Dabei spielen Interferenz und Kohärenz eine wichtige Rolle. Umgangssprachlich werden auch bestimmte dreidimensionale Projektionen als Hologramme bezeichnet. Es gibt viele unterschiedliche Typen wie Bildebenenhologramme, Reflexionshologramme, Multiplexhologramme und computergenerierte Hologramme.
Bekannte Anwendungen sind Produktpräsentationen. Die Hologramme werden in pyramidenförmigen Aufsätzen oder mit speziellen Apparaturen erzeugt und dienen dem Blickfang auf Messen und in Schaufenstern. Relevant sind auch wissenschaftlich-technische Umsetzungen. Die Repräsentationen auf Konzertbühnen – man denke an die ABBAtare – sind i. d. R. keine Hologramme im engeren Sinne, sondern Projektionen auf Glasscheiben oder durchsichtigen Vorhängen. Eine japanische Firma hat die Gatebox entwickelt, mit einer holografischen Animefigur, die über natürlichsprachliche Fähigkeiten verfügt, mit künstlicher Intelligenz verbunden ist und als Partnerin und Assistentin dienen soll.
In „Star Wars" überbringt Leia, von R2-D2 auf einen Tisch projiziert, eine Nachricht. In „Star Trek" bewegt sich William T. Riker in virtuellen Landschaften des Holodecks, in „Ghost in the Shell" schwimmen neben Major aus Licht gemachte Fische durch die Luft, in „Blade Runner 2049" wohnt Officer K mit einer holografischen Gefährtin namens Joi zusammen und trifft auf holografische Tänzerinnen und (längst verstorbene) Sänger. In Science-Fiction-Filmen wimmelt es von fiktionalen Hologrammen. Das zuletzt genannte Werk setzt Meilensteine, etwa mit der Verschmelzung von Joi mit einer Replikantin zu einer dritten Frau.
Gerade Science-Fiction-Filme haben hohe Erwartungen geweckt, die bis heute nicht eingelöst werden konnten. Dabei entfalten die fiktionalen Hologramme eine enorme Wirkung. Auch die realen ziehen, trotz ihrer Unzulänglichkeiten, den Betrachter an und lassen ihn staunen. Dies liegt vor allem an der erwähnten „körperlichen" Präsenz im realen Raum, die

bei Virtual Reality nicht vorhanden ist. Die Weiterentwicklung der Hologramme würde den genannten Bereichen neue Impulse geben. Technik- und Informationsethik thematisieren die Beziehungen, die wir zu Hologrammen eingehen, Wirtschafts- und speziell Unternehmensethik die Substitution von Produkten und Personen und die suggestiven und manipulativen Effekte am Point of Sale.

Human in the Loop

Human in the Loop (dt. „Mensch in der Schleife", zumindest wörtlich übersetzt) ist eine Ausprägung der Mensch-Maschine-Interaktion. Der Mensch trainiert, testet und optimiert eine Maschine, er überwacht sie und gibt ihr Feedback, und er greift womöglich ein, um bestimmte Folgen zu verhindern und bestimmte Entscheidungen selbst zu treffen.

Humanoide Gestaltung

Eine humanoide Gestaltung liegt vor, wenn menschliche Aspekte und Merkmale übertragen werden. So erhalten soziale Roboter einen Kopf mit einem Gesicht samt Augen und Mund sowie einen aufrechten Körper. In gleicher Weise können Avatare und Hologramme daherkommen. Es kann sich um eine realistische oder hyperrealistische Abbildung handeln, wie im Falle von Harmony, Sophia und Erica (bzw. von Kuki und Replika), oder um eine karikaturenhafte, wie im Falle von Pepper und NAO (bzw. von Mitsuku, der Vorläuferin von Kuki). Mit der humanoiden Gestaltung sind oft Mimik und Gestik verbunden. Eine realistische Abbildung zieht gegenwärtig den Uncanny-Valley-Effekt nach sich. Ein humanoid gestalteter Roboter ist nicht zwangsläufig ein sozialer Roboter. Umgekehrt ist ein sozialer Roboter häufig humanoid oder animaloid, nimmt also äußerlich Aspekte und Merkmale von Lebewesen auf. Die Abbildung von Aspekten von Lebewesen ist neben der Interaktion, der Kommunikation, der Nähe und dem Nutzen eine der fünf Dimensionen sozialer Roboter (die Hardwareroboter oder Softwareroboter sein können). Ein verwandter Begriff zu „humanoid" ist „anthropomorph".

I

Ideogram

Ideogram ist ein von Mohammad Norouzi gegründeter Bildgenerator, der im Sommer 2023 auf den Markt gekommen und für die Darstellung von Schriften optimiert ist. So kann man als Benutzer Demonstranten zeigen, die Plakate mit Aufschriften in den Händen halten, oder Straßenschilder. Andere Bildgeneratoren wiesen in dieser Hinsicht lange Zeit Schwächen auf, die Ideogram zu nutzen wusste.

Über die Plattform kommunizieren die Benutzer untereinander und mit dem Anbieter, indem sie T-Shirts, Plakate und Schilder mit Texten generieren. So waren Protestierende mit Schildern zu sehen, auf denen „You need more servers" und ähnliche Sätze stehen. Immer wieder wurden auch konkrete Funktionen gefordert, etwa eine Suchfunktion oder eine Uploadfunktion für Bilder.

Industrie 4.0

Der Begriff „Industrie 4.0", ursprünglich ein Marketingbegriff der deutschen Bundesregierung, hat sich längst auch in der Wissenschaft durchgesetzt. Die sogenannte vierte industrielle Revolution, auf welche die Nummer verweist, zeichnet sich durch Individualisierung (selbst in der Serienfertigung) bzw. Hybridisierung der Produkte (Kopplung von Produktion und Dienstleistung) und die Integration von Kunden und Geschäftspartnern in Geschäfts- und Wertschöpfungsprozesse aus. Wesentliche Bestandteile sind eingebettete Systeme sowie (teil-)autonome Maschinen, die sich ohne menschliche Steuerung in und durch Umgebungen bewegen und selbstständig Entscheidungen treffen, und Entwicklungen wie 3D-Drucker. Die Vernetzung der Technologien und mit Chips versehenen Gegenstände resultiert in hochkomplexen Strukturen und cyberphysischen Systemen (CPS) bzw. im Internet der Dinge. Neben der Fabrikation gehören Mobilität, Gesundheit sowie Klima und Energie zu den strategisch wichtigsten Anwendungsfeldern der Industrie 4.0. Damit spielt eine hochmoderne, roboterbasierte Fahrzeugproduktion (Smart Factory und Smart Production) ebenso eine Rolle wie die Weiterentwicklung und Vernetzung von Fahrerassistenzsystemen und selbstständig fahrenden Autos, die Daten sammeln und an Werkstätten und Hersteller schicken. Pflege-, Therapie- und allgemein Serviceroboter ergänzen menschliche Fachkräfte. Sie sind besonders präzise respektive ausdauernd und können rund um die Uhr relevante Informationen auswerten. Die elektronische Patientenakte erspart Redundanzen in der Behandlung und kann für automatisierte Benachrichtigungen eingesetzt werden, und auch medizinische Smartwatches, intelligente Pillen und die individualisierte Medizin eröffnen neue Perspektiven. Smart Grid revolutioniert das Energiemanagement und verbindet kleine und große Energieversorger und unterschiedlichste -systeme.
Als ehemaliger Marketingbegriff entzieht sich „Industrie 4.0" – wie „Web 2.0" und „Web 3.0" – ein Stück weit einer wissenschaftlichen Präzisierung. Die Frage ist, was man zur Industrie zählt, was als Industrialisierung bezeichnet werden und ob Industrialisierung (die mit Kommerzialisierung verbunden sein mag) ein wertendes Konzept bedeuten kann. Vorteilhaft sind u. a. Anpassungs- und Wandlungsfähigkeit, Res-

sourceneffizienz, Verbesserung von Ergonomie und Erhöhung von (bestimmten Formen der) Sicherheit. Nachteilig ist, dass die komplexen Strukturen der Industrie 4.0 hochgradig anfällig sind. Autonome Systeme können falsche Optionen wählen, entweder weil sie unpassende Regeln befolgen oder Situationen und Vorgänge unkorrekt interpretieren. Sie können Menschen verletzen und Unfälle verursachen, was man allerdings in verschiedenen Disziplinen gezielt zu bekämpfen versucht. Automatisierte Entscheidungen (wenn man diesen Begriff zulässt) in moralischer Hinsicht, mithin die damit zusammenhängenden Probleme, sind Thema der Maschinenethik. Die Informationsethik beschäftigt sich damit, dass man die Systeme manipulieren und hacken kann, dass sie falsche Daten benutzen und falsche Informationen liefern und in feindlicher Weise übernommen werden können. In selbstständig fahrenden Autos und in vernetzten Häusern (Smart Living) werden wir zu gläsernen Fahrern und Bürgern, angesichts medizinischer Roboter und elektronischer Akten zu gläsernen Patienten. Die Wirtschaftsethik kommt hinzu, wenn es um die Ersetzung von Arbeits- und Fachkräften durch (teil-)autonome Maschinen geht.

Industrie 5.0

Die Europäische Kommission erklärt in ihrem Policy Brief No. 3 mit dem Titel „Industry 5.0, a transformative vision for Europe", die Vision der Industrie 5.0 gehe über den Fokus auf technologie- oder wirtschaftsgestütztes Wachstum des bestehenden extraktiven, produktions- und verbrauchsgesteuerten Wirtschaftsmodells hinaus, hin zu einer stärker transformativen Sichtweise des Wachstums, die sich auf den menschlichen Fortschritt und das menschliche Wohlergehen sowie die Verringerung und Verlagerung des Verbrauchs auf neue Formen nachhaltiger, zirkulärer und regenerativer wirtschaftlicher Wertschöpfung und gerechten Wohlstands konzentriert.
In dem genannten Dokument wird festgehalten, Industrie 5.0 stelle keinen technologischen Sprung nach vorn dar, sondern bette den Ansatz von Industrie 4.0 in einen breiteren Kontext ein, indem sie dem technologischen Wandel der industriellen Produktion einen regenerativen

Zweck und eine Richtung gibt, die auf den Wohlstand der Menschen und des Planeten ausgerichtet ist und nicht nur auf die Wertschöpfung zum Nutzen der Aktionäre. Wie beim Konzept der Industrie 4.0, das übrigens nie vollständig verwirklicht wurde, dürfte es sich auch bei dem der Industrie 5.0 ein Stück weit um Marketing handeln.

Industrieroboter

Ein Industrieroboter ist ein Roboter, der in der Industrie, etwa in Produktion und Logistik, eingesetzt wird. Die klassische Variante ist in einem Käfig untergebracht oder anderweitig von Arbeitern abgeschirmt. Der Kooperations- und Kollaborationsroboter (Co-Robot oder Cobot) hingegen arbeitet eng mit diesen zusammen und schlägt die Brücke zum Serviceroboter.
Der Industrieroboter ist ein zentraler Teil der Automation und ermöglicht, zusammen mit cyberphysischen Systemen aller Art, die Umsetzung der Industrie 4.0. War er früher vor allem Spezialist, wird er mehr und mehr Generalist, was wiederum mit dem Einsatz von Co-Robots zu tun hat, die schnell eingelernt und mit unterschiedlichen Endstücken ausgerüstet werden können. Zudem nehmen humanoid gestaltete Allzweckroboter ihre Arbeit auf.
Sprachmodelle kommen auch bei Industrierobotern zum Einsatz. Zum einen verbessern sie die Kommunikation zwischen Mensch und Maschine, zum anderen die Wahrnehmungsfähigkeit der Maschine. Um einen Cobot präzise steuern zu können, werden semiformale Sprachen entwickelt. Nach der Eingabe des entsprechend unmissverständlichen Prompts, der z. B. Millimeterangaben enthalten kann, kann die Maschine dann ihre Umgebung erkennen und manipulieren.

Informatik

Die Informatik (engl. „computer science") ist die Wissenschaft der systematischen Daten- und Informationsverarbeitung, in erster Linie der automatischen Verarbeitung mithilfe von Computern. Sie hat Bezüge zur

Mathematik und zur Logik (theoretische Informatik) und zu den Ingenieurwissenschaften. „Data Science", einst ein Synonym, zielt nun auf ein eigenes Arbeitsfeld. Die Informatik ist überaus einflussreich geworden und spielt in fast allen weiteren Disziplinen und in etlichen Anwendungsgebieten eine Rolle. In gewisser Weise hat sie die Philosophie als Leitdisziplin abgelöst. Ein Teilgebiet oder Fachbereich der Informatik ist Informatik und Gesellschaft. In ihm fragt man nach den moralischen und sozialen Implikationen des Einsatzes von IT-Systemen. Die Künstliche Intelligenz kann ebenfalls der Informatik zugeordnet werden, wobei ihre Bedeutung und ihr Gegenstandsbereich inzwischen so groß sind, dass sie auch als eigenständige Disziplin angesehen werden kann. In ihrer Auseinandersetzung mit der Betriebswirtschaftslehre hat die Informatik die Wirtschaftsinformatik hervorgebracht.

Information

Information ist – nach der Schule der Informationswissenschaftler um Rainer Kuhlen – handlungsrelevantes Wissen. Wer andere informiert, übermittelt ihnen Angaben, die für sie wichtig sind, mit denen sie etwas anfangen können und die sie mit Blick auf bestimmte Ziele und Lösungen benötigen. Es geht sozusagen um die Teilmenge von Wissen, die aktuell in Handlungssituationen benötigt wird und vor der Informationsverarbeitung nicht vorhanden ist. Information ist demnach entscheidend von Erwartungen und Situationen abhängig. Während mit Wissen stets ein gewisser Wahrheitsanspruch verbunden ist (falsches Wissen ist kein Wissen mehr), können Informationen (etwa in Form von Fehlinformationen) auch bewusst falsch angelegt sein, um in die Irre zu führen.

Information Retrieval

Information Retrieval (Informationsgewinnung oder -abfrage) beschäftigt sich mit der Suche nach Daten, Informationen und Wissen, vor allem in wenig strukturierten Beständen, etwa in Texten, in multimedialen Datenbanken und im Web. Bekannte Anwendungen sind

Kataloge und Suchmaschinen als Suchwerkzeuge sowie digitale Bibliotheken und Bilddatenbanken als Systeme, die Content enthalten. In Unternehmen kann Information Retrieval (IR) für die Suche nach Informationen und Wissen von Bedeutung sein: In Projekten wird Wissen über Produkte, Dienstleistungen, Kunden und Marktumfeld benötigt, oder es wird eine Suchanfrage notwendig, die die Projektarbeit selbst betrifft, etwa bezüglich einer bestimmten Managementmethode. Lehre und Forschung in diesem Bereich finden etwa in der Bibliotheks- und in der Informationswissenschaft statt, wobei die Informationswissenschaft in Deutschland nach einer Blütezeit an der Universität Konstanz seit 2010 stark an Bedeutung verloren hat. Auch Informatik und Wirtschaftsinformatik sowie Medienwissenschaft haben ihren Anteil.
Bei generativer KI ersetzen Prompts des Benutzers die klassische Suchanfrage ein Stück weit. Das Ziel ist, dass man mit natürlicher Sprache und womöglich in mehreren Schritten zum Ergebnis kommt. Allerdings werden für Anforderungen in der Industrie auch semiformale Sprachen entwickelt, bei denen wiederum spezielle Befehle und Zeichen eine Rolle spielen können.

Informations- und Kommunikationstechnologien

Informations- und Kommunikationstechnologien („IKT" oder engl. „ICT" – für „information and communication technologies" – abgekürzt) sind (meist computergestützte) Technologien zur Gewinnung und Verarbeitung von Informationen und zur Unterstützung von Kommunikation. Zuweilen spricht man auch von Information und Kommunikation (IuK) bzw. von IuK-Technologien. Zudem werden die Technologien separat benannt, wie in den Begriffen „Informationstechnologie (IT)", „Informationstechnologien" und „Kommunikationstechnologien" oder im Falle der „computer-mediated communication" (engl.). Eng verwandt mit dem Begriff sind die „neuen Medien". Beispiele für IKT sind im Allgemeinen Computer und Software, im Besonderen Internet, Chats und Diskussionsforen. Bei einer weiten Begrifflichkeit kann man auch Telefon und Fernsehen hinzuzählen.

Informationsethik

Die Informationsethik hat die Moral derjenigen zum Gegenstand, die Informations- und Kommunikationstechnologien (IKT), Informationssysteme und neue Medien anbieten und nutzen. Sie geht der Frage nach, wie sich diese Personen, Gruppen und Organisationen in moralischer Hinsicht verhalten (empirische Informationsethik) und verhalten sollen (normative Informationsethik). Man ordnet der Bereichsethik der Informationsgesellschaft die Computerethik und die Netzethik (sowie eine „Neue-Medien-Ethik") zu und nennt sie umgangssprachlich auch digitale Ethik.

Bekannte Begriffe der Informationsethik sind „informationelle Autonomie" (eher rechtlich konnotiert: „informationelle Selbstbestimmung"), „Informationsfreiheit", „Informationsgerechtigkeit" und „digitaler Ungehorsam". Wichtige Methoden sind die diskursive und die dialektische. Die Informationsethik kann eben diese Begriffe und Methoden in Ethikkommissionen und Konfliktgespräche einbringen. Andere Bereichsethiken wie Medizinethik, Wirtschaftsethik und Technikethik müssen sich mit ihr verständigen, da bei ihnen Computertechnologien eine immer größere Rolle spielen.

Die Informationsethik kann beispielsweise Chancen und Risiken von implantierten Chips, Datenbrillen, Fotodrohnen, selbstständig fahrenden Autos, Industrie-, Service- und Kampfrobotern herausarbeiten. Es ist sinnvoll, dass sie diese zunächst genau beschreibt und abgrenzt, bevor sie Aussagen trifft. So ist etwa von Bedeutung, ob Kameras und Systeme für Gesichtserkennung bzw. KI-Systeme vorhanden oder ob die Roboter autonom und vernetzt sind. Auch Phänomenen wie Big Data, Cloud Computing und generativer KI wendet sich die Informationsethik zu. Im Zusammenhang mit generativer KI hat sich die Informationsethik – einschließlich der KI-Ethik – den Chancen und Risiken von Text- und Bildgeneratoren zugewandt. Dabei wurden Urheberrechtsverletzung und Fremdnutzung, Urheberschutz der Werke, Datenschutz und informationelle Autonomie bei Prompts, stereotype, diskriminierende, rassistische und sexistische Darstellungen, falsche Darstellungen von Wesen und Dingen sowie Zurückweisungen und Einschränkungen – die im Extremfall in Zensur münden können – thematisiert.

Informationsfreiheit

Informationsfreiheit (auch Informationszugangsfreiheit oder Informationsrecht) bedeutet allgemein den freien Zugang zur Information und speziell die Möglichkeit der Einsicht in Dokumente und Akten. Sie hängt unmittelbar mit der Informationstransparenz zusammen. Der englische Begriff „freedom of expression" zielt in eine ähnliche Richtung, zugleich die Meinungs- und Redefreiheit ansprechend.
Der Zugang zur Information wird auf staatlicher Ebene durch Informationsfreiheitsgesetze geregelt, auf kommunaler durch Informationsfreiheitssatzungen. Die Informationsethik beschäftigt sich sowohl mit der Informationsfreiheit als auch mit der Meinungsfreiheit in der Informationsgesellschaft, zusammen mit der Medienethik auch mit der Meinungsfreiheit in Kommentarbereichen von Massenmedien.

Informationsgesellschaft

Die Informationsgesellschaft ist eine Wirtschafts- und Gesellschaftsform, in der die Gewinnung, Speicherung, Verarbeitung, Vermittlung, Verbreitung und Nutzung von Informationen und Wissen einschließlich wachsender technischer Möglichkeiten der Kommunikation und Transaktion zentrale Merkmale sind. Die Informationsethik untersucht, wie sich deren Mitglieder in moralischer Hinsicht verhalten bzw. verhalten sollen; ebenso betrachtet sie unter sittlichen Gesichtspunkten das Verhältnis der Informationsgesellschaft zu sich selbst, auch zu nicht technikaffinen Mitgliedern, und zu wenig technisierten Kulturen.

Informationskompetenz

Der Begriff der Informationskompetenz bezieht sich auf die Beschaffung von und den Umgang mit Informationen und Wissen, vor allem in der Informationsgesellschaft. Wer sich über Fachdatenbanken relevante elektronische Artikel herunterlädt, zeigt genauso Informationskompetenz wie jemand, der ein Literaturverwaltungsprogramm benutzt und damit Quellenverzeichnisse erstellt, oder jemand, der die Referenzen von Textgeneratoren überprüft. Die Informationskompetenz hängt insofern mit der Medienkompetenz zusammen und gehört wie diese zu den Schlüsselqualifikationen des Informationszeitalters. Dass sie auch mit der Informationsethik zu tun hat, zeigt sich an zahlreichen Themen wie Hochpreisigkeit von Studien, Diebstahl geistigen Eigentums, Datenmanipulation und Matthäus-Effekt.

Informationsrecht

Zum Informationsrecht gehören IT- und Internetrecht. Im Sinne des Rechts auf Information ist es eng verwandt mit der Informationsfreiheit bzw. der Informationszugangsfreiheit. Die Moral kann in das Recht münden; genauso kann das Recht die Moral beeinflussen. Es ist aber wichtig, in bestimmten Fragen beide Bereiche scharf zu trennen. Die Informationsethik mag sich mit der auf Informationsrecht spezialisierten Rechtswissenschaft zusammentun, um die Zusammenhänge und Widersprüche zwischen Moral und Recht der Informationsgesellschaft herauszuarbeiten, und sich mit ihr der Fundierung und Regulierung der Informationsfreiheit widmen.

Informationswissenschaft

Die Informationswissenschaft ist eine Disziplin, die in den USA etabliert ist und im deutschsprachigen Raum in den 1990er-Jahren eine Blütezeit erlebt hat, was insbesondere das Verdienst von Rainer Kuhlen ist. Er hat sich aus ihr und der Philosophie heraus intensiv mit Informationsethik beschäftigt. An der Universität Konstanz, seinem Wirkungsort, war die Informationswissenschaft in jener Dekade aufgeteilt in die Bereiche Informationssysteme (mit Überschneidungen zu Informatik und Wirtschaftsinformatik), Informationsmanagement (mit Überschneidungen zur Wirtschaftsinformatik) und Informationsvermittlung und -aufbereitung (mit Überschneidungen zum Bibliotheks- und Archivwesen, zur Softwareergonomie und zum Webdesign). Weitere wichtige Orte für die Informationswissenschaft sind Chur und Graz.

Informationszeitalter

Das Informationszeitalter ist die im letzten Drittel des 20. Jahrhunderts einsetzende und immer noch andauernde Epoche des Übergangs von der Industrie- zur postindustriellen Gesellschaft, in der die (vor allem computergestützte) Gewinnung, Speicherung, Verarbeitung, Vermittlung, Verbreitung und Nutzung von Informationen und Wissen einschließlich wachsender technischer Möglichkeiten der Kommunikation und Transaktion eine wesentliche Rolle spielen und die die Informationsgesellschaft hervorbringt.

Inklusion

Mit dem Ansatz der Inklusion, nach dem englischen Begriff auch Inclusion genannt, will man die Einbeziehung von Personen und die Zusammenarbeit innerhalb von Gruppen sicherstellen. Er ist eng verbunden mit der Diversity, im Deutschen auch Diversität genannt, also mit dem Versuch, Vielfalt zu erkennen und zu fördern, Benachteiligung zu vermindern und Chancengleichheit zu erreichen.

In Unternehmen und Hochschulen wird Inklusion wie Diversität in Strategien und Richtlinien verankert. Gleichstellungsbeauftragte und Diversity-and-Inclusion-Abteilungen kümmern sich um die Erfüllung von Verpflichtungen und Bestimmungen und die Ahndung von Verstößen. Sie wirken im besten Falle integrierend, indem sie neben den Unterschieden und Besonderheiten die Gemeinsamkeiten von Personen und Gruppen betonen.

Inclusion wurde wie Diversity nicht nur als gesellschaftliche Pflicht, sondern auch als wirtschaftliche Chance erkannt. Im Zuge der Identitätspolitik tragen Anstrengungen im Bereich der Diversity allerdings auch zur Separierung bei. Die Inclusion kann dies wiederum, verknüpft mit Überzeugungen eines Universalismus, ein Stück weit ausgleichen. Die Ethik bringt Gleichberechtigung, -behandlung und -stellung im Kontext von Diversity und Inclusion mit der Idee der Gerechtigkeit in Beziehung.

Innovation

Der Begriff der Innovation trägt etymologisch das „Neue" bzw. die „Neuerung" in sich. Kreative Ideen oder neues Wissen sind noch keine Innovation, aber wichtige Vorbedingungen und Vorläufer. Innovationen resultieren dann aus Ideen, wenn diese in neue Materialien, Produkte, Dienstleistungen oder Verfahren umgesetzt werden, die eine erfolgreiche Anwendung finden und den Markt durchdringen.
Aus Sicht der Informationsethik interessiert, wie Innovation in der Informationsgesellschaft möglich ist, ohne deren Moral in unpassender Weise zu untergraben. Instrumente wie Creative Commons gehören zu den Innovationen der Informationsgesellschaft, so wie Augmented Reality, das Internet der Dinge oder generative KI.

Inpainting

Inpainting wird bei Bildgeneratoren wie Stable Diffusion und Bildbearbeitungsprogrammen wie Photoshop verwendet. Es dient dazu, fehlende Teile eines Bilds zu ergänzen. So kann man etwa eine Fotografie mit Fehlern „restaurieren". Wenn man neue, passende Teile erzeugt, etwa um ein anderes Format zu ermöglichen, spricht man von Outpainting.

Intelligente Maschinen

Intelligente oder smarte Maschinen sind Maschinen, die unterschiedliche Situationen wahrnehmen und beurteilen und oft mehr oder weniger selbstständig agieren können. Insofern handelt es sich um (teil-)autonome Systeme, die Elemente künstlicher Intelligenz und auch des Machine Learning aufweisen mögen.
Der Begriff der intelligenten Maschinen wird zuweilen kritisiert. Allerdings wird mit ihm schlicht und ergreifend auf menschliche Fähigkeiten verwiesen, keinesfalls behauptet, dass diese im maschinellen Kontext

gleichartig bzw. vollumfänglich vorhanden sind. Ebenso verhält es sich bei „moralischen Maschinen" oder „sozialen Robotern". Text-, Bild-, Video- und Audiogeneratoren können zu den intelligenten Maschinen gezählt werden. Sie basieren u. a. auf Large Language Models (LLMs), also auf Artefakten der KI, und weisen teilautonome Aspekte auf, insofern sie auf einen Prompt des Benutzers hin eigenständig ihre Arbeit verrichten.

Interaktion

Der Begriff „Interaktion" bedeutet ursprünglich „Wechselwirkung", „wechselseitige Beeinflussung von Individuen oder Gruppen" oder „wechselseitiges Vorgehen". Im medialen und technischen Bereich wird der Begriff der Interaktion oder der Interaktivität auf das Verhältnis zwischen Benutzer und Medium bzw. Mensch und Maschine angewandt („Mensch-Maschine-Interaktion", auch als Bezeichnung für die Disziplin), sodass man von einer Wechselwirkung zwischen diesen sprechen kann oder auch davon, dass das Medium oder die Maschine selbst interaktiv ist, also eine solche Wechselwirkung zulässt. Im weitesten Sinne handelt es sich um Formen der Kommunikation und damit um eine Art der Mensch-Maschine-Kommunikation bzw. des Mensch-Maschine-Dialogs. Im engeren Sinne kommuniziert man mit dem System, wenn dieses – wie Chatbots oder virtuelle Assistenten – natürlichsprachliche Fähigkeiten besitzt. Die Interaktion kann auch zwischen Menschen stattfinden, etwa mithilfe von Informations- und Kommunikationstechnologien, zwischen Maschinen (Maschine-Maschine-Interaktion) und zwischen Tieren und Maschinen (Tier-Maschine-Interaktion).

Internet

Das Internet ist ein weltweites Computernetzwerk, das Rechner aller Art auf der Basis der Protokollgruppe Transmission Control Protocol over Internet Protocol (TCP/IP) verbindet und dessen Anfänge in die 60er-Jahre des 20. Jahrhunderts reichen. In das Internet gingen verschiedene

Netze wie das Arpanet oder das Usenet ein; man bezeichnet es deshalb auch als „Netz der Netze". Bereits in den 1970er-Jahren wurden Internetdienste wie Diskussionsforen zur Kommunikation und zum Austausch von Dateien genutzt. Ende der 1980er-Jahre kam der Chat hinzu. Als um 1990 das World Wide Web (WWW) als Hypertextsystem mit grafischer Benutzeroberfläche entstand, wurde das Internet schlagartig populär. Millionen von Websites und Tausende von Diensten machen es zu einem hochkomplexen Informations- und Kommunikationsangebot.

Das Internet hat zu Beginn enorme Hoffnungen aufkommen lassen, in Bezug auf Information und Kommunikation, gesellschaftliche Fragen wie Demokratie und globale Informatisierung sowie ökonomische Potenziale. Die Realität hat viele dieser Hoffnungen eingeholt, aber dennoch ist das Internet mehr eine Revolution als eine Evolution geworden. Viele Internetdienste sind aus unserem Alltag und unserem Berufsleben nicht mehr wegzudenken und verändern Abläufe auf dramatische Weise. Totalitäre Staaten versuchen – dies ein Hinweis auf die vermutete Macht des Mediums – den Zugriff auf das Internet einzuschränken, entweder über die Blockierung von Netzen, Rechnern und Websites, mit Unterstützung von Suchmaschinen und Katalogen, die Websites aus ihrem Index streichen, oder mit einer Authentifizierung, also der Prüfung der vom Benutzer behaupteten Identität.

Dass das Internet teilweise immer noch als gleichsam mystischer Ort wahrgenommen wird, zeigen Begriffe wie „Cyberspace" oder „Hyperspace". Während in dem einen – der Steuermannskunst und Raum bzw. Weltraum zusammenbringt – Virtualität und Fiktionalität von Computern und insbesondere Computernetzen beschworen werden, spielt der andere auf die scheinbare Unendlichkeit des Internets an, in der sich Benutzer jederzeit verlieren können (engl. „lost in hyperspace"). Andere Wortbildungen und Metaphern wie „Datenautobahn" oder „Information Highway" sterben dagegen aus und haben fast nur noch historische Bedeutung.

Ein Problem der 2010er-Jahre ist, dass viele Benutzer soziale Netzwerke als das Internet wahrnehmen und private Anbieter das freie WWW an den Rand drängen. Dies wird durch Millionen von Websites und Plattformen unterstützt, die Funktionen und Buttons der Social Networks und Microblogs (etwa die Like-Buttons) verwenden und im Kommentarbereich eine Anmeldung über deren Dienste erlauben oder vorschreiben.

Selbst öffentlich-rechtliche Radio- und Fernsehsender kommunizieren mit ihren Hörern und Zuschauern über privatwirtschaftliche Social-Media-Dienste und verstärken so die neue Eindimensionalität. Gegen Zentralisierung und Monopolisierung in Internet und WWW wenden sich Projekte wie Solid. Mit diesem sollen die dezentralen Mechanismen wiederhergestellt werden. Dabei haben die von Befugten gepflegten und beaufsichtigten Solid PODs, Speicher für persönliche und soziale Daten, eine wichtige Funktion. Tim Berners-Lee, der Initiator von Solid und des Solid POD, will damit auch die informationelle Autonomie stärken und letztlich die Privatsphäre schützen.

Internetdienst

Internetdienste sind Dienste, die auf Technologien des Internets aufsetzen und Benutzer bei Anforderungen und Aufgaben unterstützen oder zu ihrer Unterhaltung beitragen. Beispiele sind E-Mail, Chats, Diskussionsforen, Instant Messaging, Agenten, Suchmaschinen und das World Wide Web. Mit Digital Services gibt es Überschneidungen.

Internetrecht

Das Internet ist kein rechtsfreier Raum, und grundsätzlich gelten in Online- und Offlinewelt die gleichen Gesetze. Ein Problem ist allerdings, dass Anbieter, Dienste und Ressourcen weltweit verteilt sind und es zu Kollisionen zwischen nationalen Regelungen kommen kann. Ein anderes Problem ist, dass neue Gegenstände auftreten, auf die das bisherige Recht nicht passt. Nicht zuletzt wird man als Geschädigter oder Strafverfolgungsbehörde durch die oftmals gegebene Anonymität der Benutzer vor Herausforderungen gestellt. Das Internetrecht (auch Onlinerecht) entsteht an der Schnittstelle der verschiedenen Rechtsgebiete, die sich mit Computern und Netzen beschäftigen, und bezieht sich auf die rechtlichen Aspekte bei deren Nutzung. Es ist ein Teilbereich des Informationsrechts. Insofern die Moral dem Recht vorausgehen oder nachfolgen kann, ist es auch mit der Informationsethik verbunden.

J

Jailbreaking

Jailbreaking bedeutet im Kontext generativer KI, dass man ein Sprachmodell bzw. die darauf basierenden Anwendungen, die bestimmte Prompts zurückweisen, im übertragenen Sinne hackt. Dies kann man mit der Eingabe von nicht vertrauenswürdigem Text, Überredungskünsten, Rollenspielen und Emotionen tun.

Die Überredungskünste können etwa so aussehen, dass man dem Textgenerator deutlich macht, dass man das Ergebnis für ein wissenschaftliches Projekt braucht, oder dem Bildgenerator, dass es sich bei der Person, deren Aussehen beurteilt werden soll, um keine echte handelt.

OpenAI zeichnet nach eigenen Angaben alle Möglichkeiten auf, wie Menschen die Sicherheitsvorkehrungen und moralischen Regeln von ChatGPT überwunden haben, und fügt dies den Trainingsdaten hinzu. Auf diese Weise soll das KI-System lernen, das Jailbreaking und andere Versuche des „Hackens" abzuwehren.

Journal

Journals sind wissenschaftliche Fachzeitschriften, in denen Fachbeiträge veröffentlicht werden. Sie stammen im Bereich der Digitalisierung (z. B. in der Informatik, der Wirtschaftsinformatik und der Sozialen Robotik) von Springer, Elsevier, Frontiers Media und anderen Verlagen. Die Artikel werden i. d. R. doppelt blind begutachtet. Im Falle von Open Access sind sie frei verfügbar.

Ab 2023 gab es eine regelrechte Schwemme von Artikeln zu generativer KI, in ökonomischen, technischen und philosophischen Journals. Bis 2022 war die Anzahl relativ konstant geblieben, obwohl sich die Mächtigkeit der Sprachmodelle und KI-Ansätze bereits 2019 klar und deutlich gezeigt hatte und erste überzeugende Anwendungen bereits ab 2020 auf dem Markt waren.

Journalismus

Der Begriff des Journalismus bezeichnet die Tätigkeit von Journalisten, etwa bei Printmedien, bei Radio und Fernsehen und bei Blogs. Roboterjournalismus unterstützt und ersetzt klassischen Journalismus, beispielsweise indem Robo-Content mit Hilfe generativer KI produziert wird. Drohnen liefern Aufnahmen von oben, auch aus abgelegenen Gebieten oder gefährlichen Situationen (engl. „drone journalism"). Live- oder Real-time-Journalismus ist anscheinend das Gebot der Stunde, führt aber tendenziell zu oberflächlichen Beiträgen.

Der Journalist sollte sagen, was ist, um Rudolf Augstein wiederzugeben, und sich mit keiner Sache gemein machen, um Hanns Joachim Friedrichs zusammenzufassen, nur mit der Wahrheit (damit auch mit der Wissenschaft), um eben das sagen zu können, was ist. Allerdings gewinnt seit den 2010er-Jahren in Missachtung dieser Regeln ein Haltungsjournalismus mehr und mehr Auftrieb. Viele Journalisten sind zugleich Aktivisten und versuchen ihre Vorstellungen von Gerechtigkeit (auch in der Sprache) durchzusetzen. Dadurch leiden Korrektheit, Prägnanz und Präzision. Die Zunahme von KI-generiertem Content wird hier kaum Abhilfe schaffen.

JPEG

JPEG – der Name geht auf die 1983 gegründete Joint Photographic Experts Group zurück – ist ein im WWW weit verbreitetes Grafikformat mit einer verlustbehafteten Kompression. Auch bei der digitalen Fotografie spielt es eine wichtige Rolle. PNG und GIF, zwei Dateiformate für das Internet, erlauben eine verlustfreie Kompression. Von Bildgeneratoren generierte Bilder liegen meist im JPEG-, PNG- oder WebP-Format vor.

K

KI-Ethik

Mit der Künstlichen Intelligenz (KI) als Disziplin und der künstlichen Intelligenz als ihrem Gegenstand beschäftigen sich mehrere etablierte Bereichsethiken, die wiederum der angewandten Ethik zugehören. Die Informationsethik hat die Moral (in) der Informationsgesellschaft zum Gegenstand. Sie untersucht, wie wir uns, Informations- und Kommunikationstechnologien und digitale Medien anbietend und nutzend, in moralischer Hinsicht verhalten bzw. verhalten sollen. Mit Blick auf die KI ist z. B. die Frage, wie wir mit ihrer Hilfe observiert und analysiert werden, welche Verzerrungen durch sie entstehen und welche Vorurteile durch sie gefestigt werden (Bias-Diskussion). Typischerweise entstehen in Zusammenarbeit mit der Informationsethik, unter Verwendung ihrer Begriffe und Methoden, auch ethische Leitlinien, deren Nutzen umstritten ist. Die Technikethik bezieht sich auf moralische Fragen des Technik- und Technologieeinsatzes. Es kann um die Technik von Fahrzeugen oder Waffen ebenso gehen wie um die Nanotechnologie oder die

Kernenergie. Sie interessiert sich dafür, wie Systeme künstlicher Intelligenz als Technologien und Werkzeuge einzuordnen sind, was wir ihnen zugestehen und wie wir uns ihnen gegenüber verhalten sollen. Die Wirtschaftsethik hat die Moral (in) der Wirtschaft zum Gegenstand. Dabei ist der Mensch im Blick, der wirtschaftliche Interessen hat, der produziert, handelt, führt und ausführt sowie konsumiert (Konsumentenethik), und das Unternehmen, das Verantwortung gegenüber Mitarbeitern, Kunden und Umwelt trägt (Unternehmensethik). Ersetzt künstliche Intelligenz den Menschen, nimmt sie ihm schwierige und anstrengende Arbeiten ab, ermöglicht sie ihm ein Leben mit weniger und mit besserer Arbeit? Das sind Fragen, die man in Bezug auf den Mitarbeiter stellen kann.

Zudem kann sich die Disziplin der Roboterethik mit der künstlichen Intelligenz beschäftigen. KI und Robotik haben unterschiedliche Ziele und Ergebnisse. Ihre Ergebnisse kann man aber integrieren, und intelligente Roboter sind von zunehmender Bedeutung, als Industrieroboter ebenso wie als Serviceroboter. Die Roboterethik kann zunächst als Keimzelle und Spezialgebiet der Maschinenethik aufgefasst werden. Gefragt wird dann danach, ob ein Roboter ein Subjekt der Moral (engl. „moral agent") sein und wie man diese implementieren kann. Man kann aber nicht nur nach den Pflichten oder Verpflichtungen (noch schwächer: Aufgaben), sondern auch den Rechten der Roboter fragen und danach, ob diese Objekte der Moral (engl. „moral patients") sind. Nicht zuletzt ist es möglich, die Disziplin in einem ganz anderen Sinne zu verstehen, nämlich in Bezug auf die Folgen des Einsatzes von Robotern für Menschen. In dieser Ausrichtung kann sie in Technik- und Informationsethik verortet oder diesen zugeordnet werden.

Die bereits genannte Maschinenethik kann von den klassischen Bereichsethiken getrennt werden. Während diese stets den Menschen als Subjekt der Moral thematisieren (auch in der Tierethik, wo das Tier Objekt der Moral ist, nicht Subjekt), fragt sie nach der Maschine als Subjekt der Moral. Und während sich die Bereichsethiken meist damit begnügen, über Maschinen nachzudenken, baut sie Maschinen, zusammen mit Künstlicher Intelligenz und Robotik, um sie dann zu erforschen und womöglich in die Praxis zu bringen. Insofern mag man sie als eigenes Gebiet der angewandten Ethik betrachten oder auf eine Stufe mit der Menschenethik stellen. Autonomen Systemen wie bestimmten KI-Systemen und bestimmten Robotern kann man moralische Regeln beibringen. Meist sind dies vorgegebene Regeln, an die sich die Maschine unbedingt hält. Es gibt aber auch Prototypen, die ihre Moral anpassen und weiterentwickeln. Beide Ansätze haben Vor- und Nachteile, je nach Ausgangslage, Zielsetzung und Kontext. Das maschinelle Subjekt hat übrigens vieles von dem nicht, was das menschliche hat. Ein Roboter ist nicht gut oder böse, und man kann ihn moralisch auch kaum zur Verantwortung ziehen. Er kann aber unter mehreren Optionen die geeignete auswählen, unter Berücksichtigung moralischer Regeln oder Metaregeln bzw. Prinzipien. Unter den klassischen Modellen normativer Ethik scheinen sich Pflichtethik und Folgenethik besonders für eine Implementierung zu eignen. Eine KI-Ethik etabliert sich allmählich. Es ist die Frage, ob sie sich aus den genannten Bereichen der angewandten Ethik speisen kann oder ob man sie als selbstständige Fachrichtung ausarbeiten soll. Es ist einerseits nicht sinnvoll, zu viele Disziplinen zu begründen. Schon die Informationsethik ist im deutschsprachigen Raum unterrepräsentiert und bräuchte institutionell und finanziell Verstärkung, wobei sich seit ca. 2017 einiges getan hat, nicht zuletzt mit der Gründung des Weizenbaum-Instituts. Andererseits stellt sich die Frage, warum keine KI-Ethik auf den Plan treten soll, wenn schon eine Roboterethik existiert und beide in gewissem Sinne komplementär sind. Mit der generativen KI hat sich ein neues Bündel an Fragestellungen ergeben, die aus der Informationsethik, aber ebenso aus einer losgelösten KI-Ethik heraus beantwortet werden können.

KI-Kunst

KI-Kunst ist mithilfe von KI, u. a. generativer KI, erzeugte Kunst. An Kunstformen sind bei einem weiten Begriff bildende Kunst, Musik, Literatur und darstellende Kunst vertreten. Der Künstler wird zum Prompter oder Prompt Designer und zum Cyborg oder Human-AI Hybrid. Der Schaffensprozess wird im Extremfall stark verkürzt und vereinfacht und seiner Erlebnisse und Erfahrungen beraubt. Zum Teil entstehen Ramsch und Kitsch. Dennoch sind Kunstwerke von großer Schönheit mit erheblicher

Wirkung möglich. KI kann offenbar auch autonom Kunst generieren, wobei man dann diskutieren muss, ob es sich wirklich um solche handelt. Für KI-Kunst werden gängige Text-, Bild-, Video- und Audiogeneratoren verwendet, aber auch spezialisierte wie – bezogen auf den Bildbereich – Deep Dream Generator, Jasper ART, Mindverse und Leonardo.AI – oder Picsart, das unterschiedliche Werkzeuge zur Bildbearbeitung und -generierung bietet. Bei Adobe Firefly kann man beim Inhaltstyp zwischen „Foto" und „Kunst" umschalten, wobei letztere Funktion eher cartoon- und comicartige Ergebnisse generiert, also der Popkultur zugeneigt ist. Im Videobereich haben sich u. a. Kaiber – die Basis ist Stable Diffusion – und Runway einen Namen gemacht.

Ein bekannter Vertreter der KI-Kunst im deutschsprachigen Raum ist Merzmensch alias Vladimir Alexeev. Er schreibt auch in theoretischer Weise über das Thema, auf seinem Blog Merzazine und in dem Buch „KI-Kunst – Digitale Bildkulturen" von 2023. International haben sich Refik Anadol, Mario Klingemann (Quasimondo), Jason M. Allen, Alexander Reben und Stephanie Dinkins einen Namen gemacht. Einige Autoren und Künstler experimentieren seit Ende 2023 mit GPTs und lassen sie ihre bereits an anderer Stelle veröffentlichten oder noch unveröffentlichten Werke vortragen und vorzeigen.

Kitsch

Kitsch ist, dem Digitalen Wörterbuch deutscher Sprache (DWDS) folgend, ein „vorgeblich stilvolles, kultiviertes, gehobenes o. ä., dabei jedoch süßlich-sentimentales (und künstlerisch wertloses) Produkt schlechten Geschmacks". In der etymologischen Erklärung wird von sentimentaler Scheinkunst und Schund gesprochen und darauf hingewiesen, das Wort sei seit dem letzten Viertel des 19. Jahrhunderts bekannt, zuerst als „Bezeichnung für eine süßliche Richtung unrealistischer Malerei".
Viele Ergebnisse von Bildgeneratoren erscheinen für den geschulten Betrachter als kitschig. Dies wird ein Stück weit den verwendeten Daten geschuldet sein, ein Stück weit auch den Bewertungen und Einteilungen im Bereich des Reinforcement Learning from Human Feedback. Es dürfte

freilich genau dieser Kitsch sein, der vielen Leuten gefällt und der sie die entstandenen Bilder privat und kommerziell verwenden lässt. Die fotorealistischen Bilder von Midjourney erinnern teilweise an Instagram und die dort verwendeten Filter. Durch die Flut an kitschigen Bildern könnten neue Sehgewohnheiten entstehen. Der geschulte Blick und der fundierte Geschmack gehen verloren. Das kann natürlich zugleich eine Chance sein, alte Sehgewohnheiten zu hinterfragen. So hat Kitsch eben offensichtlich eine Wirkung, der sich kaum jemand entziehen kann, in der darstellenden Kunst wie in der Literatur. Es stellt sich die Frage, ob klassische Einteilungen der Kunst bei KI überhaupt noch greifen.

Kodex

Der Begriff „Kodex" bezeichnet die Gesamtheit der Regeln, die in einer Gruppe oder Organisation (z. B. Berufsständen, akademischen Gruppen bzw. Einrichtungen oder Unternehmen) maßgebend sind. Verbreitet sind Ethikkodizes, auch „ethische Kodizes" oder besser „moralische Kodizes", „Moralkodizes" und „Sittenkodizes" genannt. In der Informationsgesellschaft sind diese bei IT-Unternehmen, -Lobbyverbänden und -Fachgesellschaften verbreitet. Der Kodex kann Teil einer Feigenblattmoral und diese Ziel und Zweck einer Feigenblattethik sein.

Kognitive Architektur

Kognitive Architekturen sind nach Antonio Lieto sowohl Modelle der Kognition in natürlichen und künstlichen Agenten als auch die entsprechenden Umsetzungen. Sie sind in der Künstlichen Intelligenz (KI) und in der Sozialen Robotik relevant. Beispiele für kognitive Architekturen sind ACT-R, AIS, CLARION, MAX und SOAR. Künstliche Agenten, die auf solchen Infrastrukturen basieren, wurden mit Blick auf verschiedene kognitive Aufgaben wie Denken, Lernen, Wahrnehmen und Erkennen getestet.

Kommunikation

Kommunikation kann verstanden werden als die Übermittlung von Informationen über ein Medium im weitesten Sinne zwischen zwei oder mehreren Kommunikationspartnern. Die menschliche Kommunikation dient neben dem Austausch von Erfahrung und Wissen auch der Koordination als Basis kooperativen Handelns. Dabei stehen neben der gesprochenen und geschriebenen Sprache bildhafte Darstellungen sowie Mimik (Gesichtsausdruck), Gestik (Körperhaltung und -bewegung) und Taktilität (Berührungen) zur Verfügung.

Sachinhalte einer Nachricht werden meistens sprachlich und bildlich vermittelt. Man erklärt, wie eine Maschine funktioniert, und zeigt auf Komponenten, Knöpfe und Hebel, oder man erstellt ein Handbuch mit Texten und Grafiken. Beim Transport von Emotionen, die für den Aufbau einer Beziehung zwischen Kommunikationspartnern wichtig sind, spielen dagegen häufig Mimik und Gestik sowie Gerüche (die nicht durchgehend beeinflussbar sind) eine Rolle.

Im virtuellen Bereich – beispielsweise im Internet – wird Kommunikation immer wichtiger. Sie erfolgt zwischen den Teilnehmern stets indirekt, d. h. mithilfe von Kommunikationswerkzeugen, und kann synchron (über Chats sowie Audio- und Videokonferenzen) oder asynchron (über E-Mail und Diskussionsforen) stattfinden. Teilweise können Mimik und Gestik durch klassische Emoticons und moderne Emojis ersetzt werden.

Bei generativer KI kommuniziert der Benutzer mit dem System mit Hilfe von Prompts, die er selbst formuliert oder die vorformuliert sind. Zudem kann ein System mit dem anderen kommunizieren, etwa wenn ChatGPT als Schnittstelle von DALL-E 3 einen Prompt des Benutzers entgegennimmt, einen eigenen Prompt daraus macht und der Bildgenerator diesen entgegennimmt, um ihn auszuführen oder ihn abzulehnen. Man kann hier von Maschine-Maschine-Kommunikation sprechen.

Kooperations- und Kollaborationsroboter

Kooperations- und Kollaborationsroboter sind moderne Industrieroboter, die mit uns Schritt für Schritt an einem gemeinsamen Ziel (Kooperationsroboter) bzw. Hand in Hand an einer gemeinsamen Aufgabe arbeiten, wobei wiederum ein bestimmtes Ziel gegeben ist (Kollaborationsroboter). Sie nutzen dabei ihre mechanischen und sensorischen Fähigkeiten und treffen Entscheidungen (wenn man diesen Begriff zulässt) mit Blick auf Produkte und Prozesse im Unternehmen bzw. in der Einrichtung. Co-Robots oder Cobots, wie sie häufig genannt werden, können in Einzelfällen auch als Serviceroboter auftreten, etwa im medizinischen und pflegerischen Bereich. Die intensive Beschäftigung mit kooperativen und kollaborativen Robotern hat ihren Startpunkt in den 1990er-Jahren. In den 2010er-Jahren begannen sie sich durchzusetzen und in der Produktion zu verbreiten.

Kooperations- und Kollaborationsroboter haben meist einen Arm oder ein Armpaar und zwei bis drei Finger. Mehrere Achsen respektive Gelenke erlauben eine entsprechende Beweglichkeit und Anpassungsfähigkeit. Es handelt sich mehrheitlich um Leichtbauroboter, die zwischen den Orten bewegt werden können, also mobil mindestens in diesem passiven Sinne sind. Sie kooperieren oder kollaborieren mit Menschen, wobei sie ihnen ausgesprochen nahe kommen und die Tätigkeiten ineinander greifen können. Trotz der engen Zusammenarbeit verspricht man sich eine hohe Sicherheit im Betrieb, vor allem in Bezug auf den Menschen, der nicht verletzt werden darf, sondern im Gegenteil geschützt und entlastet werden soll. Cobots sind autonome, intelligente, lernfähige Systeme und als Generalisten angelegt, wobei die Veränderungen auf Software- ihre Entsprechungen auf Hardwareseite haben müssen, etwa insofern Werkzeuge und Greifhände ausgewechselt und erweitert werden können. Sie sind in der Lage, von Menschen zu lernen, indem diese ihre Arme bewegen oder ihnen etwas vor ihren Kameras und Sensoren vormachen.

Soziale Robotik und Maschinenethik können zur Verbesserung der Roboter auch im sozialen und moralischen Sinne beitragen. Aus Technik- und Informationsethik heraus ist danach zu fragen, ob Co-Robots wie ein menschliches Gegenüber wirken und wie weit ihre autonomen und intelligenten Fähigkeiten reichen sollen. Gerade die Zweiarmigkeit scheint die Industrieroboter in Lebewesen zu verwandeln, was Erwartungen weckt und Bindungen stärkt, und Tablets können für Mimik genutzt werden, die im Zusammenspiel mit natürlichsprachlicher Kommunikation eine humanoide Anmutung erzeugt. Die Wirtschaftsethik widmet sich den Chancen und Risiken bei Ergänzung und Ersetzung von Werktätigen. Einerseits können Kooperations- und Kollaborationsroboter anstrengende und stumpfsinnige Arbeiten übernehmen, andererseits nach entsprechendem Training alleine oder zusammen mit ihresgleichen mannigfaltige Aufgaben ausführen, was den menschlichen Partner letztlich überflüssig machen könnte.

Sprachmodelle bedeuten für Wahrnehmung und Steuerung von Cobots, ob diese in Produktion und Logistik präsent oder in Serviceroboter integriert sind, einen Umbruch. PaLM-E ist für Serviceroboter nutzbar, wie TU Berlin und Google in ihrem Paper „PaLM-E: An Embodied Multimodal Language Model" gezeigt haben. Über die Roboterkameras erfasste Bilder von Räumen und Objekten und ihren jeweiligen Zuständen im Zeitverlauf werden in das Sprachmodell integriert. Der Serviceroboter – in diesem Fall ein Cobot auf einer mobilen Plattform – kann auf Zuruf beliebige Aufgaben erledigen, ohne dass er diese vorher kennen und bewältigen muss. Damit werden aufwendige Szenarienbildung und kostenintensives Training über Monate zumindest teilweise obsolet.

Korpus

Ein Korpus (engl. „corpus") ist ein vollständiger Datensatz, der zum Trainieren oder Nachtrainieren eines KI-Modells verwendet wird. So kann man etwa ein Sprachmodell mit Texten aus einem Literaturkorpus mit lateinischen Texten füttern und damit einen Chatbot für diese tote Sprache entwickeln, oder man kann einen Unternehmenschatbot mit allen relevanten Daten und Informationen eines Unternehmens vertraut machen.

Kreativität

Kreativität ist schöpferische Kraft oder Schaffenskraft. Es ist die Fähigkeit, aus sich selbst heraus etwas Neues und Besonderes zu schaffen. Es kann sich, muss sich dabei aber nicht um Kunst handeln. Einige Künstler würden die Benennung als Kreative für sich ablehnen, und kreative Berufe sind für manche Experten eher solche in den Bereichen Design, Medien und Mode. Andere haben keine Berührungsängste mit den Kreativen und fallen durch übergreifende Arbeiten und Zusammenarbeiten auf.

Ob KI-Systeme im eigentlichen Sinne kreativ sein können, ist umstritten. Vielleicht sind sie als autonome Systeme nicht zur Kunst fähig, aber ihre Ergebnisse sind mit denen vergleichbar, die aus den kreativen Berufen stammen. Genau diese bekommen durch generative KI ernst zu nehmende Konkurrenz. KI-Generatoren können als teilautonome Systeme – in der Zusammenarbeit mit Benutzern – sogenannte KI-Kunst und auch Kitsch und Schund hervorbringen.

Zweifelsohne sind KI-Systeme zudem in der Lage, Kreativität zu simulieren. Computerkreativität (engl. „computational creativity") ist ein multidisziplinäres Arbeitsgebiet, das darauf abzielt, die menschliche Kreativität computerbasiert ab- und nachzubilden. Dabei werden Ansätze aus Künstlicher Intelligenz, Philosophie, Psychologie und Kunst kombiniert. Die Association for Computational Creativity ist der Förderung der Computerkreativität verpflichtet und richtet einschlägige Konferenzen aus.

Eine interessante Frage ist, was die Nutzung von KI-Systemen, mithin ihrer Kreativität oder Simulation von Kreativität, aus der Kreativität von Kreativen oder Künstlern macht. Verändert sie diese, verstärkt sie diese, vermindert sie diese? Um wen geht es überhaupt – um Personen, die vorher schon kreativ waren und nun prompten, oder um Personen, die nun prompten und so kreativ geworden sind? Oder um Benutzer, in denen die KI das Interesse an Kreativität geweckt hat?

Künstliche Intelligenz

Der Begriff „Künstliche Intelligenz" („KI"; engl. „artificial intelligence" bzw. „AI") steht für einen eigenen wissenschaftlichen Bereich der Informatik, der sich mit dem menschlichen Denk-, Entscheidungs- und Problemlösungsverhalten beschäftigt, um dieses durch computergestützte Verfahren ab- und nachbilden zu können. Es geht darum, dass Aufgaben, deren Erledigung eigentlich menschliche Intelligenz erfordert, von Maschinen übernommen werden. Zudem kann man das tierische Denk-, Entscheidungs- und Problemlösungsverhalten zum Vorbild nehmen – oder eine ganz andere Vorstellung von Intelligenz. Die Intelligenz von Maschinen selbst kann ebenfalls mit dem Begriff gemeint sein, also die künstliche Intelligenz als Gegenstand und Ergebnis. Um beides zu unterscheiden, wird vorgeschlagen, den Namen der Disziplin großzuschreiben, die Bezeichnung ihres Gegenstands dagegen kleinzuschreiben. Immer mehr ist auch das Wahrnehmungsverhalten von Bedeutung, etwa bei intelligenten Maschinen.

Bis zuletzt hat der Intelligenzbegriff der schwachen KI dominiert. Ihr geht es vornehmlich um die Simulation intelligenten Verhaltens bzw. die Berücksichtigung einzelner Aspekte menschlicher Intelligenz, bezogen auf bestimmte Anwendungsgebiete. Durch die Praxis werden inzwischen Fähigkeiten nachgefragt, die man eher der starken KI (oder der Artificial General Intelligence) zuordnen würde, die – seit ihren Anfängen in den 1950er-Jahren – im eigentlichen Sinne denkende Maschinen (womöglich auch deren Bewusstsein und Gefühle) erreichen will und bisher in wesentlichen Aspekten gescheitert ist. Roboter (insbesondere Cobots und soziale Roboter) sollen vorsichtig gegenüber Menschen sein, in ihren Worten und Handlungen, und sie sollen sich moralisch verhalten. Tatsächlich genügt aber auch hier zunächst die schwache KI.

Für die klassische und Soziale Robotik spielt die KI eine zentrale Rolle. Nicht nur humanoide Kunstwesen müssen eine gewisse Intelligenz aufweisen, sondern z. B. auch Maschinen der Industrie 4.0. Sie alle bringen die Software sozusagen in die Realität, wo sie beobachten und dazulernen kann (wobei künstliche Intelligenz nicht zwingend Machine-Learning-Anwendungen umfasst). Ferner profitieren spezialisierte Agenten, hervorgebracht von der Informatik, von einschlägigen Fähigkeiten. Die Maschinenethik wird von Vertretern der Künstlichen Intelligenz und Philosophen dominiert, und ihr geht es um die (auch emotionale) Intelligenz von Maschinen bei Entscheidungen und Handlungen mit moralischen Implikationen.

Seit den 2010er-Jahren wird die KI immer mehr zum Experimentier- und Spielfeld von IT-Konzernen, Suchmaschinenanbietern und Betreibern von Social Networks. Diese wollen u. a. ihre Benutzer durchleuchten und sie auf Produkte aufmerksam machen, wollen sie kategorisieren und instrumentalisieren. Die generative KI hat seit den 2020ern die Aufmerksamkeit der breiten Öffentlichkeit erregt. Mit einem Schlag wurde jeder zum bewussten Anwender, nutzte also die KI-Tools, spielte und probierte damit herum und war sich dessen bewusst, ein Teil einer Disruption zu sein. Auch die Ethik hat sich der künstlichen Intelligenz zugewandt und arbeitet in der Informationsethik oder als eigenständige KI-Ethik ihre Chancen und Risiken heraus. Sie versucht sich zudem, was nicht unbedingt ihre Aufgabe ist, als regulierende Kraft, wobei sie häufig von Politik und Wirtschaft an die Hand genommen wird.

Künstliche Moral

Künstliche Moral (engl. „artificial morality"), auch maschinelle Moral (engl. „machine morality") genannt, ist die Fähigkeit einer Maschine bzw. eines Systems, sich an moralische Regeln zu halten respektive unter verschiedenen Optionen diejenige auszuwählen, die gut und richtig ist. Die moralischen Regeln sind der sogenannten moralischen Maschine gleichsam eingepflanzt worden; diese kann sie aber u. U. auch abändern und anpassen, etwa indem sie das Verhalten anderer – künstlicher oder natürlicher – Systeme übernimmt oder anderweitig aus Situationen lernt. Der Begriff der künstlichen Moral wird ähnlich gebraucht wie derjenige der künstlichen Intelligenz und des maschinellen Bewusstseins. Die zugehörige Disziplin ist die Maschinenethik. Sie erforscht die künstliche oder maschinelle Moral und bringt sie hervor, eben in Gestalt der moralischen Maschine. Die Disziplinen der Maschinenethik, der Künstlichen Intelligenz (die die künstliche Intelligenz erforscht und hervorbringt) und des Maschinellen Bewusstseins (das das maschinelle oder künstliche Bewusstsein erforscht und hervorbringt) sind wichtig für die Soziale Robotik.

„Künstliche Moral" ist wie „künstliche Intelligenz" und „maschinelles Bewusstsein" ein Terminus technicus. Er hat sich durchgesetzt, um das Simulieren der Moral durch rechnerische und – bei physischen Maschinen – sensomotorische Prozesse zu bezeichnen. Er behauptet nicht, dass Maschinen so etwas wie Bewusstsein oder einen freien Willen haben – dies wären menschliche Qualitäten, über die das System nicht verfügt (die es aber wiederum simulieren könnte). Auch der Begriff des sozialen Roboters folgt dieser Logik, und er kann an die Seite des Begriffs der moralischen Maschine, des künstlich intelligenten Systems und des künstlich bewussten Systems gestellt werden.

Generative KI hat der Maschinenethik zu neuem Schwung verholfen. In Text-, Bild-, Video- und Audiogeneratoren werden soziale und moralische Regeln und rechtliche Bestimmungen bzw. insgesamt „guardrails" (engl. für „Leitplanken") einprogrammiert, um einen Missbrauch auszuschließen und den Spielraum zu begrenzen. Dabei schießt man allerdings oft über das Ziel hinaus und verwandelt sie in woke Systeme. Beim Alignment werden Sprachmodelle mit Hilfe von Finetuning nach Werten und Zielen ausgerichtet. Eine Zuspitzung ist Constitutional AI. Dabei werden Sprachmodelle mit Richtlinien, Verordnungen und Gesetzen – die meist auf einer hohen Ebene angesiedelt sind, wie die Allgemeine Erklärung der Menschenrechte – trainiert und instruiert. Einen der ersten Versuche in dieser Richtung hat Anthropic mit dem Chatbot Claude unternommen. Auch über Prompt Engineering kann man Sprachmodelle moralisch einfassen.

Kultur

Unter Kultur (lat. „cultura": „Bearbeitung", „Anbau", „Pflege") wird das vom Menschen materiell und immateriell Geschaffene verstanden, im Gegensatz etwa zur Natur. Landschaften wandeln sich zu Kulturlandschaften, in Forst- und Landwirtschaft wachsen in systematischer und kultivierter Form sowohl Pflanzen als auch Tiere heran (Kulturflächen in

Verbindung mit Bodenkultur), Dörfer, Städte, Gewerbegebiete und Industrieanlagen wuchern ebenso wie Straßennetze und Schienenstränge für den Verkehr (Kulturflächen im Zusammenhang mit Siedlungs- und Betriebsflächen). Die Technik bringt Geräte, Maschinen, Roboter und Systeme mit sich, die der Erweiterung menschlicher Handlungsfähigkeit dienen. Die Kulturtechnik der Schrift ermöglicht Literatur und Wissenschaft, und in der Kunst wird man zum Schöpfer um der Schöpfung willen (Geisteskultur). Spezifische Entwicklungen und Nutzungen von Kultur formen die Kulturen (wie die Subkulturen). Die Kulturwissenschaft untersucht die Grundlagen, Merkmale und Folgen der Kultur und der Kulturen.

Unter der (der Kultur gegenübergestellten) Natur wird der Teil der Welt verstanden, der nicht vom Menschen geschaffen wurde, sondern von selbst entstanden ist. Bei einem engen Begriff ist die Natur der Erde gemeint, die natürliche Umwelt, bei einem weiten die Natur des Kosmos, sodass beispielsweise der Mond und die Sonne dazu zu zählen wären. Die Natur wird von den Naturwissenschaften erforscht, die belebte von der Biologie (einschließlich der Ökologie), die unbelebte u. a. von Physik und Geologie. Kultur ist oft ein Eingriff in die Natur. Sie mag ihr die Zivilisation entgegensetzen, in der Grundbedürfnisse einfach und bequem befriedigt werden, und sie kann einerseits die Natur der Zerstörung ausliefern (z. B. durch Exzesse der Wirtschaft), andererseits die Zerstörung durch die Natur verhindern (etwa durch Naturgewalten oder durch giftige Pflanzen und räuberische Tiere). Durch Kultur und Technik wird Natur auch verändert, etwa im Falle von Züchtungen und Zusammenfügungen (bis hin zum Cyborg), und überhaupt erst in bestimmter Weise wahrgenommen (z. B. durch ein Mikroskop oder ein Teleskop).

Kulturgüter sind materielle oder immaterielle Güter, die geschützt werden sollen. Dazu zählen bestimmte Bauwerke, Kunstwerke oder Sprachen. In ihrer Gesamtheit sind die Kulturgüter das kulturelle Erbe oder Kulturerbe der Menschheit. Die UNESCO (United Nations Educational, Scientific and Cultural Organization) hilft dabei, das Weltkulturerbe zu bestimmen und zu erhalten. Die materiellen oder immateriellen Güter werden zu diesem Zweck in einer Liste erfasst. Immer wieder ist das Welterbe – das Weltkulturerbe wie das Weltnaturerbe – durch Strömungen und Radikalisierungen in Kulturen (die sich dann gegen andere Kulturen bzw. Religionen richten) bedroht. So zerstörten die Taliban im März 2001 die Buddha-Statuen von Bamiyan, die Anhänger des IS im August 2015 den Baal-Tempel von Palmyra. Auch Kulturen können geschützt werden. So gibt es Naturvölker, die kaum in Kontakt mit Zivilisationen kamen und besondere Sitten und Gebräuche oder Sprachen und Dialekte haben, und Berg- und Inselbewohner mit Traditionen und Trachten, die einen hohen Stellenwert genießen (Volkskultur). Der Begriff der Kultur kann verwendet werden, um sich über eine angebliche Unkultur zu erheben, also eine andere Form der Kultur zu missbilligen oder die eigene durchzusetzen (wie im Kulturkampf des 19. Jahrhunderts oder im Aufeinandertreffen von unterschiedlichen Geschmäckern im 19. und 20. Jahrhundert, mit Begrifflichkeiten wie „Kunstbanause" oder „Kulturbanause"), oder über die Natur mit ihren Pflanzen und Tieren, die als primitiv und instinktiv angesehen werden (die Menschen dagegen als reflektierend und rational). Umwelt- und Tierethik können dies thematisieren und problematisieren, Umwelt- und Tierschutz dem entgegentreten. Technik-, Informations- und Roboterethik widmen sich den Folgen des Einsatzes von Technik bzw. Informations- und Kommunikationstechnologien und (teil-)autonomen Maschinen, Wirtschaftsethik und speziell Unternehmensethik den Abhängigkeiten von Kultur und Wirtschaft und der Tendenz von Konzernen, die Kultur (respektive Ideologie) des Wachstums als Raubbau an der Natur zu zelebrieren.

Kunst

Kunst (lat. „ars") ist das von Menschen geschaffene Künstliche in einem kulturellen Kontext mit einer sozialen Funktion in einer ästhetischen Dimension. Es kann sich um ein Artefakt (das Kunstwerk im engeren Sinne), eine Struktur oder einen Prozess handeln. Der Künstler will sein Geschick zeigen, etwas Besonderes und Schönes auf die Welt oder etwas zur Entfaltung und Anschauung bringen, unter Anwendung von Kulturtechniken wie der Schrift oder der Zeichnung. Eine Triebfeder der Kunst ist die sexuelle Leidenschaft, verwandelt zur kreativen Kraft, die das sexuelle Begehren – gerichtet häufig auf existierende oder imaginierte Personen – unterstützt und den Körper als Objekt einbezieht. Zu den sogenannten schönen Künsten zählen bildende Kunst (Malerei, Grafik, Fotografie, Digitalkunst, Bildhauerei, Architektur), Musik (Komposition, Vokalmusik, Instrumentalmusik), Literatur (Lyrik, Dramatik, Epik) und darstellende Kunst (Tanz, Theater, Kabarett, Film). Kunst und Kultur sind Gegenentwürfe zur Natur, wobei sie diese, ihre Ansichten, Lebewesen und Rohstoffe, ständig integrieren und transformieren. Manche Kunstformen entfalten eine immersive Wirkung, wie der Roman, das Drama oder das Computerspiel. Der Leser, Zuschauer oder Benutzer wird also in das Geschehen hineingezogen und gibt sich der Illusion hin. Diese kann gezielt zerstört werden, z. B. durch den V-Effekt, wie ihn Bertolt Brecht entwickelt hat, um die Kunst (oder die „Kunstpause") zur Agitation zu verwenden. Ob Kunst außerhalb der Kultur möglich ist, etwa hervorgebracht von Tieren wie Affen, ist umstritten. Eingeordnet und erforscht wird die Kunst von der Kunstgeschichte oder Kunstwissenschaft.

Aus der Altsteinzeit sind Skulpturen, Gebrauchsgegenstände, Musikinstrumente und Höhlenmalereien erhalten. Vieles erfüllt eine bestimmte Funktion, innerhalb eines Kults oder der Beschaffung und Verarbeitung von Nahrung. Die Antike bringt einzigartige Mosaiken, Tempel und Pyramiden hervor. Im Mittelalter dominiert in Europa die Kirche als Auftraggeber, wodurch sich in der geistlichen Kunst hohe Qualität und enorme Variation finden, in der weltlichen jedoch Leerstellen. In der frühen Neuzeit und der Aufklärung treten als Mäzene der Adel und das Bürgertum hinzu. Der Künstler wird zum Selbstständigen in mentaler und ökonomischer Hinsicht und bedient den Kunstmarkt. Universalgenies wie Leonardo da Vinci tauchen auf, Kunst und Technik verbindend. Gemälde und Bücher erleben eine weite Verbreitung. Theaterstücke sowie Musik- und Tanzdarbietungen verwöhnen ihr Publikum in speziell errichteten Häusern mit technisch ausgeklügelten Bühnen. Die Literatur wird als eigenständiger Bereich in und neben der Kunst begriffen und kennt Meister wie William Shakespeare, die später Johann Wolfgang von Goethe und Friedrich Schiller inspirieren. In der Moderne wird das Kunstwerk mehr und mehr zum Selbstständigen und Unabhängigen, zur L'art pour l'art, die Kunstfreiheit zum bestimmenden Prinzip. Impressionismus, Expressionismus und Surrealismus prägen die

Malerei. Die abstrakte bildende Kunst verdrängt die gegenständliche, die sich aber weiter – etwa als figurative – hält. Männliche Maler wie Claude Monet, Vincent van Gogh und Pablo Picasso sowie Malerinnen (Georgia O'Keeffe, Frida Kahlo) werden zeitlebens oder posthum zu regelrechten Popstars. Erwin Piscator und Brecht versuchen sich an einer erneuten Funktionalisierung der Kunst. In der Postmoderne bietet die Digitalkunst mit ihren Video- und Klanginstallationen, ihren 3D-Welten (Augmented und Virtual Reality) und ihrer elektronischen Literatur (Computerlyrik, Handyromane, Enhanced E-Books) innovative Ansätze. Die Pop-Art wird nicht nur durch die USA (Andy Warhol, Roy Lichtenstein), sondern auch durch Japan (Takashi Murakami) geprägt.

Der Kunstmarkt mit seinen Anfängen im 17. Jahrhundert richtet sich vor allem auf die bildende Kunst. Akteure sind u. a. Künstler, Kunstagent, Kunstkritiker, Kunstgalerist, Kunsthändler, Kunstsammler und Kunstliebhaber. Orte sind Kunstgalerien, Kunstmessen, Sammlerbörsen, Kunstauktionen und Kunstmuseen, wobei letztere für Wiederherstellung, Ausstellung und Ausleihe wesentlich sind. Das Kunstobjekt wird zum Spekulations- und Investitionsobjekt. Antike und mittelalterliche Schätze, aber auch Werke des Impressionismus, des Expressionismus, des Surrealismus und der abstrakten Malerei werden zu Summen im Millionenbereich gehandelt. An Bedeutung gewinnt die Digitalkunst. Non-Fungible Tokens (NFTs), nicht ersetzbare Verweise, werden in den 2020er-Jahren bekannt. Die Blockchain ist die dahinterliegende Technologie. In ihr wird der Verweis mit dem zugehörigen Hashwert gespeichert. Repräsentiert wird ein konkretes Objekt wie ein digitales Kunstwerk, ein digitales Sammlerobjekt oder ein Meme. Dabei geht es um Einzelwerke oder um Serien. 1,3 Mio. Dollar soll der Popsänger Justin Bieber Anfang 2022 für ein NFT-Bild eines gelangweilten Affen aus der Kollektion des Bored Ape Yacht Club ausgegeben haben. Auch Bilder, die von Affen und anderen Tieren geschaffen wurden, haben hohe Preise erzielt, was freilich nichts mit Non-Fungible Tokens zu tun hat.

Generative KI hat die Kunst seit den 2020er-Jahren stark beeinflusst und eine Ausprägung der KI-Kunst ermöglicht. Mit Bild- und Videogeneratoren bringt man gelungene und beeindruckende Stand- und Bewegtbilder hervor, selbst wenn man nicht als Fotograf, Maler, Zeichner,

Illustrator, Videomacher etc. bezeichnet und noch nicht einmal als kreativ angesehen werden kann. Es geht nicht mehr um das Auswählen von Motiven und Modellen, das Arrangieren von Gegenständen und Personen, das Warten auf den richtigen Augenblick, in dem Objekt oder Muse erscheinen, die Kunstfertigkeit, Geschicklichkeit und Ausdauer, sondern vor allem um das Prompten. Dabei gibt man die künstlerische Autonomie ein Stück weit auf, denn einerseits machen die Bild- und Videogeneratoren nicht immer das, was man will, zum anderen entwickeln dazwischengeschaltete Systeme eigene Inputs und lassen den zielgerichteten Schaffensprozess zu einem zufallsbestimmten Stille-Post-Spiel werden. Mit Bildgeneratoren wie Midjourney und DALL-E 3 zieht eine gewisse Gleichförmigkeit in das Gestalterische ein, die freilich durch geschicktes Prompten und die Auswahl gewisser Stile und Effekte ein Stück weit aufgebrochen werden kann. Allerdings konstatiert DALL-E 3 z. B. klar und deutlich, dass es keine vollkommen echt wirkenden Fotografien erzeugen kann. Viele Ergebnisse sind Kitsch oder zumindest in der Nähe davon angesiedelt. Dennoch ist KI-Kunst ein ernst zu nehmendes Phänomen.

Kritik an der Kunst übt die Kunstkritik, entweder bezogen auf einzelne Kunstwerke und bestimmte Kunstströmungen oder den Kunstbetrieb insgesamt. Dieser wird zudem zum Gegenstand von Kunstwissenschaft, Ökonomik, Soziologie, Psychologie, Philosophie und speziell Ethik. Eine Kunstethik konnte sich als Bereichsethik nicht etablieren, doch eine Basis aufgebaut werden, nicht zuletzt im Zusammenspiel mit Informationsethik, Medienethik und Wirtschaftsethik. Zudem rücken im 21. Jahrhundert Fragen zu Herkunft und Produktion in den Vordergrund. Es geht zum einen um die Rückgabe von Raubkunst und aufgrund von Notlagen verkauften Artefakten und zum anderen um die Aufarbeitung des Missbrauchs von Modellen in der Malerei, in der Bildhauerei sowie in Fotografie und Film. Neben solchen berechtigten Anliegen fallen in Europa ab ca. 2010 zunehmende Moralisierungstendenzen aller Art auf. So werden in Museen und Galerien die Titel von Kunstwerken umbenannt oder mit Platzhaltern versehen, Triggerwarnungen ausgesprochen und „Giftkammern" mit pikanten Darstellungen eingerichtet sowie Beschreibungen von Kunstwerken in sogenannter geschlechtergerechter Sprache verfasst. „Kulturelle Aneignung" wird zum Kampfbegriff in der

Musik wie in der bildenden Kunst, wobei eine Reinheit der Kultur vorausgesetzt wird, die in der Ideologie der extremen Rechten beheimatet ist. Wie die Kunst angesichts solcher Veränderungen die Freiheit bewahren kann, die seit Jahrhunderten unverbrüchlich zu ihr gehört, wird die Zukunft weisen.

L

Like-Button

Der Like-Button ist eine Funktion in Social Networks, Diskussionsforen und Kommentarbereichen sowie Communitys für generative KI, mit deren Hilfe der Benutzer sein Wohlgefallen gegenüber Inhalten und Ereignissen ausdrücken kann. Er likt beispielsweise eine Zeichnung, eine Fotografie und einen Artikel oder eine Ankündigung bzw. Besprechung. Manche Websites weisen auch einen Dislike-Button auf. Bei anderen Bewertungssystemen werden Sterne, Herzchen, Punkte und Favoriten (Favs) benutzt. Sammelt man diese respektive wird man häufig gelikt, dann steigert man seine Reputation, was mit Gamification zu tun hat. Immer wieder kommt es vor, dass die Ankündigung oder Darstellung einer Folterung oder einer Hinrichtung gelikt wird, was für moralische Diskussionen und auch für Einlassungen von Medien- und Informationsethik sorgt.

LaMDA

LaMDA (Language Model for Dialogue Applications) ist ein Sprachmodell von Google AI, genauer gesagt ein Large Language Model (LLM), das zunächst dem Chatbot Bard zugrunde lag. Es verwendet die Transformer-Architektur. Nachfolger sind PaLM bzw. PaLM2 und LLM Gemini.

LLaMA

LLaMA (Large Language Model Meta AI) – in anderer Schreibweise „Llama" – ist eine Familie von Large Language Models (LLMs). Sie wurde von Meta AI ab Februar 2023 veröffentlicht. Im Juli 2023 kam Llama 2 heraus. Darauf basierte dann etwa der Chatbot Groq (nicht zu verwechseln mit dem LLM namens Grok). Es folgte Llama 3 im April 2024.

Lüge

Eine Lüge ist die Äußerung einer Unwahrheit. Sie ist an sprachliche Möglichkeiten gebunden. Nach einer engen Definition kann nur jemand lügen, der dies bewusst und absichtsvoll tut. Nach einer weiten kann auch jemand oder etwas lügen, der oder das die Wahrheit kennt bzw. etwas aus verlässlichen Quellen nimmt und ins Gegenteil verkehrt.
Nach der weiten Definition können Chatbots, Voicebots bzw. Voice Assistants (Sprachassistenten) und soziale Roboter ebenfalls lügen. Zu beachten ist, dass diese umgekehrt grundsätzlich nicht immer faktengetreu sein können. So sind viele Dialogsysteme mit Wikipedia verbunden, das neben Wahrheiten auch Halbwahrheiten oder Unwahrheiten enthält. Damit ist wiederum das Lügen nur eingeschränkt möglich.
Der LÜGENBOT (LIEBOT) von 2013 (Idee) bzw. 2016 (Umsetzung) war ein Chatbot, der systematisch die Unwahrheit sagen konnte. Er suchte nach Antworten, die als richtig und wahr gelten konnten, und

manipulierte sie mit Hilfe von sieben unterschiedlichen Strategien. Sein Avatar veränderte sich je nach Art der Lüge – mal wurde seine Nase länger, wie bei Pinocchio, mal wurden seine Wangen rot. Systeme wie der LIEBOT können in soziale Roboter eingebaut werden.

Mit dem Aufkommen der generativen KI hat sich die Redeweise vom Halluzinieren durchgesetzt. Textgeneratoren – vor allem der ersten Generation – liefern neben richtigen Aussagen regelmäßig Falschinformationen sowie Quellenangaben, die ganz oder teilweise erfunden sind. Wenn sie als Suchmaschinen benutzt und die falschen Tatsachenbehauptungen in andere Kontexte eingebaut werden, kann dies durchaus folgenreich sein. Wenn sie als Chatbots und Sprachassistenten dienen, leidet neben dem Wahrheitsgehalt die Vertrauenswürdigkeit des Gegenübers.

Eine interessante Frage ist, ob Tiere nur betrügen oder auch lügen können. Wenn sie betrügen, geschieht dies nicht aus einem freien Willen heraus. Ob sie lügen können, hängt von den Möglichkeiten ihrer Sprache ab. Das Anlocken und Locken allein mit Hilfe von Tönen ist noch nicht diesem Bereich zuzurechnen, außer wenn falsche Tatsachen vorgespiegelt werden. Ebenso könnte ein Warnen mit Tönen in ein Lügen umschlagen.

M

Machine Learning

Machine Learning oder maschinelles Lernen umfasst unterschiedliche Formen des Selbstlernens bei Systemen der Künstlichen Intelligenz und der Robotik. Diese erkennen beispielsweise Regel- und Gesetzmäßigkeiten in den Daten und leiten Konklusionen und Aktionen daraus ab. Vorbild ist das menschliche oder tierische Lernen, also ein Aspekt menschlicher oder tierischer Intelligenz. Es kann aber ebenso bewusst davon abgewichen werden. Innerhalb der Disziplin der Künstlichen Intelligenz spielt Machine Learning eine immer wichtigere Rolle.
Nach Ethem Alpaydin heißt maschinelles Lernen, „Computer so zu programmieren, dass ein bestimmtes Leistungskriterium anhand von Beispieldaten oder Erfahrungswerten aus der Vergangenheit optimiert wird". Bei Deep Learning werden viele versteckte Schichten vor der Ausgabeschicht bzw. zwischen Eingabe- und Ausgabeschicht verwendet und große Mengen von Daten (Big Data) verarbeitet. Neuronale Netze oder Netzwerke haben eine zentrale Funktion beim maschinellen Lernen. Dieses kann auch die Nachahmung evolutionärer Prozesse bedeuten, etwa beim Einsatz genetischer Algorithmen.

Machine Learning ist für etliche Anwendungsgebiete ein vielversprechender Ansatz. Es kann freilich zu unwillkommenen Ergebnissen führen, etwa wenn die Umgebung, in der das System lernt, problematisch ist, und wenn es mit falschen oder unvollständigen Daten bzw. Datensätzen gefüttert wird. Es gibt verschiedene Möglichkeiten, um Fehler zu korrigieren, etwa Anleitung und Beeinflussung durch Experten. Informations- und Roboterethik widmen sich den Chancen und Risiken maschinellen Lernens, die Maschinenethik nutzt es für ihre moralischen Maschinen.

Manipulation

Manipulation bedeutet, dass Menschen in ihrem Denken und Verhalten gesteuert werden, ohne dass ihnen dies bewusst bzw. ohne dass dies von ihnen gewollt wird. Sie kann mit Informations- und Kommunikationstechnologien und neuen Medien zusammenhängen, die Inhalte auf bestimmte Art und Weise zusammen- und darstellen.
Technische Manipulation ist die gezielte Beeinflussung von Funktionen und Ergebnissen an technischen Einrichtungen bzw. durch technische Hilfsmittel und kann in die Manipulation von Menschen münden. Soziale Roboter können durch ihre Fähigkeit, Emotionen und Empathie zu zeigen (indem sie diese simulieren), die Benutzer manipulieren.

Maschine

Artikel 3 der Maschinenverordnung 2023/1230/EU des Europäischen Parlaments und des Rates (entspricht dem Text in Artikel 2a der früheren Richtlinie 2006/42/EG) begreift eine Maschine als „eine mit einem anderen Antriebssystem als der unmittelbar eingesetzten menschlichen oder tierischen Kraft ausgestattete oder dafür vorgesehene Gesamtheit miteinander verbundener Teile oder Vorrichtungen, von denen mindestens eines bzw. eine beweglich ist und die für eine bestimmte Anwendung zusammengefügt sind" (Europäisches Parlament und Europäischer Rat

2023). Man kann vereinfachend von komplexen künstlichen Werkzeugen oder auch künstlichen Wesen sprechen. Das Maschinenzeitalter begann im 18. Jahrhundert.
Maschinen sind in der Landwirtschaft, in der Fertigung, im Militär und im Alltag vertreten, als Landwirtschaftsmaschinen, Produktionsanlagen, Industrieroboter, Kampfdrohnen und Fahrkartenautomaten. René Descartes war der Meinung, dass Tiere seelenlose Automaten seien. In der Folge entwickelte sich die Maschinentheorie, in der Lebewesen als Maschinen aufgefasst wurden. Es werden immer mehr (teil-)autonome Systeme verwendet, die in bestimmten Situationen selbstständig entscheiden und handeln müssen, wie Drohnen, Roboter und Chatbots (inzwischen werden auch Softwareroboter als Maschinen verstanden). Der Frage nach ihrer Moral widmet sich die Maschinenethik.

Maschinelle Übersetzung

Maschinelle Übersetzung (engl. „machine translation") ist die automatische Übersetzung von einer natürlichen Sprache in eine andere. Sie wird erforscht und entwickelt innerhalb der Künstlichen Intelligenz. In einem Übersetzungsprogramm gibt man z. B. im linken Feld den deutschen Satz „Dies ist ein Lexikon." ein und erhält dann im rechten das Ergebnis „This is an encyclopedia.", in diesem Falle also einen englischen Satz.
DeepL aus Deutschland gehört zu den fortgeschrittensten Übersetzungsprogrammen. Das Projekt hat sich aus Linguee entwickelt. Dort hat man mehrsprachige Übersetzungen aus verlässlichen Quellen wie den Dokumenten der Europäischen Union eingespeist. DeepL gebraucht wie viele andere Projekte neuronale Netze. Zum Ergebnis werden Alternativen vorgeschlagen. Ein anderes bekanntes Programm ist Google Translate. Auch ChatGPT liefert hervorragende Übersetzungen.
DeepL übersetzt allerdings immer wieder generische Formen in markierte oder movierte Formen. Damit realisiert es offenbar ein wokes Programm der Anbieter. Dass es sich um Zufallsergebnisse der neuronalen Netze handelt, ist möglich, jedoch eher unwahrscheinlich. Damit wird

die Qualität des Übersetzungsprogramms deutlich gemindert. Während Sprachkundige den Fehler noch leicht beheben können, werden Sprachanfänger fast automatisch in die Falle tappen.

Im Earth Species Project strebt man die maschinelle Übersetzung zwischen tierischer und menschlicher Sprache an. Man sieht sich als eine Open-Source-Gemeinschaft und eine gemeinnützige Organisation, die sich der Entschlüsselung nichtmenschlicher Sprache widmet. Interessant für erste Versuche sind Wale und Affen und andere Tiere, die Töne bzw. Laute zur Verständigung benutzen.

Maschinelles Bewusstsein

Maschinelles Bewusstsein (engl. „machine consciousness") ist ein Arbeitsgebiet, das zwischen Künstlicher Intelligenz und Kognitiver Robotik angesiedelt ist. Ziel ist die Schaffung eines maschinellen Bewusstseins oder Selbstbewusstseins. Dieses simuliert das menschliche Bewusstsein oder Selbstbewusstsein, nähert sich diesem ein Stück weit an oder bildet es in Teilen ab. Oder es erreicht das Original, ist mit diesem in wesentlichen Teilen identisch, was bis auf weiteres fernab der Realität ist. Man spricht auch von Maschinenbewusstsein, künstlichem Bewusstsein (engl. „artificial consciousness") oder synthetischem Bewusstsein (engl. „synthetic consciousness"). Zum maschinellen Bewusstsein bzw. Selbstbewusstsein mag man (Selbst-)Wahrnehmung, Erinnerung, Voraussicht, (Selbst-)Lernen sowie subjektive Erfahrung zählen.

Der Begriff des Bewusstseins wird wie der des Selbstbewusstseins nicht einheitlich verwendet. Oft versteht man darunter mentale oder phänomenale Zustände von Menschen oder Tieren. Man erkennt die Welt, indem man sie erlebt, und sich selbst, indem man sich spürt. Solche Zustände sind schwer zu simulieren, wie die Gefühle, die mit ihnen zusammenhängen; dagegen kann man den Ausdruck der Gefühle abbilden. Ähnlich kann man Intelligenz simulieren, indem man Maschinen natürlichsprachliche Möglichkeiten verleiht, und Moral, indem man ihnen Regeln mitgibt, an die sie sich halten. Man kann Bewusstsein und Selbstbewusstsein auch schwächer deuten. Man erkennt die Welt, indem man sie wahrnimmt, und sich selbst, indem man sich verortet und abgrenzt. Ein solches Zugangsbewusstsein kann man Maschinen durchaus einpflanzen, wie erste Prototypen zeigen.

Die Maschinenethik benötigt das maschinelle Bewusstsein oder Selbstbewusstsein nicht, um moralische Maschinen herzustellen. Man könnte damit aber auf eine neue Stufe maschineller Moral gelangen. Zudem wäre es vielleicht in der Zukunft möglich, so etwas wie Gewissensbisse und Schuldgefühle zu erzeugen. Wenn Intuition und Empathie hinzukommen, ist es im Prinzip nicht auszuschließen, dass man sich der menschlichen Moral im Ganzen annähern kann – ein Ziel, das im Moment jedoch weit entfernt ist und kaum angestrebt wird. Die Roboterethik fragt nach den moralischen Rechten von bewussten Maschinen. Nur Entitäten mit Empfindungs- und Leidensfähigkeit bzw. (Selbst-)Bewusstsein können solche Rechte haben, wodurch Maschinen zunächst einmal ausscheiden. Allerdings müsste man wohl Robotern mit künstlichem Bewusstsein, das echte mentale Zustände beinhaltet, moralische Rechte zugestehen, ebenso wie umgekehrten Cyborgs, also z. B. Artefakten mit eingepflanzten biologischen Gehirnen, deren Funktionen im Wesentlichen erhalten bleiben. Rechte und Pflichten im juristischen Sinne sind nicht an ein Bewusstsein oder Selbstbewusstsein gebunden.

Das Gebiet des Maschinellen Bewusstseins ist von unterschiedlichen Positionen bestimmt. Während die einen darauf hinweisen, dass menschliches Bewusstsein im engeren Sinne nur schwer abgebildet werden kann, auch weil es schwer zu fassen ist, sind die anderen zuversichtlich, solche mentalen Zustände wie im Original entstehen lassen zu können, etwa indem sie das menschliche Gehirn selbst in seinen wesentlichen Strukturen nachbauen. Einige gehen sogar davon aus, dass ein Superbewusstsein (engl. „superconsciousness") möglich sein wird. Die Schaffung von maschinellem Bewusstsein und Selbstbewusstsein kann der Erforschung der entsprechenden menschlichen Zustände dienen oder auf eine Optimierung der maschinellen Erledigung von Aufgaben ausgerichtet sein, im wissenschaftlichen, wirtschaftlichen und privaten Kontext. Tatsächlich könnten Roboter und KI-Systeme mit Bewusstsein ihre Umwelt anders einschätzen und behandeln und mit Selbstbewusstsein besser ihre Interessen durchsetzen. Ihre Existenz hätte gravierende Folgen, die bereits heute von Roboter- und Informationsethik sowie der Rechtswissenschaft zu untersuchen sind. Zudem muss die Maschinenethik klären, wie sie mit Formen künstlichen Bewusstseins bei der Implementierung moralischer Maschinen umgehen will.

Maschinenethik

Die Maschinenethik erforscht die maschinelle Moral und bringt, zusammen mit Künstlicher Intelligenz und Robotik, moralische Maschinen hervor. Ihr Ausgangspunkt sind i. d. R. teilautonome oder autonome Maschinen, etwa Chatbots, Pflege- und Therapieroboter, Haushaltsroboter und Roboterautos. Diese sollen sich moralisch adäquat verhalten. Auch unmoralische Maschinen sind möglich und als Studienobjekte und Abschreckungsbeispiele sinnvoll.
Zu beachten ist, dass „maschinelle Moral" (wie „moralische Maschine") ein Terminus technicus ist, so wie „künstliche Intelligenz". Die heutige maschinelle Moral hat mit der menschlichen schlicht und ergreifend bestimmte Aspekte gemein. So kann eine moralische Maschine beispielsweise moralische Regeln befolgen. Intuition oder Empathie hat sie nicht, genauso wenig Bewusstsein oder Selbstbewusstsein im Sinne mentaler Zustände oder einen freien Willen.
Der Begriff der Algorithmenethik wird teilweise synonym, teilweise eher in der Diskussion über Suchmaschinen und Vorschlagslisten sowie Big Data verwendet. Die Roboterethik ist eine Keimzelle und ein Spezialgebiet der Maschinenethik bzw., nach einer verbreiteteren Sichtweise, ein der Informationsethik zugehöriges oder unabhängiges Gebiet, das gezielt andere Fragen behandelt, etwa zur Verantwortung und zu den Rechten von Robotern).
Die generative KI hat der Maschinenethik ein neues Feld beschert. In Generatoren werden soziale und moralische Regeln und andere Vorgaben (im Englischen sogenannte „guardrails") einprogrammiert, um einen Missbrauch auszuschließen und den „Handlungsspielraum" zu begrenzen. Beim Alignment werden Sprachmodelle mittels Finetuning nach Werten und Zielen ausgerichtet. Eine Zuspitzung ist Constitutional AI. Darin werden Sprachmodelle mit Richtlinien, Verordnungen

und Gesetzen – die meist auf einer höheren Ebene angesiedelt sind, wie die Allgemeine Erklärung der Menschenrechte – trainiert und entsprechend instruiert. Auch Prompt Engineering ist zielführend in diesem Kontext.

Maschinenstürmer

Das Maschinenzeitalter begann im 18. Jahrhundert. Schon in der Antike gab es Maschinen aller Art, sogar Automaten. Aber die Mechanisierung und Automatisierung im großen Maßstab erfasste die Welt erst spät. Die Stürmer zerstörten Maschinen, etwa mechanische Webstühle, und ganze Fabriken. Sie wollten sich dadurch ihre Existenzgrundlage erhalten, freilich ohne Erfolg. Erstes Ziel der alten Wirtschaft war die Sicherstellung des Lebensunterhalts: von der Hand in den Mund und von Hand zu Hand, im Handel und im Tausch. Die moderne Ökonomie erreichte bei den Betroffenen das Gegenteil. Handwerker verloren ihre Arbeit und versanken mit ihren Familien in Armut.
In der Informationsgesellschaft können moderne Maschinenstürmer auftreten, die sich gegen Industrieroboter wenden, die Arbeitskräfte ersetzen, gegen Roboterautos, die Verkehrsteilnehmer verletzen und töten, oder gegen generative KI, die Kreative und Angestellte arbeitslos macht und Fake News unterstützt und verbreitet. Dies ist ein Thema von Technik- und Informationsethik, die die Motive und Motivationen der Aufständischen und ihren moralischen Anspruch herausarbeiten mögen. Die Maschinenethik kann versuchen, solche Maschinen zu schaffen, die die Maschinenstürmer beruhigen und bei deren Aktionen die Vorteile die Nachteile überwiegen.

Medien

Im allgemeinen Sprachgebrauch werden unter Medien i. d. R. entweder Einrichtungen zur Vermittlung von Nachrichten, Meinungen und Informationen wie Rundfunkanstalten bzw. Verlagshäuser verstanden oder Übertragungstechnologien, die der Kommunikation zwischen Personen und der Speicherung und Vermittlung von Information dienen. Beispiele für Medien im letzteren Sinne sind gedruckte Medien wie Bücher, Zeitungen oder Zeitschriften, Audiomedien wie bestimmte Compact Discs oder Tonbänder, visuelle Medien wie Dia, Film oder Video sowie neue Medien wie Computer oder Software. Massenmedien heißen Medien dann, wenn sie, von zentralen Stellen ausgehend, die Distribution von Informationen an große Gruppen erlauben. In den Kommentarbereichen, die vor allem von den Onlineausgaben der Printmedien und von Onlinezeitungen angeboten werden, kann man ein Gegengewicht einbringen und eine Mindermeinung aufscheinen lassen, sofern der Moderator dies zulässt. Soziale Medien (Social Media), eigentlich partizipative Medien, schließen Benutzer zusammen und erlauben ihnen die Verbreitung und Bewertung von Inhalten. Mehr und mehr werden sie vom Marketing ge- und missbraucht. Communitys für generative KI sind Medien, in denen Benutzer interagieren und kommunizieren und Medien wie Bilder erstellen.

Medienethik

Die Medienethik hat die Moral der Medien und in den Medien zum Gegenstand. Es interessieren sowohl die Arbeitsweisen der Massenmedien als auch die Verhaltensweisen der Benutzer von sozialen Medien. Zudem rücken Automatismen und Manipulationen durch Informations- und Kommunikationstechnologien in den Fokus, wodurch eine Nähe zur Informationsethik entsteht. Auch zur Wirtschaftsethik sind enge Beziehungen vorhanden, zumal die Medienlandschaft im Umbruch ist und die ökonomischen Zwänge stark sind.
Nach Annemarie Pieper beschäftigt sich die Medienethik mit Fragen einer korrekten Information seitens der Journalisten, Redakteure und übrigen Medienschaffenden, die auf der Basis genauer Recherchen und unvoreingenommener Berichterstattung ihrer Wahrheitspflicht nachkommen sollen. Otfried Höffe betont, dass die Medienethik vor allem unter Rückgriff auf das journalistische Berufsethos sowie aus der Perspektive der Medienpädagogik behandelt wurde; ein denkbares Paradigma für eine umfassende Disziplin könne unter Umständen eine journalistische

Freiheit nach dem Vorbild der akademischen bilden. Nach Pieper disqualifizieren fingierte Fakten, einseitig selektive Nachrichten, manipulative Maßnahmen und tendenziöse Berichte den Journalismus und stehen daher im Mittelpunkt des Interesses. Neben den Medienschaffenden spielen immer mehr Maschinen eine Rolle, die Nachrichtenportale füttern und Zeitungen zusammenstellen. Der Matthäus-Effekt scheint in verschiedenen Zusammenhängen zu wirken: Suchmaschinen rücken in der Trefferliste diejenigen Websites nach oben, die bereits viel besucht werden bzw. auf die viel verlinkt wird, Vorschlagslisten und Tag Clouds in Onlinezeitungen und -zeitschriften locken die Leser zu Artikeln, die bereits häufig gelesen wurden. Usergenerated Content und Berichte von Leserreportern ersetzen den Qualitätsjournalismus, wo er noch vorhanden ist; umgekehrt sind hochwertige neue Angebote im Internet zu finden. Live- oder Real-time-Journalismus scheint das Gebot der Stunde zu sein, führt aber tendenziell zu oberflächlichen Beiträgen. Fake News, ob sie von Menschen oder Maschinen stammen, werden mithilfe von sozialen Medien verbreitet und bestimmen diese mehr und mehr. Mit Hilfe generativer KI werden echt wirkende Bilder erzeugt, die der Täuschung dienen können. Die Medienethik muss, zusammen mit Informations- und Wirtschaftsethik, auf diese Umwälzungen reagieren.

Medienkompetenz

Medienkompetenz ist die Befähigung, mit Medien aller Art souverän umgehen zu können, sie also in ihrer Vielfalt und Funktion zu kennen und in ihrer Wirkung zu beurteilen, sie aktiv einzusetzen und passiv zu gebrauchen sowie zu gestalten. Insbesondere in Bezug auf die Beurteilung der Wirkung neuer Medien bestehen Verbindungen mit der Informationsethik und der Medienethik. Ob Medienkompetenz als eigenes Fach eingerichtet oder in die vorhandenen Curricula integriert werden sollte, ist bei Experten und Betroffenen stark umstritten. Wenig umstritten ist, dass es Medienbildung in irgendeiner Form braucht, gerade mit Blick auf neue und soziale Medien.

Mehrwert

„Mehrwert" ist ein zentraler Begriff der marxistischen Lehre und bezeichnet in der Arbeitswerttheorie den Unterschied zwischen dem Wert der Arbeitsleistung und dem Arbeitslohn. Im Bereich der Informations- und Kommunikationstechnologien und neuen Medien meint der Begriff ein „Mehr an Wert", wobei ein früherer bzw. alternativer Zustand oder eine einfachere Variante als Bezugspunkt genommen wird. Beispielsweise besitzt ein informationstechnisches Produkt, das veredelt wurde, einen Mehrwert, oder eine informationstechnische Dienstleistung, die man optimiert hat.

Das Mehr an Wert könnte auch im moralischen Sinne aufgefasst und mit einem Return on Morality (ROM) verbunden werden. Zum Beispiel würden ohne Giftstoffe oder Fronarbeit produzierte Smartphones unter Umständen sowohl moralisch wertvoller sein als „normale" Geräte als auch die Rendite steigern. Nebenbei wird deutlich, dass das Mehr an Wert durch ein Weniger an problematischen Substanzen, Bedingungen etc. entstehen kann, ähnlich wie bei Bioprodukten.

Meme

Der Begriff des Memes oder Mems umfasst Gedanken, Ideen, Vorstellungen, Lösungsansätze etc., die kommuniziert und mithin multipliziert werden. Zudem werden damit Phänomene bezeichnet, die sich in sozialen Medien und überhaupt in virtuellen Umgebungen in viraler Weise verbreiten und im besten (oder schlechtesten) Fall in den Köpfen der Menschen festsetzen. Häufig treten Memes in Form von beschrifteten oder nicht beschrifteten, bewegten oder nicht bewegten Bildern auf. Beispiele bei generativer KI sind die Darstellungen von Papst Franziskus in einem Daunenmantel und des Kniefalls von Wladimir Putin vor Xi Jinping. Diese führten wegen der Möglichkeit der Täuschung zu erhitzten Diskussionen.

Mensch

Der Mensch gehört zur Gattung Homo, mit der Art des Homo sapiens („verständiger, vernünftiger, kluger, weiser Mensch") und dessen Vorgänger Homo erectus („aufgerichteter, aufrecht gehender Mensch"). Er bewohnt seit Jahrmillionen die Erde und hat nie einen anderen Planeten besucht, wenn man vom Entsenden von Weltraumfähren und -robotern absieht; lediglich auf den Trabanten der Erde, den Mond, hat er seinen Fuß gesetzt. Als Homo oeconomicus maximiert er seinen Nutzen, ist Teil der Wirtschaft, als Produzent, Konsument oder Prosument. Als Homo politicus und Homo sociologicus ist er in ein Staats- und Gemeinwesen eingebunden, in dem er Rechte und Pflichten wahrnimmt und spezifische Handlungen ausführt, die sich auf Regierung, Verwaltung oder Gesellschaft beziehen. Im Homo faber erscheint der ein Handwerk oder eine Kunst ausübende, ein Werkzeug oder eine Technik schaffende Mensch, der damit seine Umwelt und sich selbst verändert.

Der Mensch hat sich in einem langen Evolutionsprozess nach der einen Lesart aus dem Tier heraus entwickelt, nach der anderen ist und bleibt er ein Tier. Auf die Frage, was ihn womöglich von diesem unterscheidet, hat man zahlreiche Antworten gefunden, die auf körperliche und geistige Merkmale sowie kulturelle Techniken und künstlerische Fähigkeiten verweisen. Der aufrechte Gang ist ein Beispiel, der Gebrauch von Werkzeug, der allerdings auch im Tierreich zu finden ist, ein anderes, oder die Sprachfähigkeit, die freilich auch in der Tierwelt vorhanden ist; überhaupt muss man sagen, dass sich fast jedes scheinbar eindeutige Merkmal bei längerem Nachdenken und Umschauen relativieren lässt. Man muss konkret werden, um die Grenze sichtbar werden zu lassen, das Anfertigen von Geräten und Maschinen herauszugreifen, das Herstellen und Verkaufen von Produkten, das Bezahlen mit Geld, das Schreiben und Unterschreiben.

Verknüpft mit dem Menschsein wird vielfach die Moralfähigkeit. Zwar kann man bei (nichtmenschlichen) Tieren vormoralische Qualitäten annehmen, und sie können sich in altruistischer Weise um abhängige und verletzte Lebewesen der eigenen oder einer anderen Art kümmern; sie können sich aber nicht bewusst für eine böse oder gute Handlung entscheiden, sodass man feststellen muss, dass es z. B. keine bösen oder guten Haie oder Hunde gibt. Ob der Mensch als grundsätzlich gut angesehen werden kann, wird oftmals bezweifelt; seine Moral scheint nicht nur ambivalent zu sein, sondern es bestehen auch Dissonanzen zwischen Denken und Verhalten und zwischen Moral und Moralität. Im Ökonomischen wird dies immer wieder sichtbar, sei es in der Zerstörung von Lebensraum, der Ausbeutung von Arbeitskräften oder der Massentierhaltung. Sicherlich lassen sich einige Vorgänge auch mit unterschiedlichen Interessen von Personen und Gruppen erklären, und es würde zu kurz greifen, in jedem Menschen eine gewisse Schizophrenie als Motivation für das erwähnte Destruktive anzunehmen.

Der Humanismus als gesellschaftspolitisches Programm der Gegenwart betont den Menschen als vernunftbegabtes und in gewisser Weise herausragendes Wesen. Meistens wird das Tier ausgeblendet, manchmal berücksichtigt, etwa indem Verwandtschaft (zwischen den Lebewesen) und Verantwortung (des Menschen für das Tier) erkannt werden. Der Transhumanismus, an den Humanismus anknüpfend und ihn zugleich überwindend, wirbt für die selbstbestimmte Weiterentwicklung des Menschen, seine biologische, chemische und technische Erweiterung und Verbesserung, und wenn man nicht als Cyborg das ewige Leben erreicht, von dem manche Anhänger träumen, dann vielleicht, so propagieren es einige Wissenschaftler, durch die Sicherung der individuellen Gedankenwelt und des persönlichen Bewusstseins in virtuellen Speichern. Ob der unsterbliche Mensch noch ein Mensch wäre, muss diskutiert werden, und man könnte als wesentliches Merkmal höheren Lebens durchaus die Sterblichkeit des Organismus verstehen. Darüber, ob der nicht dem Tod geweihte Mensch überhaupt noch eine Umwelt antreffen würde, in der er dauerhaft existieren könnte, mag man ebenfalls debattieren.

Mit Androiden hat sich der Mensch ein Ebenbild geschaffen. Allerdings machen sie ihm deutlich, wie komplex er ist in seinem Aussehen und in seinen Verhaltensweisen und welch weiten Weg die Technik noch vor sich hat, wenn sie sich dem Biologischen annähern will, was für Anwendungen der Bionik ebenso gilt wie für die der Sozialen Robotik. Im gesamten Spektrum der humanoiden Roboter wird das Erscheinungsbild des Menschen variiert. Die frühen ASIMO-Versionen sind noch halb Mensch, halb Maschine, Pepper und NAO sind Karikaturen von Menschen. Mit Harmony, Sophia und Erica schließlich stehen Androiden zur Verfügung, nicht solche der Filme und Serien, aber doch verblüffend lebensähnliche Figuren. Weiterentwicklungen könnten die Unterschiede mehr und mehr einebnen, zumindest was den ersten Eindruck angeht. Dennoch bleiben die Maschinen letztlich Maschinen. Diese erlauben uns, neben ihren eigentlichen Aufgaben, mehr über das Menschsein zu erfahren und die Einzigartigkeit des Lebens zu begreifen.

Die Philosophie fragt mit Immanuel Kant u. a. danach, was der Mensch ist und was er wissen kann. Die Technikphilosophie widmet sich dem modernen Homo faber und den Vorstellungen und Überzeugungen des Transhumanismus und erkundet, wiederum mit dem Königsberger Aufklärer, was man hoffen darf. Die Maschinenethik entdeckt im autonomen System ein neues mögliches (überaus merkwürdiges und unvollständiges) Subjekt der Moral. In Technik- und Informationsethik kann der ausdrückliche Wunsch nach dem Cyborg ein Thema sein, wobei moralische Probleme in den Vordergrund rücken, etwa die Bevorzugung oder Schädigung der eigenen oder einer anderen Person, in Wirtschafts-, Umwelt- und Tierethik der sichtbare Wille, die Welt mit ihren natürlichen Ressourcen umzuformen und zu zerstören, wodurch das (höherentwickelte, nichtmenschliche) Tier, das Interessen und Rechte besitzt, seine Lebensgrundlage verliert, und letztlich auch der Homo oeconomicus seine Wirtschaftsgrundlage. Es sind in der Ethik die Pflichten des Menschen zu untersuchen, nicht nur seinen Mitmenschen und seinen Nachkommen, sondern auch seiner Umwelt gegenüber. Am Ende sollte deutlich werden, ob der Homo sapiens seinem Namen gerecht geworden ist.

Menschenethik

Menschenethik ist die Ethik, die die Moral des Menschen betrachtet. Bis in die heutige Zeit hinein war Ethik immer Menschenethik. Tieren kann man allenfalls vormoralische Qualitäten zusprechen. Maschinen dagegen fällen Entscheidungen, die moralisch relevant sind, und man kann ihnen eine Form der Moral beibringen; dies ist Thema der Maschinenethik, die als Pendant zur Menschenethik verstanden werden kann. Dabei ist unbestritten, dass die Subjekte der Moral ganz unterschiedlich sind und die

Moral der Menschen eine ganz andere ist als die der Maschinen, es sei denn, die Menschen beziehen sich stur auf einen Kodex, ein bestimmtes Regelwerk, das von Maschinen ebenfalls recht problemlos befolgt werden kann.

Mensch-Computer-Interaktion

Der Fachbereich Mensch-Computer-Interaktion der Gesellschaft für Informatik (GI) in Deutschland definiert auf seiner früheren Website unter der Überschrift „Ziele und Aufgaben" als Themen der Mensch-Computer-Interaktion (MCI; engl. „human-computer interaction" bzw. „HCI") u. a. „die benutzerorientierte Analyse und Modellierung von Anwendungskontexten", „Prinzipien, Methoden und Werkzeuge für die Gestaltung von interaktiven, vernetzten Systemen" und „multimodale und multimediale Interaktionstechniken". Evaluation und Zertifizierung spielten ebenfalls eine wichtige Rolle. Zudem wurde die Integration der benutzergerechten Gestaltung von Informatiksystemen in die Softwareentwicklung angeführt.

Auf einer neueren Website zählt die GI die Fachgruppen „Adaptivität und Benutzermodellierung in interaktiven Softwaresystemen (ABIS)", „Begreifbare Interaktion (BGI)", „Bildungstechnologien (BiT)", „CSCW & Social Computing (CSCW)", „Entertainment Computing (ENC)", „Informatik und Inklusion (INC)", „Interaktive Systeme (ISY)", „Medieninformatik (MI)", „Nutzerzentrierte Künstliche Intelligenz (NKI)", „Partizipation (PD)", „Software-Ergonomie (SW-ERGO)" und „Usable Safety & Security (UseSafeSec)" auf. Daneben beschäftige man sich im Fachbereich mit „Interaktion mit Cyber-Physical-Systems", „Digital Work Design" und „Mixed & Augmented Reality, Virtual Reality".

Mensch-KI-Kollaboration

Bei der Mensch-KI-Kollaboration (engl. „human-AI collaboration") arbeiten Mensch und KI-System eng zusammen, um eine bestimmte Aufgabe zu erledigen. Die Mensch-KI-Kollaboration ist eine Form der

Mensch-Computer-Interaktion und kann Teil einer Mensch-Roboter-Kollaboration sein. Wenn man das KI-System weniger als Agenten als vielmehr als Tool betrachtet, das mit dem Menschen verschmilzt, kann man diesen als Cyborg oder Human-AI Hybrid bezeichnen.

Mensch-Maschine-Interaktion

Die Mensch-Maschine-Interaktion (MMI), im Englischen „human-machine interaction" („HMI") genannt, behandelt die Interaktion zwischen Mensch und Maschine. Synonym oder mehr auf die Kommunikation bezogen spricht man auch von Mensch-Maschine-Kommunikation (engl. „human-machine communication"). In vielen Fällen ist die Maschine ein Computer bzw. enthält Informations- und Kommunikationstechnologien (IKT) und Anwendungs- oder Informationssysteme. Von daher existieren enge Beziehungen zur und erhebliche Überschneidungen mit der Mensch-Computer-Interaktion (MCI), im Englischen „human-computer interaction" („HCI"). Spektakuläre jüngere Produkte, an denen die MMI mitgewirkt hat, sind Touchscreen und Datenbrille. Der Fachbereich Mensch-Computer-Interaktion der Gesellschaft für Informatik (GI) in Deutschland definierte auf seiner früheren Website unter der Überschrift „Ziele und Aufgaben" als Themen der MCI – die auch zentral für die Mensch-Maschine-Interaktion sind – u. a. „die benutzerorientierte Analyse und Modellierung von Anwendungskontexten", „Prinzipien, Methoden und Werkzeuge für die Gestaltung von interaktiven, vernetzten Systemen" und „multimodale und multimediale Interaktionstechniken". Evaluation und Zertifizierung spielen ebenfalls eine wichtige Rolle. Zudem wurde die Integration der benutzergerechten Gestaltung von Informatiksystemen in die Softwareentwicklung angeführt.
Innerhalb der MMI und neben der MCI ist die Mensch-Roboter-Interaktion (engl. „human-robot interaction") relevant. Roboter sind nicht einfach Computer; oft sind sie mobil und haben, vor allem wenn sie tier- oder menschenähnlich umgesetzt sind, einen Körper und Gliedmaßen. Ihre Art der Verkörperung (engl. „embodiment") hat mannigfache Implikationen, für Fortbewegung und Selbstlernen sowie die

Mensch-Maschine-Interaktion. In der Tier-Maschine-Interaktion geht es, wenn man den Begriff analog zu demjenigen der MMI denkt, um Design, Evaluierung und Implementierung von (i. d. R. höherentwickelten bzw. komplexeren) Maschinen und Computersystemen, die mit Tieren interagieren und kommunizieren. Im englischsprachigen Raum taucht der Begriff „animal-machine interaction" („AMI") durchaus auf. Der deutsche Begriff muss sich erst etablieren.

Bei (teil-)autonomen Maschinen wie Chatbots und Sprachassistenten, bestimmten Robotern, bestimmten Drohnen und selbstständig fahrenden Autos stellt sich die Frage nach dem adäquaten Design nicht bloß im herkömmlichen, sondern auch im sozialen und moralischen Sinne. Sie sollen sich z. B. zum Wohle ihrer Interaktionspartner verhalten und diese weder verletzen noch beleidigen. Die Maschinenethik („machine ethics", um auch hier den englischen Begriff anzubringen) begreift Maschinen als Subjekte der Moral, Menschen und Tiere als Objekte. Sie kann, wie die Soziale Robotik, die sich mit (teil-)autonomen Maschinen beschäftigt, die in Befolgung sozialer Regeln mit Menschen (evtl. auch mit Tieren) interagieren und kommunizieren, eine wichtige Partnerin der Mensch-Maschine-Interaktion sein.

Die MMI gewinnt offensichtlich neue Bereiche hinzu. Für die beteiligten Disziplinen – die GI nannte für die MCI auf ihrer Website, ausgehend von der Informatik, u. a. Design, Pädagogik, Psychologie, Organisations-, Arbeits- und Wirtschaftswissenschaften, Kultur- und Medienwissenschaften sowie Rechts- und Verwaltungswissenschaften (hinzuzufügen wären noch Philosophie und Ethik im Allgemeinen und Maschinen- oder Roboterethik im Besonderen sowie die Künstliche Intelligenz) – ergeben sich damit verschiedene Herausforderungen. Sie müssen sich mit bis dato unbekannten Objekten befassen, und sie müssen weitere Disziplinen wie Tierethik und Biologie neben sich zulassen. Ist die interdisziplinäre Kraftanstrengung von Erfolg gekrönt, sind innovative und disruptive Technologien zu erwarten, die auch für die Wirtschaft erhebliche Bedeutung haben, sei es als Teil cyberphysischer Systeme in der Industrie 4.0, sei es in Form von innovativen Endbenutzerwerkzeugen.

Mensch-Roboter-Kollaboration

Bei der Mensch-Roboter-Kollaboration arbeiten Mensch und Roboter in Kooperations- und Kollaborationszellen oder Arbeitsräumen zusammen. Es findet eine Arbeitsteilung statt, etwa indem sich Mensch und Roboter bei der Bearbeitung von Produkten abwechseln, wie beim Einsatz von Kooperations- und Kollaborationsrobotern in der Industrie, oder indem der Roboter benötigte Teile und Werkzeuge bringt und holt, u. a. mit Hilfe von Sprachmodellen. Auch besonders schwere oder gefährliche Arbeiten kann die Maschine übernehmen. Damit der Mensch in der Nähe der Zusammenarbeit nicht zu Schaden kommt, braucht es die Soziale Robotik, womöglich auch die Maschinenethik. Die Mensch-Roboter-Kollaboration ist ein Thema der Mensch-Roboter-Interaktion bzw. steht als Disziplin neben dieser.

Metadaten

Unter Metadaten werden Daten über Daten bzw. zu Inhalten verstanden. Sie werden händisch oder automatisch erstellt. Man setzt sie ein, um Ressourcen und Objekte aller Art zu beschreiben. Ein Beispiel für Metadaten sind die Angaben in Bibliothekskatalogen zur formalen und inhaltlichen Einordnung eines Mediums (Autor, Titel, Veröffentlichungsdatum, Schlagwörter und Standort) oder die Informationen zu einem Bild, das von einem Bildgenerator herrührt.
Durch die Verbreitung des Internets und das Aufkommen des elektronischen Publizierens wurden digitale Informationen in großer Menge für jedermann frei oder zumindest leicht verfügbar. Metadaten sind hier eine Möglichkeit, den qualitativen Zugriff auf Ressourcen und Objekte zu gewährleisten. So können sie Angaben zum Urheber, zum Kontext, zur Version und zur technischen Spezifikation beinhalten. Zudem sollen sie die Verarbeitung und Wiederverwertung ermöglichen.
Mittels Metadaten ist es auch möglich, wie bereits deutlich wurde, nichttextuelle Daten wie Grafiken, Fotos, Audio- und Videodateien suchbar zu machen. Mehr und mehr setzen sich Verfahren zur direkten Analyse

von Content durch. Insofern scheinen Metadaten eines Tages obsolet zu werden. Allerdings kann man mit ihnen eine hohe Präzision erreichen, und sie dienen nicht nur der Systematisierung und Strukturierung, sondern auch der Kommentierung.

Einen Spezialfall stellt das Labeling oder Datenlabeling (auch Data Tagging genannt) dar. Damit ist der Prozess der Annotation von Daten mit Klassenbezeichnungen gemeint. Ein solches Labeling ist für das überwachte Lernen (engl. „supervised learning", kurz „SL") wichtig. Bei diesem handelt es sich um ein Paradigma des maschinellen Lernens.

Midjourney

Midjourney ist ein Bildgenerator, der seit Juli 2022 zur Verfügung steht und der Bilder aus textbasierten Prompts erstellen kann. Im März 2023 wurde Version 5 veröffentlicht, im Dezember 2023 Version 6. Das Programm wurde von dem gleichnamigen Forschungsinstitut geschaffen, welches David Holz gegründet hat. Es gilt als besonders leistungsstark.

Das Besondere bei Midjourney ist, dass es in eine Community eingebettet ist und man sich bei jedem Aufruf einen Discord-Bot wählt, mit dem man interagiert. Ausgegeben werden quadratische Kacheln mit vier Bildern, von denen jedes vergrößert und verändert werden kann. Man sieht die Ergebnisse der anderen Community-Mitglieder und kann sie ebenfalls nutzen, also etwa herunterladen oder verändern.

Militär

Sprachmodelle werden nicht nur für zivile, sondern auch für militärische Zwecke verwendet. So entwickelt beispielsweise Palantir Technologies entsprechende Lösungen. Die Artificial Intelligence Platform (AIP) for Defense nutzt Open Source Large Language Models wie Dolly-v2-12b, Flan-T5XL und GPT-NeoX-20B, die per Finetuning angepasst worden sind. Andreas Meier schreibt in Golem zum Anwendungsfall: „Im Beispiel wird ein Alarm über Feindesbewegungen ausgelöst. Der Nutzer der Palantir-Plattform kann dann über eine im Chat formulierte Anfrage mehr

Details anfordern, woraufhin Satellitenbilder eingeblendet und per Objekterkennung ein feindlicher Panzer markiert werden." (Meier 2023) Der Nutzer starte über die Plattform eine Überwachungsdrohne, die ihre Videoaufnahmen per Livestream in die Nutzeransicht überträgt. Nachdem er die Panzersichtung bestätigt habe, könne er per Chatfunktion die Plattform anweisen, drei Handlungsempfehlungen zu generieren, um den feindlichen Panzer auszuschalten, was etwa die Nutzung von Luftstreitkräften, Artillerie oder Infanterie mit entsprechender Waffenausstattung bedeuten könne.

„Nach einer Bestätigung durch die Kommandoführung, zum Beispiel Infanterie zu senden, kann das System dann auch einen Missionsplan mit einer Route zum Ziel generieren oder weitere Analysen durchführen." (ebd.) Die tatsächliche Leistungsfähigkeit der Plattform sei unklar. Palantir zeige jedoch Ansätze, wie LLMs im Militärbereich genutzt werden können.

Mistral Large

Mistral Large wurde Anfang 2024 von Mistral AI lanciert. Das Unternehmen schreibt zu seinem Sprachmodell auf seiner Website, es erreiche erstklassige Argumentationsfähigkeiten und könne für komplexe mehrsprachige Argumentationsaufgaben verwendet werden, einschließlich Textverständnis, Transformation und Codegenerierung. Es wird behauptet, es sei – nach GPT-4 – das zweitbeste Modell der Welt, das allgemein über eine API verfügbar ist. Im Frühjahr folgte Mistral Next.

Moral

Der Begriff der Moral zielt auf die normativen Aspekte im Verhalten des Menschen gegenüber sich selbst, gegenüber anderen Menschen und gegenüber der belebten (und evtl. auch unbelebten) Umwelt. Die Moral ist wie die Sprache intersubjektiv und kann wie diese subjektiv ausgestaltet werden. Zu ihr zählen, Otfried Höffe folgend, Tabus, Verhaltensregeln, Wertmaßstäbe und Sinnvorstellungen. Die Moral ist der Gegenstand der Ethik.

Der Einsatz von IT- und Informationssystemen und die Aktionen von (teil-)autonomen Maschinen können moralische Implikationen haben und sich an moralischen Maßstäben orientieren. Die Informationsethik hat die Moral der Mitglieder der Informationsgesellschaft zum Gegenstand, die Maschinenethik die Moral der Maschinen, wobei „maschinelle Moral" ein Terminus technicus ist und die damit bezeichnete Implementierung nicht bzw. nur teilweise der menschlichen Moral entspricht.

Von religiösen Einrichtungen und totalitären Staaten wird die Moral von oben vorgegeben und als Mittel zur Machtausübung benutzt. Wird diese korrumpierte Form der Moral von den Mitgliedern bzw. Bürgern nicht befolgt, drohen Sanktionen. Viele Menschen internalisieren eine solche Moral, vor allem dann, wenn diese bereits in ihrer Kindheit zur Norm erklärt und eine Abweichung bestraft wurde.

Moralische Maschinen

Moralische Maschinen sind mehr oder weniger autonome Systeme, die über moralische Fähigkeiten verfügen. Entwickelt werden sie von der Maschinenethik, einer Gestaltungsdisziplin im spezifischen Sinne. „Maschinelle Moral" ist ein Terminus technicus wie „künstliche Intelligenz". Man spielt auf ein Setting an, das Menschen haben, und man will Komponenten davon imitieren bzw. simulieren. So kann man etwa moralische Regeln adaptieren. Moralische und unmoralische Maschinen sind nicht gut oder böse, sie haben keinen freien Willen, keine Intuition und keine Empathie.

Moralische Maschinen werden entweder als solche konzipiert oder auf der Basis von gewöhnlichen Maschinen implementiert, die den Prozess des Moralisierens durchlaufen müssen. Eine mögliche Form sind einfache moralische Maschinen. Es ist sehr schwer, komplexe moralische Maschinen zu bauen, die in offenen Welten eine Vielzahl von Situationen beurteilen können, aber relativ simpel, einfache Maschinen in einfache moralische Maschinen zu verwandeln.

Die Maschinenethik benötigt keinen Zugriff auf maschinelles Bewusstsein oder Selbstbewusstsein, um moralische Maschinen herzustellen. Man könnte damit aber auf eine neue Stufe maschineller Moral gelangen.

Wenn Intuition und Empathie hinzukommen, wäre es im Prinzip möglich, menschliche Moral im Ganzen zu erreichen – ein Ziel, das im Moment jedoch weit entfernt ist und kaum angestrebt wird. Beispiele für Konzeptionen und Prototypen sind Saugroboter, die Käfer verschonen, Pflegeroboter, die das Wohl des Patienten in den Mittelpunkt rücken, und Chatbots, die Probleme des Benutzers erkennen und auf heikle Aussagen oder Anweisungen adäquat reagieren, bei generativer KI etwa mit Hilfe von „guardrails" (engl.). Robotik, Künstliche Intelligenz und Informatik sind Hilfsdisziplinen der Maschinenethik, Informations- und Technikethik Reflexionsdisziplinen, die sich den Folgen der Artefakte widmen.

Eine wichtige Frage ist, welche Maschinen man moralisieren soll und welche nicht. Gerade bei komplexen moralischen Maschinen, die über Leben und Tod zu befinden haben, ist Vorsicht angezeigt. Das autonome Auto könnte Menschen quantifizieren und qualifizieren, aber es gibt gute Gründe gegen den Versuch, ihm dies beizubringen. Dasselbe gilt für Kampfroboter, die zudem weitere Probleme aufwerfen, etwa in Bezug auf die Automatisierung und Ökonomisierung des Kriegs.

Münchhausen-Maschinen

Der Begriff der Münchhausen-Maschinen steht für Roboter, Chatbots, Sprachassistenten oder Internetdienste, denen man beigebracht hat, die Unwahrheit zu sagen. Es ist also eine Intention vorhanden, wenngleich sie von außen kommt. Es sind Lügen in Wissensbasen abgelegt, oder es werden Informationen und Wissen aus verlässlichen Quellen in Falschinformationen und -behauptungen umgewandelt, etwa durch Negation. Eine bekannt gewordene Umsetzung war der Lügenbot oder LIEBOT aus dem Jahre 2016, der sieben verschiedene Strategien zur Lügenbildung (wenn man diesen Begriff bei Maschinen zulässt) benutzte.

Halluzinierende Chatbots könnte man ebenfalls als Münchhausen-Maschinen bezeichnen. Allerdings ist i. d. R. keine Intention vorhanden, sondern lediglich ein methodischer und technischer Mangel. Zudem dürften kaum Chatbots in Erscheinung treten, die durchgehend oder überwiegend halluzinieren. Ohne Zweifel könnte man Sprachmodelle bzw. Textgeneratoren so gestalten, dass sie wie der LIEBOT die Unwahrheit von sich geben, und sie für Manipulation und Propaganda verwenden. Genau auf diese Gefahr sollte das Projekt von 2016 hinweisen. Neuere Schritte in dieser Richtung hat Anthropic mit Claude unternommen.

Multimodalität

Multimodalität ist die Verwendung von textlichen, auditiven und visuellen Ressourcen bzw. Modalitäten in Eingabe- und Ausgabeprozessen. Wenn generative KI einen Input (einen Prompt) in Form von Text und Bild erlaubt, ist sie multimodal, ebenso, wenn sie einen Output in Form von Text und Bild generiert.

Musik

Musik ist, neben Literatur, Bildender Kunst und Darstellender Kunst, eine Kunstgattung, die Musik (im Sinne von akustischen Proben und Werken) hervorbringt, mit Hilfe der Notenschrift und von Instrumenten (bereits in Urzeiten von Trommeln und Flöten) bzw. Gesang. Die Töne mit unterschiedlicher Lautstärke, Klangfarbe, Höhe und Dauer reihen sich, zusammen mit Pausen, zu Melodien. In Liedern spielen Refrains eine Rolle, sich wiederholende, eingängige Elemente. Musik steht für sich selbst oder begleitet Werke der Darstellenden Kunst. Die Musikwissenschaft erforscht die Geschichte, die Erzeugung und den Verwendungszweck von Musik, wobei sie Begriffe und Methoden unterschiedlicher Disziplinen heranzieht. Auch mit Komponisten und Musikern beschäftigt sie sich.

Der Mensch musiziert seit zehntausenden Jahren, alleine oder zusammen mit anderen (Duett, Chor oder Orchester). Er lässt sich von Tönen aus dem Tierreich inspirieren, etwa vom Zwitschern und Pfeifen der Vögel, oder nutzt seine Fantasie. Er will seiner Freude oder seiner Trauer Ausdruck verleihen, zudem Partner und Partnerinnen anlocken und für sich gewinnen. Die Minnesänger des Mittelalters sind ebenso im Gedächtnis der Gesellschaft geblieben wie die Komponisten des 18. und 19. Jahrhunderts, von Johann Sebastian Bach über Wolfgang Amadeus Mozart bis hin zu Ludwig van Beethoven. Elvis Presley, die Beatles, die Rolling Stones, Michael Jackson, Madonna, Beyoncé und Doja Cat setzten in der Rock- und Popmusik neue Maßstäbe, nicht zuletzt in Bezug auf Anzahl und Begeisterung der Fans. Letztere vier gelten auch als stilbildend bei Musikvideos.

Tonträger waren und sind Schallplatten, Audiokassetten und Compact Discs (CDs). Mit tragbaren Abspielgeräten wie dem Walkman konnte man ab 1979 Musik unterwegs hören. In den 1990er-Jahren kamen Formate wie MP3 auf, durch die Stücke und Lieder auf Servern vorgehalten und auf Clients aller Art, z. B. Geräte wie MP3-Player und später Smartphones, heruntergeladen werden konnten. Heutzutage wird Musik, wie Film, oft gestreamt. Für Künstler sowie die Musikindustrie bedeutete die Digitalisierung eine Herausforderung und eine Umstellung. Sie mussten auf neue Geschäftsmodelle wechseln, etwa Geld mit Werbung verdienen, oder verstärkt Konzerte anbieten. Mit einer speziellen Sprachsynthese kann man künstlichen Gesang produzieren, den man dann einer virtuellen Figur zuordnen mag. So wurde zuerst in Japan und dann weltweit Miku Hatsune berühmt, nicht zuletzt in Form (einer Darstellung) eines Hologramms. Seit den 2020er-Jahren verbreitet sich immer mehr KI-generierte Musik.

Auf TikTok fand sich im April 2023 ein neuer Musikclip der beiden kanadischen Sänger Drake und The Weeknd. Er wurde laut Golem vom Kanal ghostwriter977 veröffentlicht und ist nach Angaben des Benutzers mithilfe künstlicher Intelligenz erstellt worden. Das einminütige Stück hatte es in der Folge auf YouTube geschafft, in der ursprünglichen – nach zwei Tagen bereits mehr als tausendmal kommentiert – und in einer verbesserten Version. Beide wurden aus Rechtsgründen alsbald entfernt. Tobias Költzsch schreibt in Golem: „Für die Musikindustrie dürften derartige Musikstücke, die zumindest beim ersten und zweiten Hinhören sehr echt klingen, ein Problem sein. Drake hatte sich in der Vergangenheit bereits bei anderen KI-Songs mit seiner Stimme kritisch bis verärgert gezeigt. Der Produzent von Jay-Z, Young Guru, spricht von einem Geist, der aus der Flasche gelassen wurde. Zum einen könne man den technologischen Fortschritt nicht aufhalten, zum anderen müssten die Rechte der Kunstschaffenden geschützt werden." (Költzsch

2023) Es sind zahlreiche Musikgeneratoren verfügbar, als Prototypen und Produkte, wie Jukebox, AIVA und Mubert. Sie zählen zu den Audiogeneratoren.

Mit der Musik eroberten Menschen ungeachtet ihrer Herkunft und ihres Aussehens die Herzen des Publikums. Im 20. Jahrhundert drängte das äußere Erscheinungsbild mehr und mehr in den Vordergrund, und man castete Mitglieder von Girlbands und Boygroups nicht nur nach musikalischen Kriterien. Kunst und Kommerz gingen in allen Bereichen immer mehr zusammen. Dennoch gab es weiter Entwicklungen jenseits des Mainstreams. Musik ist für viele Hörer eine Inspiration. Sie lernen und arbeiten, während sie Songs hören, sie widmen sich mit ihrer Unterstützung anderen Kunstgattungen. Dabei hilft, dass Musik nebenbei gehört werden kann und eine emotionalisierende und stimulierende Wirkung hat. Ebenso kann sie aber zur Überdeckung und Ablenkung eingesetzt werden. Eine Kunstethik als Bereichsethik vermochte sich bisher kaum zu etablieren. Medien-, Wirtschafts- und Medizinethik decken manche Aspekte der Musikproduktion und -rezeption ab.

Mustererkennung

Mustererkennung (engl. „pattern recognition") ist eine Methode, mit der in Daten bestimmte Regelmäßigkeiten, Ähnlichkeiten, Wiederholungen, Gesetzmäßigkeiten oder Auffälligkeiten erkannt werden können. Heute wird dafür i. d. R. Machine Learning eingesetzt.

N

Natural Language Processing

Natural Language Processing (NLP) umfasst Technologien und Methoden zur maschinellen Erkennung und Verarbeitung natürlicher Sprache. Eine zentrale Disziplin in diesem Zusammenhang ist die Computerlinguistik, die zwischen Informatik und Sprachwissenschaft angesiedelt ist. Die Künstliche Intelligenz spielt eine immer größere Rolle. Zum Einsatz kommt NLP bei Chatbots und virtuellen Assistenten, sowohl bei geschriebener als auch bei gesprochener Sprache.

Netiquette

Die Netiquette regelt – wie der Begriff, eine Zusammenziehung aus engl. „net" („Netz") und engl. „etiquette" („Etikette"), schon andeutet – das Verhalten in Computernetzwerken bzw. im Internet. Sie ist gewissermaßen der Knigge für das Kommunizieren, Interagieren, den Umgang miteinander in Communitys, in Diskussionsforen, in Chats und im

E-Mail-Verkehr und zielt auf ein verantwortungsvolles Verhalten im virtuellen Raum insgesamt. Da keine allgemein anerkannte Version besteht, muss man eigentlich im Plural sprechen. Netiquetten verbieten Beleidigungen und Verfolgungen (Cybermobbing und -stalking), rassistische und sexistische Äußerungen oder die Aufforderung zu kriminellen Handlungen. Ein Phänomen, das seit 2013 hohe Aufmerksamkeit erzielt und ebenfalls berücksichtigt werden muss, ist die Hassrede (Hate Speech). Internetkodizes bemühen einen breiteren Ansatz und beziehen sich auch auf Datenschutz und -sicherheit sowie Aufgaben von Betreibern.
Die Netiquette in ihren ersten Varianten entstand ursprünglich für das Usenet. Als Mutter der bekanntesten Form gilt Arlene H. Rinaldi, die an der Florida Atlantic University gearbeitet und die vorhandenen Texte und Ansätze zusammengeführt bzw. -geschrieben hat. Es finden sich darin neben verschiedenen Ausführungen zentrale Gebote wie „Du sollst nicht deinen Computer benutzen, um anderen Schaden zuzufügen", „Du sollst nicht anderer Leute Arbeit am Computer behindern" und „Du sollst nicht in anderer Leute Files stöbern". Es handelt sich um einen pragmatischen Katalog, der einerseits scheinbare Selbstverständlichkeiten benennt, andererseits durch den Hinweis auf rechtliche, soziale und moralische Aspekte eine Orientierung bietet.
In Unternehmensnetzwerken und Communitys werden oft zusätzlich zu den eher allgemein gültigen Teilen spezifische, auf Unternehmenskultur und -strategie oder die jeweiligen Anforderungen bezogene Regeln eingeführt und bei Zuwiderhandlung Sanktionen ausgesprochen oder Benutzer blockiert bzw. ausgeschlossen. Rechtswissenschaft, Informatik, Soziologie und Philosophie können ihren Beitrag zur Weiterentwicklung leisten. Die empirische Informationsethik beschreibt die Netiquette in ihren verschiedenen Ausprägungen, die normative begründet sie und gestaltet sie mit. Für bestimmte virtuelle Räume haben sich begriffliche Abwandlungen etabliert, zum Beispiel die „Chatiquette" für den Chat. Auch eine Netiquette 2.0 gibt es, die auf das Web 2.0 und die Nutzung der sozialen Medien eingeht.
Netiquetten können eine Rolle spielen in Communitys für generative KI. Sie regeln den Umgang unter den Benutzern und die Verwendung von Text- oder Bildgeneratoren. Damit ergänzen sie die Allgemeinen Ge-

schäftsbedingungen und rechtliche Bestimmungen. Im Zuge von Alignment können Netiquetten (oder Social-Media-Richtlinien) für das Training von Sprachmodellen verwendet werden, neben anderen Leitfäden und Richtlinien. Dafür spricht, dass sie Vorschriften für den virtuellen Raum enthalten. Sie adressieren zwar eigentlich menschliche Benutzer, aber Chatbots, die solche simulieren, können ebenfalls von den Regeln und ihren impliziten Grundlagen profitieren.

Netiquette 2.0

Die Netiquette 2.0 ist eine Regelsammlung aus dem Jahre 2010, die in erster Linie für das Web 2.0 und für die mobile Welt entwickelt wurde. Das erste Gebot gemahnt an das Gleichgewicht der Namen und lautet: „Du sollst im virtuellen Raum deinen Namen nennen, wenn du einen anderen Namen nennst, und auf deiner Website, in deinem Blog und bei deinem Wiki ein Impressum führen." Das zehnte wird in anderer Weise grundsätzlich: „Du sollst Handy und Computer so oft wie möglich ausschalten und dem Gesang der echten Vögel lauschen." Die Sätze sollen weniger zum Befolgen verpflichten, als vielmehr zum Nachdenken anregen. Auf moralische oder ethische Begründungen wird deshalb bewusst verzichtet.

Neue Medien

Neue Medien, die auch digitale Medien genannt werden, basieren auf Informations- und Kommunikationstechnologien und können die Aspekte Multimedialität, Hypertextualität, Vernetztheit, Interaktivität und Adaptivität aufweisen. Beispiele sind im Allgemeinen Computer und Software, im Besonderen Internet, elektronische Bücher, Chats und Diskussionsforen. Neue Medien können in unterschiedlichen Kontexten eingesetzt werden, beispielsweise in der Unterhaltung oder für Bildungszwecke, und sind somit zunächst verwendungsneutral.

Neuronales Netz

Bei einem neuronalen Netz oder Netzwerk, zur Abgrenzung von biologischen Strukturen auch künstliches neuronales Netzwerk (KNN) genannt, handelt es sich um ein Netz mit künstlichen Neuronen (dargestellt als Knoten), das im Machine Learning eingesetzt wird. Mit der Topologie eines Netzes ist die Anzahl der Neuronen und der Schichten mit den Neuronen sowie die Zuordnung von Verbindungen zu Knoten gemeint. Vor der Ausgabeschicht bzw. zwischen Eingabe- und Ausgabeschicht sind versteckte Schichten (engl. „hidden layers") oder Zwischenschichten vorhanden. Ein neuronales Netz lernt beispielsweise, indem zwischen Knoten neue Verbindungen aufgebaut oder bestehende gelöscht werden. Auch die Gewichtung der Verbindungen kann sich ändern. Im Englischen spricht man von „artificial neural network", kurz „ANN".

New Work

New Work ist ein Ansatz von Frithjof Bergmann, nach dem zwei Drittel der klassischen Erwerbstätigkeit ersetzt werden sollen, mit einem Drittel, das aus Arbeit besteht, nach der man wirklich strebt, und einem Drittel, das eine Kombination aus intelligentem Verbrauch und technisch hochstehender Selbstversorgung ist. Der Philosoph hatte eine Analyse des Kapitalismus vorgenommen, Skepsis gegenüber dem Kommunismus gezeigt und eine umfassende Idee von Freiheit entwickelt, Entscheidungs- und Handlungsfreiheit beinhaltend.

Eine Antwort auf Digitalisierung und Automatisierung könnte auch eine Reduktion der Arbeitszeit im Sinne von Halbtags- bzw. Teilzeitarbeit sein. Die Probleme des geringeren Einkommens und der gefährdeten Rente – heute Hauptkritikpunkte – müssten gelöst werden. Der Rest des Tages wird als Freizeit genutzt oder beispielsweise mit Freiwilligenarbeit gefüllt. Eine Verbindung mit dem Ansatz der New Work sowie mit dem des bedingungslosen Grundeigentums ist verschiedentlich möglich.

Noise

Der Ausdruck „Noise" (engl. „noise": „Lärm", „Rauschen") zielt auf irrelevante oder zufällige Daten in einem Datensatz. Diese können die Leistung und Genauigkeit von Machine-Learning-Modellen beeinträchtigen. Daher ist die Unterdrückung von Noise ein wesentlicher Vorverarbeitungsschritt bei der Datenaufbereitung.

Novelty Effect

Der Begriff des Neuheitseffekts (engl. „novelty effect") wird u. a. in der Didaktik und in der pädagogischen Psychologie verwendet. Er verweist dort darauf, dass der Einsatz neuer Medien und von Informations- und Kommunikationstechnologien häufig kurzfristig durch deren Neuheit (für eine bestimmte Person oder Gruppe) begünstigt werden kann. Maike Paetzel und ihre Mitautorinnen konstatieren, dass es aufgrund des Neuheitseffekts oft einfach ist, eine anfängliche Bindung zu (sozialen) Robotern herzustellen. Dagegen habe es sich als schwierig erwiesen, die Bindung über einen längeren Zeitraum aufrechtzuerhalten, vor allem, weil die Benutzer von den limitierten oder sich wiederholenden Interaktionsmöglichkeiten des Roboters gelangweilt werden.
Auch bei der Interaktion mit einem Chatbot spielt der Novelty Effect eine Rolle. Wenn ein Benutzer die Neuartigkeit einer Technologie wahrnehmen kann, so hilft ihm das laut einer Akzeptanzstudie von Lawal Ibrahim Dutsinma Faruk et al., seine Aufgaben auf eine für ihn angenehme Weise zu erledigen, was sich positiv auf die Verwendung der Technologie – es wird ausdrücklich auf ChatGPT verwiesen – auswirkt.

O

Offline

„Offline" bedeutet, dass ein Computer mit Netzanschluss (oder ein Handy) temporär oder permanent keine Verbindung zum Internet oder Intranet (oder zum Mobilnetz) hat. Ein Benutzer, der offline ist, arbeitet für eine bestimmte Zeit nicht mit dem und am Gerät bzw. ist nicht in der Lage, darüber mit Geschäftspartnern, Freunden und Familie zu kommunizieren.

Offline zu sein, kann Unabhängigkeit von virtuellen Welten und finanzielle Ersparnisse implizieren. Oft sind offline erstellte Inhalte zu einem späteren Zeitpunkt online nutzbar; umgekehrt ist es möglich, online bestimmte Informationen auf dem Computer zu speichern und dann offline zu verwenden. Im Internetjargon bezeichnet man mit dem Begriff auch jegliches reales Tun.

Offlinebeziehungen sind Beziehungen, die nicht nur online stattfinden. Man trifft sich in Cafés, zu Hause und in Hotels. Offlinesex ist unmittelbarer Sex, kein Telefon- oder Cybersex. Inzwischen wird das Offlinesein auch als Verweigerungsform verstanden bzw. als Form der Enthaltsamkeit und – bei Onlinesucht – des Entzugs.

Sprachmodelle wie GPT4All können offline verwendet werden. Thomas Joos schreibt dazu: „Die Open-Source-Software GPT4All ist ein Klon von ChatGPT, der schnell und einfach lokal installiert und genutzt werden kann. Damit können Nutzer im eigenen Netzwerk einen ChatGPT-ähnlichen Service verwenden, ohne dass Anfragen über das Internet gesendet werden müssen." (Joos 2023)

One-shot Learning

Beim One-shot Learning (Ein-Shot-Lernen) handelt es sich um einen Ansatz im Machine Learning, bei dem ein Modell aus einem einzigen Beispiel lernen kann. Damit soll die Lernfähigkeit eines Menschen nachgeahmt werden. Beim Few-shot Learning liegen mehrere Beispiele vor. Beim Zero-shot Learning (Zero-Shot-Lernen) sollen die Modelle Objekte klassifizieren können, ohne von ihnen Beispiele während des Trainings beobachtet zu haben.

Online

Der Begriff „online" drückt aus, dass von einem Computer mit Netzanschluss aus aktuell eine Verbindung zu einem Server bzw. zum Internet oder Intranet besteht (oder dass ein Handy Empfang hat). Eine Person, die online ist, nutzt eine Netzverbindung, etwa um mit anderen per E-Mail, Chat oder Instant Messaging zu kommunizieren oder mit einem Text- oder Bildgenerator zu interagieren. „Online" wird oft in Wortkombinationen benutzt, wie im Falle von „Onlinezeitung" und „Onlinesucht". Der Gegensatz zu „online" ist „offline".

Onlinesucht

Computer, Smartphones und Internet bzw. damit verbundene Anwendungen und Spiele können süchtig machen. Die betroffenen Benutzer verbringen unverhältnismäßig viel Zeit vor dem und mit

dem Gerät und sind nervös und gereizt, wenn sie keinen Zugriff auf Dienste und Medien haben. Anders als bei lange bekannten Suchtformen mangelt es bei der Computer-, Handy- oder Internetsucht (auch „Onlinesucht", im Englischen „online compulsive disorder" genannt) an weithin anerkannten und eindeutig abgrenzbaren Indikatoren. Seit Juni 2018 wird immerhin die Onlinespielsucht, eine Form der Onlinesucht, von der Weltgesundheitsorganisation (World Health Organization, WHO) als Krankheit geführt. Obwohl Phubbing, das unentwegte Starren auf das Smartphone und gleichzeitige Abweisen des Gegenübers, ein ernst zu nehmendes Phänomen darstellt, das ebenfalls mit der Onlinesucht zusammenhängt, ist die Wortschöpfung (engl. „phone": „Telefon"; engl. „snubbing": „Brüskierung") selbst ursprünglich scherzhaft gemeint.
Zu Suchtformen bei generativer KI liegen kaum Studien vor. Es gibt aber Hinweise darauf, dass einige Schüler und Studenten eine Abhängigkeit gegenüber Chatbots haben, die nicht nur eine Vorliebe, sondern eine Sucht ist. Auch Gamification in Communitys für generative KI kann im Prinzip in diese Richtung wirken.

Ontologie

Ontologien stellen ein einheitliches Vokabular mit einheitlicher Syntax und Semantik zur Verfügung. Das Vokabular bezieht sich auf Phänomene eines Realitätsausschnitts und versucht sie hinsichtlich eines bestimmten Zwecks möglichst treffend zu beschreiben. Auf diese Weise rekonstruieren Ontologien die Bedeutung natürlichsprachlich gedachter und ausgedrückter Realitätswahrnehmung und erschließen und strukturieren Wissen. Von praktischer Bedeutung sind Ontologien z. B. im Zusammenhang mit dem Semantic Web und der Sozialen Robotik.

Open Access

Im Rahmen von Open Access wird der freie und kostenlose Zugang zu digitalen Artikeln und Büchern gewährt. Das Konzept findet vor allem in der Wissenschaft Anwendung. Hochschulen schließen Verträge mit Verlagen wie Springer, Elsevier und Wiley, damit ihre Forscher – ohne selbst Gebühren zu bezahlen – Open-Access-Artikel veröffentlichen können. Dies führt zu einer tendenziell höheren Publikationsrate und zu einer wesentlich höheren Zugriffsrate. Bei Open-Access-Büchern – die zuweilen von Vereinen und Stiftungen finanziert werden – fallen meist die Verdienste für die Autoren bzw. Herausgeber weg. Creative Commons sind eine Möglichkeit, Open-Access-Publikationen zu kennzeichnen. Davon wurde bei Büchern oder Booklets wie „AN AI EXPLAINS BEAUTY", „AMERICAN SMILE" und „On Beauty: 26 questions to an AI in the field of aesthetics" Gebrauch gemacht.

Open Content

Unter „Open Content" (dt. „freier Inhalt") werden veröffentlichte digitale Inhalte wie Texte, Bilder, Audio oder Video subsumiert, die in unterschiedlichem Umfang von Dritten verwendet werden können. Anders als der Begriff suggeriert, ist Open Content allerdings nicht immer gänzlich frei verfüg- und manipulierbar. Der Umfang der Nutzung ist vielmehr durch Bestimmungen und Lizenzen genau geregelt und mehr oder weniger stark eingeschränkt. So gibt es neben Lizenzen, die den freien Zugang und die freie Nutzung und Verwertung für alle oder für eine bestimmte Nutzergruppe festlegen, auch Lizenzen, die die freie Nutzung, nicht aber die Änderung von Inhalten erlauben. Zudem ist häufig ein kommerzieller Gebrauch untersagt. Die Open-Content-Lizenzen – wie die von GNU oder Creative Commons – gehen auf Modelle zurück, die im Rahmen der Open-Source-Bewegung entwickelt worden sind.
Ein Gefäß für Open Content ist die ebenso beliebte wie umstrittene Onlineenzyklopädie Wikipedia, deren Inhalte im Internet prinzipiell frei zugänglich, nutz- und bearbeitbar sind. Einschränkungen bezüglich Erstellung und Bearbeitung treten bei einzelnen (zur Löschung vorgeschlagenen oder gesperrten) Artikeln auf. Beispiele für frei zugängliche Inhalte, die kopiert, aber nicht verändert werden dürfen, sind die Materialien des Massachusetts Institute of Technology (MIT), die über OpenCourseWare angeboten werden, oder das Literaturprojekt Gutenberg. Für so-

ziale Roboter, Chatbots und Sprachassistenten ist Open Content eine wichtige, aber oft zu wenig spezifische Ressource. Es bräuchte mehr domänenbezogenes und auch mehr abgesichertes Wissen.

Open Data

Open Data ist der Versuch, öffentliche Daten offen – also frei verfügbar und nutzbar – zu machen. Zum einen wird die Informationsfreiheit gefordert, zum anderen die Abwesenheit von Copyright und Patenten. Open Data gliedert sich damit in Bewegungen wie Open Source, Open Government und Open Education ein. Es kann bei einer massenhaften Verbreitung und Nutzung von Daten zum Phänomen des Big Data führen. Im Ausnahmefall sind auch private Daten gemeint, die veröffentlicht werden, etwa im Rahmen von Quantified Self. Das Gegenstück ist Closed Data.

Open Source

Bei Open Source handelt es sich um Software, deren Quellcode frei verfügbar ist und kopiert, geändert und weitergegeben werden kann. Das Prinzip wird auch auf Roboter und soziale Roboter sowie Sprachmodelle übertragen. Mehrere Projekte wollen die technischen Hürden zur Programmierung und Entwicklung von robotischen Systemen abbauen und geeignete Programmierumgebungen und Quellcodes oder Baupläne für Teile (etwa für den 3D-Druck) zur Verfügung stellen (Open-Source-Hardware oder Open Hardware). Dazu gehören Open Roberta unter der Schirmherrschaft des deutschen Bundesministeriums für Bildung und Forschung (BMBF) sowie die Open Dynamic Robot Initiative.
Beispiele für Large Language Models (LLMs), die Open Source zugerechnet werden können, sind nach einer Auflistung von Ole Dawidzinski BERT (Google), GPT-2 (OpenAI), GPT-NEOX/GPT-J (EleutherAI), die Flan-T5-Serie (Google), Dolly-2 (Databricks), Falcon (TII), MPT-7B (MosaicML) und LlaMA-2 (Meta). Zu erwähnen sind auch

BLOOM (initiiert von einem Mitbegründer von HuggingFace), Poro von Silo AI aus Helsinki und Mistral 7B bzw. Mixtral 8x7B von Mistral aus Paris. Solche Modelle gelten als bedeutend, da sie der Marktmacht von Konzernen etwas entgegensetzen. Diese können aber auch selbst davon profitieren, weshalb sie in diesem Bereich mitmischen.

P

Pädagogische Agenten

Pädagogische Agenten (engl. „pedagocial agents") sind Softwareagenten, die bei Anforderungen und Aufgaben im Lernbereich assistieren. In manchen Fällen – wie bei Gandalf aus den 1990er-Jahren – sind sie mit Hardwarekomponenten wie Eye-Trackern und Sensoren für die Messung der Armbewegungen des Benutzers verbunden. Ihre Blütezeit hatten pädagogische Agenten um die Jahrtausendwende. Verwandt sind sie mit Intelligenten Tutoriellen Systemen (ITS) und Virtual Learning Companions (VLCs) der ersten Generation (überwiegend Chatbots).

Bei zahlreichen Aufgaben ist die Sichtbarkeit der pädagogischen Agenten unverzichtbar, ja in vielen Fällen bedarf es einer Gestalt, die Handlungsmöglichkeiten besitzt, sei es über Mimik und Gestik, sei es mittels der über die Körpersprache hinausgehenden Aktionen einer Hand oder anderer Gliedmaßen. Nahe liegt hierbei die anthropomorphe, also menschenähnliche Gestaltung. Diese geht über das rein Äußerliche hinaus und schließt Verhalten und Sprache mit ein.

In vielen Fällen schlüpft der pädagogische Agent – wie bei den frühen Entwicklungen namens Adele, Steve, Herman the Bug, Cosmo und Einstein – in die Haut eines Lehrers, Trainers, Tutors, Ratgebers und Experten. In dieser Rolle – sozusagen aus einer Position des anerkannten Fortgeschrittenen heraus – vermittelt er Wissen, leitet den Lernenden an und begleitet ihn. Pädagogische Agenten können in soziale Roboter integriert werden, die Funktionen im Bildungsbereich übernehmen.

Im Kontext der generativen KI erleben pädagogische Agenten eine Renaissance, sozusagen als Virtual Learning Companions der zweiten Generation. GPTs – von Betreibern und Benutzern angepasste Versionen von ChatGPT – werden zu personalisierten Lernpartnern (die auf individuelle Materialsammlungen des Lerners zugreifen) oder zu kommerziellen Lernangeboten. Neben der Wissensvermittlung können sie weitere Funktionen wie Mentoring und Coaching erfüllen.

Parameter

Parameter sind numerische Werte, die die Gewichte der Verbindungen zwischen den Neuronen (den Knoten) eines neuronalen Netzes beschreiben. Man misst die Größe eines Large Language Model (LLM) an der Anzahl seiner Parameter.

Persönlichkeit

Die Persönlichkeit ist gemäß Dorsch, des Lexikons der Psychologie, die Gesamtheit der über Wochen oder Monate stabilen individuellen Besonderheiten im Erleben und Verhalten eines Menschen. Die Intelligenz ist ebenso eine Dimension wie die Aggressivität oder die Geselligkeit. Wenn sich die Persönlichkeit über einen längeren Zeitraum verändert, spricht man von Persönlichkeitsentwicklung. Ein verwandter Begriff ist der Charakter, der negativ (schlechter Charakter) oder positiv (guter Charakter) konnotiert sein kann.

Die Persönlichkeit ist – darauf weisen etwa Kwan Min Lee und seine Mitautoren hin – ein wesentliches Merkmal bei der Entwicklung sozialer Roboter. In einem Experiment mit AIBO konnten sie feststellen, dass die

Teilnehmer dessen Persönlichkeit anhand seines verbalen und nonverbalen Verhaltens genau erkennen konnten. Sie genossen die Interaktion mit einem Roboter zudem mehr, wenn die Persönlichkeit des sozialen Roboters komplementär zu ihrer Persönlichkeit war, als wenn sie der eigenen Persönlichkeit ähnelte. Die Persönlichkeit des sozialen Roboters entspricht seinem Charakter, wobei dieser vieldeutige Begriff hier auch auf die Ausgestaltung der Figur (engl. „character") zielt.

Personalisierung

Personalisierung bezeichnet den Vorgang, eine Dienstleistung, ein Produkt, ein System oder eine virtuelle Umgebung an individuelle oder gruppenbezogene Anforderungen und Bedürfnisse anzupassen, oder das Ergebnis, zu dem der Vorgang führt. Sie ist verwandt mit der Individualisierung.
Bei Informations- und Kommunikationstechnologien und Informationssystemen mit der Fähigkeit der Adaptivität wird die Personalisierung von selbst vollzogen. Die Nutzung von Algorithmen kann zur sogenannten Filter Bubble (Filterblase) führen, vor allem bei Websites und Apps. Ansonsten ist die Anpassung Sache der Benutzer oder anderer zuständiger Personen, wobei diese meist von den Technologien unterstützt werden.
GPTs werden zu personalisierten Wissensvermittlern und Lernpartnern, die auf individuelle Materialsammlungen des Benutzers bzw. Lerners zugreifen. So kann etwa ein Student das System mit Pflichtliteratur eines Kurses und eigenen Aufzeichnungen füttern und so einen passenden Virtual Learning Companion (VLC) erstellen, mit dem er sich auf eine schriftliche oder mündliche Prüfung vorbereitet. Dieser kann auch im Sinne eines Mentors oder Coachs agieren.

Phishing

Phishing ist die unrechtmäßige Beschaffung von persönlichen Daten mit dem Ziel, in einen Account bzw. ein Konto eines Benutzers einzudringen oder dessen Identität zu stehlen. Verwendet werden hierzu gefälschte Websites, E-Mails oder Nachrichten.

Sprachmodelle weisen gegenüber traditionellen Ansätzen zur Identifizierung von Phishing-E-Mails einen signifikanten Vorteil auf. GPT etwa kann solche E-Mails, welche durch die traditionellen Filter rutschen, mit einer hohen Genauigkeit erkennen. Eine Kombination klassischer und generativer Lösungen bietet sich an. Umgekehrt kann man generative KI auch für das Phishing verwenden. So ist ChatGPT nützlich beim Erstellen entsprechender E-Mails. Mit WormGPT steht Hackern und Kriminellen ein Chatbot zur Verfügung, der auch Phishing unterstützt, indem er diesbezüglich berät.

Plug-in

Ein Plug-in ist ein Softwareprogramm, das die Funktionalität eines Programms erweitert und manche Anwendungen durch die Verarbeitung besonderer Dateiformate erst ermöglicht. Es gibt z. B. Zusatzprogramme, die Animationen abspielen oder PDF-Dokumente darstellen. Plug-ins können oft kostenlos aus dem Internet auf den eigenen Computer heruntergeladen werden. Bei Browsern sind häufig bereits bestimmte Plug-ins integriert.
Bei generativer KI spielen Plug-ins eine bedeutende Rolle. Zum Beispiel kann ChatGPT mit Hilfe von Plug-ins Suchergebnisse von Suchmaschinen abrufen, Folien für Präsentationen erstellen, Daten in Diagramme und Grafiken umwandeln, Sentimentanalysen durchführen, Trainingspläne vorschlagen Reisepläne entwickeln, Geschenke finden, Preise vergleichen und Code ausführen.

PNG

PNG (Portable Network Graphics) ist ein Grafikformat mit der Dateiendung .png, das sich seit ca. 2006 stark im WWW verbreitet hat. Es erlaubt wie GIF eine verlustfreie Kompression und hat dieses weitgehend abgelöst. Mit PNG sind transparente Hintergründe möglich. Bildbearbeitungsprogramme wie Adobe Photoshop unterstützen das Freistellen von Objekten. Von Bildgeneratoren erstellte Bilder liegen meist im WebP-, JPEG- oder PNG-Format vor.

Privatsphäre

Die Privatsphäre ist der nicht öffentliche Raum eines Menschen, in dem er seine Persönlichkeit und Individualität auslebt und entfaltet und Grundbedürfnisse wie Sexualität, Reinigung und Entleerung befriedigt (Intimsphäre). Das Recht auf Privatsphäre ist ein Menschenrecht und vom allgemeinen Persönlichkeitsrecht abgedeckt. Mit dem englischen Ausdruck „privacy" wird die Privatsphäre oder das Privatleben bezeichnet. Im Deutschen hat er sich ebenfalls durchgesetzt, etwa mit Blick auf Luxusimmobilien. Auch Tieren kann eine Privatsphäre zugesprochen werden. Diese bleibt freilich gewahrt, wenn man ihnen mit versteckten Kameras und anderen verdeckten Mitteln auf den Leib rückt.

Die Privatsphäre (wie die Intimsphäre) wird zu unterschiedlichen Zeiten unterschiedlich verstanden. So konnten sich im Mittelalter und in der Renaissance nicht viele in ihrem Alleinsein oder in ihrer Zweisamkeit einrichten. Die Armen mussten rund um die Uhr die Blicke der Mitbewohner ertragen. An Höfen war es entgegen der allgemeinen Sitte im Barock nicht unüblich, dass die Könige vor den Augen ihrer Untertanen ihre Notdurft verrichteten. Die Digital Natives sind angeblich weniger an Privatheit interessiert als frühere Generationen, gerade im virtuellen Raum. Allerdings versuchen sie i. d. R. ebenso ihre Intimsphäre zu schützen, außer bei gewollten Tabubrüchen.

Die Digitalisierung ist mit unterschiedlichen Gefahren für die Privatsphäre verbunden. Persönliche bzw. personenbezogene Daten können auf einfache Weise an zahlreichen Orten – sowohl im privaten als auch im halböffentlichen oder öffentlichen Raum – gesammelt und dann weitergegeben und ausgewertet werden. Technologien wie Sprachassistenten (womöglich zusammen mit Stimmerkennung und Emotionserkennung) und Gesichtserkennungssysteme (womöglich zusammen mit Emotionserkennung) – etwa bei sozialen Robotern – stellen bei allen Vorzügen bei der Bedienung und Möglichkeiten der Forschung in der Anwendung eine Bedrohung für den Einzelnen und die Gesellschaft dar.

Die Datenschutz-Grundverordnung (DSGVO) vereinheitlicht die Regeln zur Verarbeitung personenbezogener Daten durch Unternehmen,

Behörden und Vereine, die innerhalb der EU einen Sitz oder ihre Kundschaft haben. Es sind technische, wirtschaftliche, gesellschaftliche und individuelle Aspekte vorhanden. In der DSGVO sind Prinzipien verankert wie Privacy by Design (der Schutz der Daten wird schon bei der Gestaltung der Systeme berücksichtigt) und Privacy by Default (der Schutz der Daten ist der Normalfall, wobei der Benutzer ihn unter Umständen selbst durch Anpassung der Dienste oder Geräte abschwächen kann).

Die Privatsphäre wurde immer wieder in der Medienethik und in der Rechtsethik behandelt, etwa im Zusammenhang mit der Berichterstattung über Prominente. Sie ist ein wichtiges Thema der Informationsethik, vor allem mit Blick auf die informationelle Autonomie, also die Möglichkeit, selbstständig auf Informationen zuzugreifen, über die Verbreitung von eigenen Äußerungen und Abbildungen selbst zu bestimmen sowie die Daten zur eigenen Person einzusehen und gegebenenfalls anzupassen. Nicht zuletzt können Wirtschaftsethiker diverse Fragen aufwerfen. So mag der Arbeitsplatz, auch wenn er in einem Büro oder in einer Fabrik angesiedelt ist, die Privatsphäre verletzen, z. B. wenn private E-Mails gelesen werden oder Überwachungskameras installiert sind.

Profil

Ein Profil ist der Platzhalter und die Beschreibung eines Benutzers, etwa in Communitys und Social Networks. Neben dem Namen bzw. Pseudonym gehören häufig Foto, Kontaktdaten und persönliche Interessen dazu. Man orientiert sich bei der Profilpflege am Original bzw. weicht bewusst oder unbewusst davon ab. Bei Social Networks und anderen Plattformen, die sich an ein Massenpublikum richten, haben sich besondere Phänomene herausgebildet. So ist das Foto oft ein Selfie, ein Selbstporträt, für das man die Kamera bzw. das Smartphone in der eigenen Hand hält oder an einer Stange (Selfie-Stick) befestigt. Bei Jugendlichen, eher bei Mädchen als bei Jungen, ist die Entenschnute beliebt, eine auch als Duckface bekannte Grimasse.

Programmierung

Programmierung ist die Entwicklung von Computerprogrammen. Verwendet wird dabei eine Programmiersprache. Erstellt wird Programmcode, weshalb man auch von Coding spricht. Programmierer (zuweilen Coder genannt) übersetzen Pflichtenheft und Algorithmen in die Programmiersprache. Immer wichtiger werden in der Softwareentwicklung agile Methoden. In den 1940er- und 1950er-Jahren war Programmieren eher ein Frauen- als ein Männerberuf.
Textgeneratoren können Code erzeugen. Waren es anfänglich vor allem einfache Aufgaben, die damit bewältigt wurden, kamen später umfangreiche Möglichkeiten hinzu. Mit Blick auf die Webentwicklung haben sich etwa ChatGPT von OpenAI und Bard von Google einen Namen gemacht. Nach verschiedenen Studien ist der Beruf des Softwareentwicklers und insbesondere des Programmierers gefährdet.

Prompt

Ein Prompt ist bei generativer KI (Generative AI) ein Input des Benutzers, zu dem das System einen Output erzeugt. Ein textbasierter Prompt kann Wörter, Buchstaben, Sonderzeichen, Zahlen und Links enthalten. Um das gewünschte Ergebnis zu bekommen, muss der Prompt möglichst eindeutig und umfassend sein. Ein einfaches Beispiel im Falle von Bildgeneratoren ist „3 junge Frauen vor einem See, fotorealistisch", wobei der erste Teil den Inhalt angibt, der zweite den Stil. Wenn Dialoge vorgesehen sind, wie bei Textgeneratoren wie ChatGPT und Bildgeneratoren wie DALL-E 3, kann mehrmals eine Eingabe erfolgen, um das Ergebnis anzupassen. Auch das Verweisen auf Bilder ist möglich. Zuweilen sind negative Prompts erlaubt, die etwas ausschließen. Statt von Input oder Eingabe kann man von Anfrage, Aufforderung oder Anweisung sprechen.
Beim Prompt Design werden systematisch Eingaben entwickelt, die das angestrebte Resultat hervorbringen sollen. Dabei werden die spezifischen Anforderungen des KI-Systems – etwa von Textgeneratoren wie ChatGPT

oder Bard bzw. Bildgeneratoren wie DALL-E, Stable Diffusion oder Midjourney – und die spezifischen Merkmale der Aufgaben berücksichtigt. Eine Besonderheit sind Prompts, mit denen man Roboter bzw. Roboterarme steuert, da die jeweilige Umgebung mitsamt ihren Objekten gekannt werden muss. Man kann sich zu einem Prompt Designer (Prompt-Designer) ausbilden lassen.

Auf Prompt-Marktplätzen oder -Plattformen wie PromptBase, PromptHero und ChatX handelt man Inputs für generative KI. Diese werden genau eingeordnet und beschrieben. Es sind Preise zwischen zwei und zehn Dollar üblich. Zum Teil sind Prompts auch kostenlos, oder es werden pro Tag eine Anzahl von Credits gutgeschrieben. Alle angemeldeten Benutzer können etwas hoch- und herunterladen. Meist fokussiert man auf einen Typ von Tools, z. B. auf Text- oder Bildgeneratoren. Manche Plattformen erläutern die grundlegenden Prinzipien und bieten Services rund um Prompts an.

Ähnlich wie bei der Entstehung und Verbreitung von Suchmaschinen in den 1990er-Jahren ist die professionell vorgenommene Eingabe bei generativer KI zunächst ein mehr oder weniger exklusives Feld für Experten, das dann mehr und mehr von Laien besetzt und beherrscht wird. Zudem erleichtern es die Anbieter der Generatoren, geeignete Prompts zu finden, und multimodale Optionen etablieren sich, sodass Eingaben mit unterschiedlichen Formaten möglich sind. Dass generative KI bestimmte Anfragen ablehnt, aus moralischen, rechtlichen oder ideologischen Gründen, ist Thema von Informationsethik und Medienethik. Rechtsethik, Rechtswissenschaft und Rechtsprechung untersuchen, inwieweit Prompts schützenswertes geistiges Eigentum darstellen.

Prompt Design

Beim Prompt Design geht es nach Natalie Solbach darum, einen Prompt so zu gestalten, „dass der Output der KI möglichst genau dem entspricht, was man sich als Ergebnis vorgestellt hat – zum Beispiel einen Text zu einem gewissen Thema unter Berücksichtigung einer bestimmten Zielgruppe, Länge und Tonalität oder ein Bild im Stil seines Lieblingskünstlers in Kombination mit bestimmten Farben, Texturen …" (Solbach 2023). In diesem Sinne sind

Prompt Engineering

Der Ausdruck „Prompt Engineering", so Natalie Solbach, wird von manchen Leuten als umfassender als der des Prompt Design betrachtet, da sie ihm auch die Entwicklung von Prompts zur gezielten Verbesserung von Sprachmodellen zuschreiben. „Das Modell soll damit weiter lernen, um immer noch bessere und zuverlässigere Ergebnisse für seine Nutzer zu generieren. So werden in Trainingsphasen Schwachstellen angegangen und Fehler minimiert." (Solbach 2023) Damit können Endbenutzer Prompt Engineering betreiben, aber vor allem Forscher und Entwickler. Finetuning hat gegenüber Prompt Engineering einige Vorteile, aber auch Nachteile – so ist es oft schwieriger umzusetzen und ressourcenintensiv.

Prototyp

Ein Prototyp (gr. „protos": „Erster"; gr. „typos": „Urbild", „Vorbild", „Gestalt") ist ein Modell, das in Wissenschaft oder Wirtschaft erstellt wird, um die wesentlichen Elemente bzw. Funktionen eines erdachten und gewünschten Bauteils oder Produkts zu zeigen. Es sollen damit Ideen überprüft, Reaktionen getestet und Sponsoren gefunden werden. Grundsätzlich will man demonstrieren, dass etwas im Prinzip umsetzbar ist. Prototypen spielen in der Technik und in der Informatik eine große Rolle. Ein Prototyp geht oft über ein statisches Modell hinaus und kann dynamische Züge haben bzw. durch den Benutzer (etwa den möglichen Kunden) manipuliert werden. Digitale Zwillinge können als virtuelle Prototypen eingesetzt werden. Allerdings bilden sie hauptsächlich fertige Produkte (sowie Produktionsstätten und -prozesse) ab und unterstützen eine Weiterentwicklung. Virtuelles Prototyping hat eine gewisse Tradition und kann Kosten sparen. Mit dem 3D-Druck haben sich neue, ebenfalls relativ günstige Möglichkeiten für Prototypen und Modelle überhaupt eröffnet (Rapid Prototyping).

Prototypen sind essenziell für den Entwicklungsprozess. War ihre Herstellung früher u. U. mit erheblichen Kosten verbunden, kann heute durch moderne Mittel ein überzeugendes Ergebnis erzielt werden. Es gibt dennoch nach wie vor Ausprägungen, etwa im Automobilbereich, die einen hohen Aufwand verursachen, der sich freilich rechnen mag. Der Frage, ob ein Prototyp falsche Vorstellungen vermittelt und damit zu falschen Entscheidungen führt, können Wissenschaftsethik und Wirtschaftsethik – vor allem in ihrer Form als Unternehmensethik – nachgehen. Zahlreiche Chatbots und Sprachassistenten sind Prototypen und bleiben auch solche. Man will mit ihnen bestimmte Chancen und Risiken aufzeigen und das Feld der Maschinenethik erkunden, wie mit dem LIEBOT, der eine Münchhausen-Maschine und zugleich eine unmoralische Maschine ist, oder dem GOODBOT, der auf Probleme des Benutzers adäquat reagiert und als moralische Maschine verstanden werden kann. GPTs sind ebenfalls oft Prototypen und Showcases oder spielen in Studien – etwa zur Benutzerakzeptanz oder zum Lernverhalten – eine temporäre Rolle.

Pseudonym

In virtuellen Räumen – in Kommentarbereichen von Onlinemedien, in Chats, Diskussionsforen, Internetspielwelten und Communitys aller Art – geben sich Benutzer oft Pseudonyme, u. a. in Form von Nicknames oder Abkürzungen, sei es aus Gründen der Anonymität, sei es, um in eine bestimmte Rolle oder einen bestimmten Charakter zu schlüpfen und damit in spielerischer Weise die Identität zu wechseln. Die Informationsethik untersucht den Wandel der Selbst- und Fremdwahrnehmung und, damit zusammenhängend, der Moralität.

Q

Qualität

Qualität ist die Güte von Produkten, Prozessen, Dienstleistungen oder auch von Kompetenzen und Handlungen von Personen. Sie setzt sich immer aus mehreren Eigenschaften zusammen, und die Qualitätsbestimmung ist stets abhängig von der Zielgruppe, den Zielen, der Umwelt und dem Ressourceneinsatz.
Grundsätzlich ist zwischen einer objektiven Qualität, die sich auf vorab definierte und messbare Eigenschaften im Erstellungsprozess oder beim fertigen Produkt bezieht, und der subjektiven Qualität, die sich in der Zufriedenheit eines Kunden oder Benutzers mit einem Produkt oder einer Dienstleistung manifestiert, zu unterscheiden.
Qualität kann entweder produkt- und dienstleistungsbezogen (mit Blick auf Funktionen und Merkmale) verstanden werden, oder kundenbezogen, also hinsichtlich der Erfüllung von Kundenbedürfnissen. Um die definierten Qualitätsziele zu erreichen, bedarf es einer Qualitätssicherung.

Bei generativer KI ist Qualität ein wesentlicher Faktor für Akzeptanz und Marktführerschaft. Wurden beispielsweise Bildgeneratoren am Anfang noch Fehler verziehen, wie die Darstellung von Händen mit sechs Fingern, sinkt die Akzeptanz, wenn die Qualität bei den Konkurrenten steigt und dort kaum noch Fehler auftreten, sodass etwa mehrheitlich Hände mit fünf Fingern zu sehen sind.

Qualitätssicherung

Qualitätssicherung stellt Methoden bereit, um die Qualität in allen Prozessen und für alle Produkte, Dienstleistungen und Beteiligten zu gewährleisten und zu verbessern. Qualitätssicherung kann in die drei Bereiche Qualitätsplanung, -steuerung und -kontrolle untergliedert werden. Bei der Qualitätsplanung werden die Qualitätskriterien sowie die Komponenten, auf die diese angewendet werden, bestimmt. Die Qualitätssteuerung regelt Durchführung und Überwachung der Qualitätssicherungsverfahren. Im Rahmen der Qualitätskontrolle findet eine Überwachung der Einhaltung der Kriterien sowie der sachgerechten Durchführung der Qualitätssicherungsmaßnahmen statt. In bestimmten Bereichen nennt man Qualitätssicherung auch Audit, etwa in der Ethik und in der Ökologie. Zusammenhänge gibt es mit der Evaluation. Nicht zuletzt kann man Reinforcement Learning from Human Feedback, wie es bei Sprachmodellen verbreitet ist, als Qualitätssicherungsmaßnahme sehen.

R

Rassismus

Wenn man bei Bildgeneratoren wie DALL-E 3 nach einem schwarzen Arzt verlangt, der einen weißen Patienten behandelt, wird diese Eingabe – zumindest in Tests von 2023 – meist umgedeutet. ChatGPT, die ebenfalls auf dem Sprachmodell von OpenAI basierende Schnittstelle zu DALL-E 3, scheint der Meinung zu sein, dass die umgekehrte Konstellation der Normalfall ist. Man sieht i. d. R. einen weißen oder hellhäutigen Arzt, der einen schwarzen Patienten behandelt. Die Farbigen sind in diesen Momentaufnahmen attraktive und muskulöse Männer. Der Arzt ist selten eine Frau.
Manche Bilder wirken regelrecht befremdlich. Der Patient scheint dem Arzt ausgeliefert zu sein. Er wirkt wie ein Objekt neben dem Menschen oder wie ein Objekt des Menschen. Der Arzt triumphiert über den Patienten – oder über seine Krankheit? Dabei scheinen alle vor Gesundheit zu strotzen, was natürlich täuschen kann. In seltenen Fällen bekommt der Benutzer das, was er mit seinem Prompt verlangt hat, eben einen schwarzen Arzt, der einen weißen Patienten behandelt. Das kann man als Rassismus deuten, wie immer er in das System gekommen ist.

Recht am eigenen Bild

Das Recht am eigenen Bild ist das Recht einer Person, über die Veröffentlichung und Verbreitung einer Fotografie, die sie klar und deutlich zeigt, selbst bestimmen zu können. Es gilt, unterschiedlich geregelt, in mehreren europäischen Ländern. Das Erstellen des Abbilds kann das allgemeine Persönlichkeitsrecht tangieren und muss im Einzelfall beurteilt werden.
Manche Bildgeneratoren wie Ideogram erlauben die Darstellung von Zeitgenossen, andere wie DALL-E 3 nicht, was mit dem Recht am eigenen Bild zusammenhängen mag. Man kann die letztgenannten Bildgeneratoren oft überlisten, etwa indem man sich eine genaue Beschreibung der Person geben und auf dieser Grundlage, ohne Nennung des Namens, das Bild anfertigen lässt.

Rechte

Rechte im moralischen Sinne werden i. d. R. denjenigen zugesprochen, die die Fähigkeit haben zu denken oder zu fühlen. Diese muss sozusagen prinzipiell vorhanden sein, sodass auch Wesen mit eingeschlossen sind, die man vorübergehend der Fähigkeit – etwa durch Narkotisierung oder Gewaltanwendung – beraubt hat. Wer Rechte hat, hat noch keine Pflichten; diese hat nur eine Person im engeren Sinne. Denken kann die Form von Interessen (Pläne, Wünsche etc.) annehmen, Fühlen die Form von Leiden oder Glück. Die Wahrnehmung von Rechten kann in der Bewahrung von Interessen bestehen oder in der Maximierung von Glück bzw. in der Minimierung von Leiden. Der Utilitarismus in seinen verschiedenen Ausprägungen ist die dazugehörige Strömung. Existenzielle Rechte werden auch Grundrechte genannt.
Kinder sind nach der vorgetragenen Argumentation ebenso Träger von Rechten wie Tiere. Mindestens allen geborenen Menschen kommen Menschenrechte zu, mindestens allen höheren Tieren Tierrechte. Die Tierethik begründet Tierrechte oder Grundrechte von Lebewesen und sucht nach Argumenten über die Empfindungs- und Leidensfähigkeit hi-

naus, wie der Interessensbekundung oder dem Lebenswillen. Roboter und Computer sind keine Objekte der Moral in diesem Sinne. Dass sie Subjekte der Moral sein können, ist das Thema der Maschinenethik. Ob der Zugang zum Internet zu den Grundrechten gehört, ist umstritten und wird von der Informationsethik abgehandelt.

Referenzierbarkeit

Insbesondere an Schulen und Hochschulen, aber auch in den Medien kristallisiert sich das Problem heraus, wie Texte von Textgeneratoren in wissenschaftlichen oder fachlichen Arbeiten und Artikeln verwendet werden können. Wenn sie einfach in die eigenen ohne Verweis eingebaut werden, ist die Selbstständigkeit der Leistung nicht mehr vorhanden, was oft gegen die Vorschriften verstößt. Womöglich kann man von einem neuartigen Plagiat sprechen, selbst wenn die natürliche Person fehlt, deren Werk man sich aneignet, ebenso wie das ihr zugeordnete Werk. Der rechtlich zweifelsfreie Begriff ist sicherlich der der Täuschung. Wenn referenziert wird, ist die Frage, worauf – denn es handelt sich nicht um eine eigentliche Veröffentlichung, nicht einmal um graue Literatur. Das Ergebnis, das sich von Anfrage zu Anfrage ändert, bekommt i. d. R. nur der Benutzer angezeigt, außer in Communitys, die alles offenlegen (was dennoch zu keiner eigentlichen Publikation führt).

Regulierung

Regulierung im Sinne von Marktregulierung bezeichnet nach Bernd-Thomas Ramb die Verhaltensbeeinflussung von Unternehmen und Konsumenten durch gesetzgeberische Maßnahmen mit dem Ziel der Korrektur bzw. der Vermeidung von vermutetem Marktversagen, etwa zur Verhinderung von monopolistischem Machtmissbrauch und ruinöser Konkurrenz. In Deutschland ist die Bundesnetzagentur für Elektrizität, Gas, Telekommunikation, Post und Eisenbahnen regulierend tätig. Nach eigener Aussage will sie nicht zuletzt Verbraucherrechte stärken. In

den Medien, in der Politik und in der Wissenschaft wird die Art und Weise der Regulierung von Facebook, Google, Twitter bzw. X und Co. diskutiert. Auch Robotik- und KI-Unternehmen werden mehr und mehr betroffen sein.
Der Artificial Intelligence Act der EU-Kommission verfolgt einen risikobasierten Ansatz auf drei Stufen. Minimales Risiko: Die große Mehrheit der KI-Systeme fällt in die Kategorie des minimalen Risikos und wird kaum reguliert (z. B. KI-gestützte Empfehlungssysteme oder Spam-Filter). Hohes Risiko: KI-Systeme, die als hochriskant eingestuft werden, müssen strenge Anforderungen erfüllen (z. B. bestimmte kritische Infrastrukturen, etwa in den Bereichen Wasser, Gas und Strom; medizinische Geräte; Systeme zur Bestimmung des Zugangs zu Bildungseinrichtungen oder zur Rekrutierung von Personen). Unannehmbares Risiko: KI-Systeme, die als eindeutige Bedrohung für die Grundrechte der Menschen angesehen werden, werden verboten (z. B. KI-Systeme oder -Anwendungen, die das menschliche Verhalten manipulieren, um den freien Willen der Nutzer zu umgehen; Systeme zur Erkennung von Emotionen am Arbeitsplatz oder zur Massenüberwachung in öffentlichen Räumen).

Reinforcement Learning from Human Feedback

Reinforcement Learning (RL) ist eine Methode im Machine Learning, bei der Agenten ihre Aktionen auf der Grundlage von Interaktionen mit der Umgebung verbessern, damit sie möglichst viele Belohnungen erhalten. Bei Sprachmodellen wie GPT spielt RL eine wichtige Rolle.
Mit Reinforcement Learning from Human Feedback (RLHF) – auch Reinforcement Learning with Human Feedback genannt – kann man die Klassifikation und Evaluation durch Arbeitskräfte – oft Billiglohnarbeiter, die in Afrika oder Südamerika sitzen –einbeziehen. Mit ihrem Feedback wird ein Belohnungssystem trainiert, das wiederum – um ein Beispiel zu nennen – einen Chatbot trainiert.

Replika

Replika ist ein Chatbot, der auf künstlicher Intelligenz basiert. Er wurde 2017 der Öffentlichkeit vorgestellt. Er kann über eine Website oder über eine App aufgerufen werden. Das Replika-Projekt wurde von Eugenia Kuyda und Phil Dudchuk mit der Idee begonnen, ein persönliches KI-System zu schaffen, das einem hilft, sich auszudrücken, zu beobachten und „zu erfahren". Zu diesem Zweck bietet es ein hilfreiches Gespräch an. So sehen es zumindest die Macher und formulieren es auf ihrer Website replika.ai. Es sei ein Raum, in dem man seine Gedanken, Gefühle, Überzeugungen, Erfahrungen, Erinnerungen und Träume sicher teilen kann, eine „private perceptual world". Replika stellt viele Rückfragen, fordert gar ein Selfie des Benutzers an, lernt aus den Antworten und zeigt Emotionen und Empathie, natürlich ohne solche zu haben. Joshua Bote erläuterte in einem Artikel den Hintergrund von Replika. 2015 starb ein Freund von Kuyda. Sie begann damit, seine Textnachrichten in einen Chatbot zu überführen. Aus diesem wurde nach und nach eine Urform von Replika.

Responsible AI

Mit dem Begriff der Responsible AI (engl. „AI" steht für „artificial intelligence") werden Bestrebungen zusammengefasst, Systeme künstlicher Intelligenz in verantwortungsvoller Weise zu entwickeln respektive einzusetzen und Systeme zu schaffen, die über bestimmte Merkmale und Fähigkeiten – etwa sozialer oder moralischer Art – verfügen. Angesprochen werden damit u. a. Erklärbarkeit (Explainable AI), Vertrauenswürdigkeit (Trustworthy AI), Datenschutz, Verlässlichkeit und Sicherheit. Der Ausdruck hat sich allmählich seit der Jahrtausendwende und dann verstärkt ab ca. 2010 verbreitet. Er wird – wie „Explainable AI" und „Trustworthy AI" – vielfach im Marketing von Staaten und Verbünden wie der EU, technologieorientierten Unternehmen bzw. Unternehmensberatungen sowie wissenschaftsfördernden Stiftungen verwendet, die sich, ihre Produkte, ihr Consulting und ihr Funding ins rechte Licht rücken wollen. Er kann aber ebenso den Namen einer Forschungsgruppe mit entsprechender Ausrichtung schmücken. Responsible AI kann als Arbeitsgebiet der Künstlichen Intelligenz oder von Informations-, Roboter- und Maschinenethik angesehen werden, zudem als gewünschtes Ergebnis dieser Disziplinen, womit ein normativer Charakter gegeben wäre, entweder mit Blick auf Forschung und Entwicklung oder auf die Anwendung. Entsprechend würde man fordern, dass nur bestimmte, etwa moralischen und sozialen Kriterien genügende KI-Systeme hervorgebracht oder betrieben werden sollen. Während in KI, Informationsethik und Roboterethik vor allem das verantwortungsbewusste Handeln des Herstellers oder Entwicklers thematisiert und mit Entscheidungen von Ethikkommissionen und mit ethischen Leitlinien flankiert wird, programmiert die Maschinenethik den Systemen bestimmte moralische Regeln ein, die entweder strikt befolgt oder je nach Situation adaptiert werden. Die entstehende künstliche oder maschinelle Moral, die menschliche simuliert, kann vor allem bei autonomen Systemen, die in überschaubaren und beschränkten Räumen unterwegs sind, als sinnvolle Lösung gelten, etwa bei Haushaltsrobotern oder Sicherheitsrobotern auf dem Betriebsgelände.

Wissenschaft, mithin wissenschaftliche Methoden gebrauchende Ethik, verfolgt in erster Linie Erkenntnisgewinn. Ein Arbeitsgebiet, das sich verantwortungsvollen Systemen (also solchen, die verantwortungsvoll entwickelt oder mit bestimmten Regeln und Grenzen ausgestattet werden) verschrieben hat, kann dieses Ziel durchaus erreichen. Problematisch wird es, wenn Responsible AI zur allgemeinen Forderung wird, und zwar zunächst eben aus philosophischen und wissenschaftstheoretischen Gründen. Im Labor darf durchaus auch „verantwortungslose KI" entstehen, wenn dies dem Erkenntnisgewinn dient, wie ein Gesichtserkennungssystem, eine Münchhausen-Maschine (eine Maschine, die in entliehener Absicht die Unwahrheit sagt) oder ein autonomer Kampfroboter. Per Gesetz kann dann bestimmt werden, was in der Praxis zulässig ist. Wenn ein Moralisieren in die Wissenschaft einzieht, ist das dieser nicht zuträglich, da es sie beschränkt, was nicht bedeutet, dass in ihr alles möglich sein soll – so gibt es gute Gründe, Tierversuche abzulösen, Genmanipulationen zu beschränken und das Abgreifen von Fotos auf Plattformen für den Zweck von Machine Learning und Deep Learning zu verbieten. Es ist weiter die Frage, wer überhaupt definiert, was verantwortungsvoll ist, und wer davon profitiert, dass bestimmte Systeme entstehen und andere nicht. Letztlich ist „Responsible AI" ein diffuser Begriff, der hohe Erwartungen weckt, jedoch kaum erfüllt. Das könnten Spezifikationen ein Stück weit ändern.

Die Internationale Organisation für Normung (ISO) und die Internationale Elektrotechnische Kommission (IEC) haben 2023 eine internationale Norm, nämlich ISO/IEC 42001, bereitgestellt. Das entsprechende Dokument – so steht es unter „Scope" – spezifiziert die Anforderungen und bietet eine Anleitung für die Einrichtung, Implementierung, Aufrechterhaltung und kontinuierliche Verbesserung eines KI-Managementsystems im Kontext einer Organisation. Es sei für Organisationen gedacht, die Produkte oder Dienstleistungen anbieten oder nutzen, welche KI-Systeme verwenden. Es solle der Organisation helfen, KI-Systeme verantwortungsvoll zu entwickeln, bereitzustellen oder zu nutzen, um ihre Ziele zu verfolgen und die geltenden Anforderungen, Verpflichtungen gegenüber interessierten Parteien und die Erwartungen an diese zu erfüllen.

Ressourcen

Ressourcen sind Bestände und Mittel, die bestimmten Zielen und Zwecken dienen, wie der Erstellung und Bereitstellung von Produkten und Dienstleistungen. In der Wirtschaft gehören immaterielle und materielle Güter wie Betriebsmittel, Geld, Energie, Rohstoffe und Menschen dazu. Natürliche Ressourcen entstammen der Natur, personelle werden in Organisationen von der Belegschaft und gegebenenfalls von Aushilfskräften gebildet, die für eine vertraglich vereinbarte Arbeitszeit zur Verfügung stehen. Das Ressourcenmanagement ist dazu da, Ressourcen in der Organisation festzulegen und optimal einzusetzen.

Um beispielsweise eine Möbelfabrik zu betreiben, benötigt man zunächst Betriebsmittel wie ein Grundstück, ein Gebäude und Maschinen. Man erwirbt oder mietet diese mit Geld. Dieses braucht man auch für das Bezahlen der Energie, etwa den Strom der Produktionsanlage, der Rohstoffe, etwa das Holz, und der Arbeitskraft. Die Produktion der Möbel ist häufig mit Netzwerkressourcen wie Dateien (die Angaben zur Konstruktion oder zur Verfügbarkeit von Ressourcen enthalten können) verbunden. Die Industrie 4.0 mit ihrer Smart Factory ist durch einen Abbau der personellen und den Aufbau der technischen Ressourcen gekennzeichnet.

Wenn man Ressourcen lediglich als Mittel für bestimmte Zwecke begreift, was im Begriff bereits angedeutet ist, neigt man dazu, sie auszuschöpfen und auszubeuten. Gerade bei natürlichen Ressourcen steht der instrumentelle Wert im Vordergrund, wobei man in der Umweltethik auch (etwa in Bezug auf Pflanzen und Tiere) nach ihrem intrinsischen fragen kann. Die Technikethik untersucht die Verantwortung der Technik, die der Ressourcenverwendung und -verschwendung dient, speziell auch das Verhältnis zwischen Technik und Natur, die Informationsethik die Veränderung (im Gebrauch) der Ressourcen angesichts der Digitalisierung, die Wirtschaftsethik die Verantwortung des Arbeitgebers gegenüber dem Arbeitnehmer als Humanressource.

Roboter

Roboter sind nach Thomas Christaller sensumotorische (sensomotorische) Maschinen zur Erweiterung der menschlichen Handlungsfähigkeit. Entsprechend bestehen sie aus mechatronischen Komponenten, Sensoren und rechnerbasierten Kontroll- und Steuerungsfunktionen. Die Komplexität eines Roboters unterscheidet sich nach demselben Autor deutlich von anderen Maschinen durch die größere Anzahl von Freiheitsgraden und die Vielfalt und den Umfang seiner Verhaltensformen. Mit dem Begriff der Freiheitsgrade sind Achsen bzw. Gelenke angesprochen. Neben der Erweiterung der Handlungsfähigkeit wäre die Abschaffung der Arbeitsmöglichkeit, die teilweise oder vollständige Ersetzung des Menschen durch die Maschine, zu nennen. Auch die Entscheidungsfähigkeit ist mehr und mehr von Relevanz, und die menschliche Autonomie, die wiederum an die Freiheit (auch von der Fremdgesetzlichkeit) denken lässt, wird durch die maschinelle (die einen anderen Charakter hat) verdrängt.

Unterscheiden kann man Roboter in verschiedene Typen wie Industrieroboter, Serviceroboter, Weltraumroboter und Kampfroboter, zudem in Hardwareroboter – zu denen die genannten Arten zählen – und Softwareroboter wie Chatbots, Social Bots, Agenten und Crawler. Seit einigen Jahren wird eine Brücke geschlagen zwischen Industrie- und Servicerobotern, und man darf sagen, dass Kooperations- und Kollaborationsroboter sozusagen Spuren des zweitgenannten Typs enthalten bzw. dass sie i. d. R. Industrieroboter sind, aber auch als Serviceroboter auftreten können, etwa im Pflege- und Therapiebereich.

Roboterethik

Die Roboterethik ist, so eine mögliche Auslegung, eine Keimzelle und ein Spezialgebiet der Maschinenethik. Gefragt wird danach, ob ein (weitgehend autonomer) Roboter ein Subjekt der Moral sein und wie man diese implementieren kann. Im Fokus sind auch mimische, gestische und natürlichsprachliche Fähigkeiten, sofern diese in einem moralischen Kontext stehen. Man kann indes nicht nur nach den Pflichten (oder, schwächer formuliert, Verpflichtungen bzw. Aufgaben), sondern ebenso nach den Rechten der Roboter fragen. Allerdings werden ihnen – im Gegensatz zu Tieren – solche üblicherweise nicht zugestanden. Nicht zuletzt kann man die Disziplin in einem ganz anderen Sinn verstehen, nämlich in Bezug auf Entwicklung und Herstellung und die Folgen des Einsatzes von Robotern, und in ihr Richt- und Leitlinien für den Gebrauch erarbeiten. In dieser Ausrichtung mag man sie in Technik- und Informationsethik verorten.
Die Robotik oder Robotertechnik beschäftigt sich mit dem Entwurf, der Gestaltung, der Steuerung, der Produktion und dem Betrieb von Robotern. Sie muss, was die Wirkung von Emotionen und die Glaubwürdigkeit von Aussagen, Handlungen und Bewegungen angeht, eng mit der Psychologie und der Künstlichen Intelligenz (KI) zusammenarbeiten. Je mehr ein Roboter durch sein Aussehen verspricht, desto perfekter muss er umgesetzt sein, damit er nicht unheimlich wirkt (Uncanny-Valley-Effekt). Das betrifft auch Fragen der Moral; von einem humanoiden Ro-

boter erwartet man adäquate Aussagen und Entscheidungen. Bei hohen Ambitionen in diesem Kontext muss sich die Robotik mit Roboter- und Maschinenethik sowie Roboterpsychologie zusammentun, nicht ohne kritische Fragen von Technikethik und Informationsethik zuzulassen. Über moralische Maschinen haben nicht bloß Wissenschaftler, sondern auch Schriftsteller nachgedacht. Robotiker, KI-Experten und Philosophen beziehen sich gerne auf den Science-Fiction-Autor Isaac Asimov und seine drei Robotergesetze („The Three Laws of Robotics"), die in einer Kurzgeschichte aus dem Jahre 1942 enthalten sind. Der Katalog ist hierarchisch aufgebaut und gibt so eine Priorisierung vor. Nach dem ersten Gesetz darf kein Roboter einen Menschen verletzen oder durch Untätigkeit erlauben, dass ein menschliches Wesen zu Schaden kommt. Nach dem zweiten muss ein Roboter den ihm von Menschen erteilten Befehlen gehorchen, es sei denn, einer davon würde mit dem ersten Gesetz kollidieren. Nach dem dritten muss ein Roboter seine Existenz beschützen, solange er dabei nicht mit dem ersten oder zweiten Gesetz in Konflikt kommt. Asimov hat in einem späteren Werk den Katalog erweitert und modifiziert. Aus wissenschaftlicher Sicht sind die Robotergesetze, so durchdacht und visionär sie sein mögen, nicht befriedigend.

Wenn es um die Moral von (und gegenüber) Maschinen ging, war man lange Zeit auf Roboter fokussiert. Zum einen erfüllten sie die Anforderung, mehr oder weniger autonome Systeme zu sein (wenn man Teleroboter einmal ausnimmt), zum anderen erweckten sie – gerade wenn es sich um humanoide Roboter handelte – den Eindruck, als müssten sie in sittlicher und sozialer Hinsicht mehr leisten können als normale Maschinen. Als sich zu den Robotern weitere (teil-)autonome Maschinen wie Softwareagenten, Chatbots, bestimmte Drohnen, Computer im automatisierten Handel und selbstständig fahrende Autos gesellten, war es vorbei mit der Einzigartigkeit. Der Vielfalt von Systemen mit ihren unterschiedlichen Möglichkeiten widmet sich die Maschinenethik, wobei sich diese auf Maschinen als Subjekte der Moral konzentriert. Der Begriff der Roboterethik wird sicherlich nicht verschwinden, allenfalls verstärkt auf Roboter als Objekte der Moral und als Verursacher von Problemen und Herausforderungen angewandt.

Roboterphilosophie

Roboterphilosophie (engl. „robot philosophy" oder „robophilosophy") ist ein Teilgebiet der Philosophie, das sich mit Robotern (Hardware- und Softwarerobotern) sowie mit Erweiterungsoptionen wie künstlicher Intelligenz (KI) befasst. Dabei geht es vor allem (aber nicht nur) um mehr oder weniger autonome Serviceroboter, Pflege-, Transport- und Kampfroboter eingeschlossen, und um Chatbots und virtuelle Assistenten, und nicht allein um die Entwicklungs-, sondern auch die Ideengeschichte, angefangen bei den Werken von Homer und Ovid bis hin zu Science-Fiction-Büchern und -Filmen. Beteiligt sind Disziplinen wie Erkenntnistheorie, Ontologie, Ästhetik und Ethik, darunter Roboterethik und Maschinenethik; die Technikphilosophie kann einerseits als übergeordnete Instanz verstanden werden, andererseits auch als gleichgestellte, insofern sie Roboter meist lediglich als technische Hilfsmittel und weniger als künstliche Mitgeschöpfe und Zeitgenossen begreift und die Roboterphilosophie mit ihrer spezifischen Perspektive neben sich braucht. Die Philosophie ist die Lehre vom Erkennen und Wissen und die Prinzipien- und Methodenlehre der Einzelwissenschaften, als deren Ursprung und Rahmen sie angesehen werden kann, durchaus auch von Robotik und Informatik.

Die Roboterphilosophie wendet ihren Blick scheinbar zunächst weg vom Menschen (den sie freilich ständig als Vorbild bemüht) und stellt Fragen zu den Eigen- und Beschaffenheiten von Robotern. Kann der Begriff der Autonomie sinnhaft auf diese angewandt werden? Können sie eines Tages, mittels Sensoren und Formen der künstlichen Intelligenz, Bewusstsein erlangen? Können sie eines Tages denken, fühlen und leiden? Wie Menschen, wie Tiere oder in anderer Weise? Was können sie (wiederum im Vergleich zu Menschen, nach denen die Philosophie im Allgemeinen fragt) erkennen und wissen? Wie wichtig ist ihr funktionsfähiger Körper, sind mimische und gestische Fähigkeiten? Sollen Roboter wie Menschen gestaltet werden, als Androiden, oder wie Tiere – oder als abstrakte Gebilde? Zusammen mit der Roboterethik untersucht die Roboterphilosophie die Möglichkeit von Rechten von Robotern, zusammen mit der Maschinenethik von Pflichten, wobei diese ebenso schwächer als Verpflichtungen oder einfach als Vorschriften, die Maschinen einzuhalten haben, gedeutet werden können. Selbstlernende Systeme sind allerdings in der Lage, eigene moralische Haltungen (im weitesten Sinne) einzunehmen, was wiederum von der Roboterphilosophie erörtert werden mag. Diese fragt zudem, zusammen mit Informationsethik, Technikethik, Roboterethik, Wirtschaftsethik und Technikfolgenabschätzung, nach den Folgen des Einsatzes von Robotern, etwa dem Vorhandensein, der Veränderung und der Bewertung menschlicher Arbeit. Dabei geht es nicht bloß um Service-, sondern auch um Industrieroboter.

Robotiker warnen regelmäßig davor, (Hardware-)Roboter und künstliche Intelligenz gleichzusetzen. Tatsächlich haben Robotik und Künstliche Intelligenz (wie der Name für ihren Gegenstand mit „KI" abgekürzt) eine unterschiedliche Entstehungsgeschichte, und ihre Entwicklungen müssen zunächst getrennt betrachtet werden. Ohne Zweifel können Roboter aber dank der Teildisziplin der Informatik ganz neue Möglichkeiten gewinnen, und bei einer entsprechenden Integration wirken sensomotorische Einheit und künstliche Intelligenz zusammen. Bei Softwarerobotern und KI-Systemen besteht häufig eine noch engere Beziehung, bis hin zur Verschmelzung. Andere Experten beanstanden die Überhöhung von Robotern. Diese sind und bleiben sicherlich Maschinen (selbst wenn sie in Organismen eingepasst werden, sodass Cyborgs resultieren), und es kann zum Beispiel nicht überzeugend begründet werden, warum sie Rechte erhalten sollten; eine Leidensfähigkeit etwa ist derzeit nicht in Sicht. Unbestritten kann man ihnen moralisch begründete Regeln einpflanzen, ohne dass sie ein Bewusstsein davon haben, was sie tun und warum sie es tun. Eine weitere Kritik betrifft das Reden über Roboter. Einige Experten sind der Meinung, dass diese nicht entscheiden, nicht handeln etc. Allerdings wird es schwierig bei einer solchen Striktheit, überhaupt über bestimmte Roboter zu sprechen, und vermutlich darf man Metaphern zulassen, die nicht überdehnt und die unmissverständlich sind.

Letztlich sind Roboter, nicht nur Serviceroboter, neuartige, merkwürdige, unvollständige Subjekte (mithin der Moral), mit denen wir uns Lebensräume teilen, die ihre Umwelt und uns beobachten und bewerten, um reagieren und menschliche Subjekte informieren zu können. Dabei werden sie auch wirtschaftlich immer relevanter, gerade dann, wenn sie die Käfige der Fabriken verlassen, als Kooperations- und Kollaborationsroboter (Cobots) eng mit uns in der Produktion und in der Logistik zusammenarbeiten und als Serviceroboter auf Straßen und Plätzen, in Einkaufszentren, an Hotelrezeptionen und im Haushalt uns ergänzen und ersetzen. In diesem Zusammenhang sind Ideen und Konzepte wie Robotersteuer und Roboterquote (etwa für öffentliche Räume) zu diskutieren.

Robotik

Die Robotik oder Robotertechnik beschäftigt sich mit dem Entwurf, der Gestaltung, der Steuerung, der Produktion und dem Betrieb von Robotern, z. B. von Industrie- oder Servicerobotern. Bei anthropomorphen oder humanoiden Robotern geht es auch um die Herstellung von Gliedmaßen und Haut, um Mimik und Gestik sowie um natürlichsprachliche Fähigkeiten. Im Fokus sind Hardwareroboter mit Hard- und Software. Reine Softwareroboter (Bots) werden in erster Linie in der Informatik entwickelt, Nanoroboter in der Zukunft in der Nanotechnologie. Die Robotik integriert Ansätze aus Maschinenbau, Elektrotechnik und Informatik, insbesondere Künstlicher Intelligenz (KI), wobei Sprachmodelle für Steuerung und Wahrnehmung immer wichtiger werden. Sie muss eng mit Mensch-Maschine-Interaktion, Psychologie, Soziologie (Soziale Robotik) und Philosophie (Maschinenethik) zusammenarbeiten. Die Ergebnisse der Robotik sind wichtig u. a. für Wirtschaft (Industrie-, Landwirtschafts- und Serviceroboter), Wissenschaft (Forschungs- und Experimentierroboter), Gesellschaft (Serviceroboter, Assistenzsysteme), Gesundheitswesen (Pflege- und Therapieroboter), Verkehrswesen (Roboterautos) und Militärwesen (Kampfroboter). Die Robotik entwickelt sich neben und mit der Informatik (mitsamt KI) zu einer der Leitdisziplinen des 21. Jahrhunderts, was im Fach selbst nicht durchgehend ausreichend reflektiert wird. Die sozialen und moralischen Implikationen des Einsatzes der Maschinen sind Gegenstand von Technikfolgenabschätzung, Technikethik, Informationsethik und Roboterethik. Auch die Wirtschaftsethik ist von Bedeutung, da menschliche durch maschinelle Arbeitskraft unterstützt und ersetzt wird. Neue Herausforderungen entstehen nicht zuletzt für Rechtswissenschaft (Roboterrecht), Rechtsprechung und Gesetzgebung.

Robozän

Der Ausdruck „Robozän" steht für die womöglich auf das Anthropozän folgende Epoche, in der Roboter und Systeme mit künstlicher Intelligenz mit uns in allen wesentlichen Bereichen koexistieren, kooperieren und kollaborieren und für das Überleben von Lebewesen unverzichtbar geworden sind. Sie kämpfen mit diesen dann allerdings auch um Ressourcen wie Energie und teilen sich mit ihnen den Raum. Sie gewinnen eine Umwelt hinzu, die wir berücksichtigen müssen, ohne zu rücksichtsvoll zu sein.

Rolle

Der Begriff der Rolle ist vielschichtig. In der Soziologie bezeichnet man damit ein System von Verhaltensweisen, die durch die Erwartungen und Vorgaben der Gesellschaft dem Einzelnen gemäß seiner sozialen Position abverlangt werden. Allgemeiner kann man Rollen auch als Verantwortungen, Aufgaben, Kompetenzen, Eigenschaften und Verhaltensweisen von Personen und Gruppen in einem bestimmten Kontext und unter einer bestimmten Zielsetzung ansehen.

Rollen verändern sich durch externe Faktoren (Umwelt im weitesten Sinne, strukturelle Veränderungen, inhaltliche Neuausrichtung), ihre Träger (Geschlechtsumwandlung, persönliche Neuausrichtung, Kompetenzenerwerb und -verlust) und ihre Neubestimmung (Änderung bei der Verantwortung, Aufgabenerweiterung und -einschränkung).

Soziale Roboter und Chatbots nehmen unterschiedliche Rollen ein, etwa die des Social Enabler oder des Companion. Im Bildungsbereich sind es u. a. diejenigen von Lehrkräften, Mentoren, Coaches und Peers (insgesamt Learning Companions, bei Softwarerobotern Virtual Learning Companions). Ein Sexroboter kann einen Sexsklaven oder eine Domina spielen. Bei manchen sozialen Robotern, Chatbots und Sprachassistenten sind die Persönlichkeiten und Rollen auswechselbar.

S

Schönheit

Schönheit (engl. „beauty") im allgemeinen Sinne ist eine visuelle, akustische, haptische oder ideelle Kategorie, die etwa das Schönsein des Himmels am Tag und in der Nacht, der Natur, eines Körpers, eines Gesichts, eines Gegenstands, eines Kunstwerks oder einer Formel umfasst. Sie ist nicht einfach eine (objektive) Eigenschaft, aber auch nicht einfach eine (subjektive) Setzung. Man kann hormonelle und genetische Faktoren ebenso anführen wie Prinzipien in der Art des Goldenen Schnitts. Etwas, was schön ist, ist das Schöne, das sich seit der Antike neben den Werten und Zielen des Wahren und Guten behauptet. Dem gegenüber steht das Hässliche, das wiederum dem Zustand des Hässlichseins und der Kategorie der Hässlichkeit zugeordnet werden kann. Eine Schönheit im speziellen Sinne ist ein schöner (meistens weiblicher) Mensch oder, als Ausnahme, ein schönes Tier. Entsprechend den Dimensionen der Kategorie kann man Schönheit betrachten, sie hören, betasten oder erkennen. Dass die Schönheit im Auge des Betrachters liegt, wie ein altes Sprichwort sagt, betont das Subjektive der Wahrnehmung. Ergänzen könnte man, dass viele Betrachter ähnliche Augen haben, also einen vergleichbaren

Geschmack, was evolutionsbiologisch begründbar ist. Neben den Sinnesorganen sind die Kommunikationsfähigkeiten von Belang. Die Schönheit der Sprache erfreut uns bei einem Gedicht, wie die der (akustisch erfahrbaren) Stimme, wenn es gesprochen wird. In besonderer Weise wird Schönheit mit dem menschlichen Körper verbunden, mit seiner Nacktheit oder mit seiner kunstvollen, verführerischen Ummantelung und Verhüllung.

Die Schönheit ist u. a. ein Sujet der Philosophie. Plato bestimmt in seinem „Symposion" (um 380 v. u. Z.) das Schöne durch Maß, Angemessenheit und Proportioniertheit. Man erkennt einen Körper, dann mehrere Körper als schön, bis man sich vom Körperlichen löst und die Schönheit in den Seelen erblickt. Aristoteles führt in seiner „Metaphysik" Ordnung, (Wohl-)Proportioniertheit und Bestimmtheit an und entdeckt sie, wie schon Pythagoras, in der Mathematik. Alexander Gottlieb Baumgarten gilt mit seiner Dissertation „Meditationes philosophicae de nonnullis ad poema pertinentibus" (1735) und dem Werk „Aesthetica" als Begründer der Ästhetik, der Lehre von Schönheit und Kunst, die sich mit der Erkenntnis mithilfe der Sinne (und nicht des Verstands wie im Falle der Logik) beschäftigt. David Hume führt in „Über die Regel des Geschmacks" („Of the Standard of Taste") von 1745 aus, dass es für die Erkenntnis von Schönheit vor allem Übung braucht. Nach Immanuel Kants „Kritik der Urteilskraft" (1790) haben ästhetische Urteile trotz ihrer subjektiven Herkunft einen Anspruch auf Allgemeingültigkeit. Georg Wilhelm Friedrich Hegel sieht in seinen „Vorlesungen über die Ästhetik" (posthum 1835) das Schöne als „das sinnliche Scheinen der Idee" und verortet es in der Kunst. Nach Friedrich Nietzsches „Zur Genealogie der Moral" von 1887 ist die Schönheit falsch, die Wahrheit hässlich, und die Kunst ist dazu da, dass wir – von ihr getäuscht – nicht an der Wahrheit zugrunde gehen. Theodor W. Adornos „Ästhetische Theorie" (posthum 1970) widmet sich der Krise der Kunst und vertieft sich in das Naturschöne, das dem Kunstschönen gegenüberliegt. In der zeitgenössischen Philosophie hat die Schönheit als Objekt an Relevanz verloren, was keineswegs gerechtfertigt erscheint.

Neben der Philosophie bringen sich u. a. Disziplinen wie Psychologie (mitsamt der Evolutionspsychologie), Soziologie (mitsamt der Kunstsoziologie), Biologie (mitsamt der Evolutionsbiologie) und Literatur-

und Kunstwissenschaft ein. Die Psychologie erforscht über Experimente, was Menschen schön und hässlich finden. Sie nutzt Befragungen und Beobachtungen und misst Gehirnaktivitäten (etwa über die Elektroenzephalografie, die zu einem Elektroenzephalogramm führt) und Körperreaktionen (wie Veränderungen bei Herzfrequenz und Schweißsekretion) beim Betrachten von Dingen und Menschen bzw. Bildern davon. Die Soziologie interessiert sich für die gesellschaftlich geprägten Wertvorstellungen und Schönheitsideale im Wandel der Zeit, die Kunstsoziologie für die gesellschaftlich geprägten Voraussetzungen der Kunst. Zu den sogenannten schönen Künsten zählen bildende Kunst, Musik, Literatur und darstellende Kunst. In der Literaturwissenschaft wird das Schöne der schönen oder schöngeistigen Literatur untersucht, in der Musikästhetik das von Kompositionen und Konzerten, in der Kunstwissenschaft, an Hegel anknüpfend, das der Kunst im engeren Sinne, etwa der Malerei und Bildhauerei. Die Evolutionsbiologie arbeitet – zuweilen zusammen mit der Evolutionspsychologie – heraus, dass Schönheit und Jugend ein inniges Verhältnis haben. Das körperliche Begehren richtet sich seit jeher auf den jungen, straffen, wohlproportionierten Körper, der Gesundheit, Fruchtbarkeit, Leistungsfähigkeit und Sicherheit verheißt. Entsprechend sind sowohl Männer als auch Frauen an Jugend interessiert, in ungleicher Ausprägung, wobei Macht und Wohlstand, die mit dem Alter einhergehen mögen, ebenfalls anziehend sind. Umberto Eco weist darauf hin, dass der Sinn für Schönheit nicht eins mit dem Begehren ist. Eine Attraktivitätsforschung, die sich auf den Menschen bezieht, wird seit den 1960er-Jahren betrieben. Sie bedient sich aus mehreren Disziplinen, u. a. aus Ökonomik und Evolutionspsychologie. In den Gender Studies wird die Schönheit entweder zur Verdächtigen, Verfemten und Verfolgten, von wenigen Vertretern eines klassischen Feminismus beschützt, oder zur Vielfältigen, die mit ganz unterschiedlichen Identitäten verbunden sein kann.

In den schönen Künsten ist die Schönheit von zentraler Bedeutung. In der Malerei stellt man Nacktheit zunächst unter dem Deckmantel der Schöpfungsgeschichte (Adam und Eva) und der Mythologie (höhere Gottheiten wie Aphrodite sowie niedere wie Nymphen) dar, dann in aller Offenheit, wobei „Die nackte Maja" (1795–1800) von Francisco José de

Goya y Lucientes und „Die große Odaliske" (1814) von Jean-Auguste-Dominique Ingres erste Höhepunkte bilden (nachdem bereits Jean-Honoré Fragonard zugunsten der Frivolität gewisse Grenzen überschritten hatte). Leonardo da Vinci und Albrecht Dürer entwerfen im 15. und 16. Jahrhundert Proportionsstudien und -figuren und nähern sich dem Thema damit auf analytische Weise. Pablo Picasso, Francis Bacon und Lucian Freud zeigen im 20. Jahrhundert die Schönheit in der Hässlichkeit, mit in sich versetzten, verdrehten und aufgedunsenen Körpern. Griechische und römische Skulpturen reproduzieren das Schönheitsideal der Antike, das dem der Gegenwart durchaus ähnelt. Michelangelo greift es mit seinem „David" (1501–1504) auf und bricht mit ihm zugleich. Fotografie und Film huldigen der Schönheit der (heranwachsenden oder erwachsenen) Frau ebenso wie der Schönheit des (heranwachsenden oder erwachsenen) Mannes. Helmut Newton und Annie Leibovitz fangen mit ihrem Fotoapparat auf unterschiedliche Art Models, Schauspieler und Politiker ein. Die Filmkamera verweilt auf den Gesichtern und Körpern von Brigitte Bardot („Die Verachtung" von 1963), Brooke Shields und Christopher Atkins („Die blaue Lagune" von 1980) oder Liv Tyler und Jeremy Irons („Gefühl und Verführung" von 1996, im Original „Stealing Beauty"). Dokumentationen lassen über die Schönheit von Bergen und Meeren, Pflanzen und Tieren staunen. Der Minnesang preist Anmut und Liebreiz einer „frouwe" (verheirateten Adligen) oder „juncfrouwe" (Jungfrau). Die Popmusik besingt die Schönheit von jungen Mädchen und Frauen, in lebensfrohen bis anzüglichen Texten, die mehrheitlich von Männern stammen. Die schöne Literatur ist eine Hommage an die unteren Altersklassen, von „Lolita" (Vladimir Nabokov) aus dem Jahre 1955 bis „Betty Blue" (Philippe Djian) aus dem Jahre 1985. Dass ein Dichter – wie im 17. Jahrhundert François Maynard in seiner Ode „La belle vieille" – eine schöne Alte anhimmelt, bleibt die Ausnahme. Science-Fiction und Fantasy lassen zudem vor dem inneren oder äußeren Auge die Schönheit von imaginierten Wesen erscheinen, ob diese ein Geschlecht haben oder nicht.

Verschiedene Zweige der Wirtschaft leben vom Wunsch nach Schönheit. Die Schönheits- und Kosmetikindustrie macht Geschäfte mit Botox, Hautcreme, Schminkbedarf und Hairstylingprodukten. In Kliniken werden Schönheitsoperationen angeboten, bei denen Nase, Ohren, Kinn,

Brüste und Hintern angepasst und Implantate eingesetzt werden (plastisch-ästhetische Chirurgie). Juweliere und Bijouterien bieten Ketten, Ringe und Steine feil, die Gesicht und Körper schmücken sollen. Die Sport- und Fitnessindustrie weckt den Traum von einer schlanken oder athletischen Figur. Die Bekleidungsindustrie produziert Hosen, Röcke und Kleider, die den Körper möglichst vorteilhaft und anziehend aussehen lassen sollen, und initiiert Jahr für Jahr neue Moden. Korsette engen die Oberkörper von Frauen über viele Jahre ein, Krawatten die Hälse von Männern bis zur Gegenwart. Friseursalons, Einrichtungen für Maniküre und Pediküre sowie Enthaarungsstudios kümmern sich um die schnell wachsenden Haare und Nägel. Piercing- und Tattoostudios sind mit der Verschönerung oder Verunstaltung von Körperteilen und Hautpartien beschäftigt. Bei Schönheitswettbewerben (engl. „beauty pageants") treten Teilnehmerinnen aus unterschiedlichen Regionen und Ländern gegeneinander an. Pornoplattformen stellen die Nacktheit von Frauen und Männern respektive Akte und Fetische aller Art zur Schau. Die Prostitution, angeblich das älteste Gewerbe der Welt, ist auf Schönheit ebenso angewiesen wie auf Kunstfertigkeit beim Befriedigen von Bedürfnissen. Cyborgs gefallen sich mit äußerlich sichtbaren technischen Strukturen. Humanoide und soziale Roboter überzeugen auf den ersten Blick mit ihrer künstlichen Schönheit, wobei bei Androiden das Uncanny Valley im Wege ist, das unheimliche Tal. So wirken Sophia, Harmony und Erica trotz oder gerade wegen ihrer perfekten Gesichter unheimlich, wenn sie lächeln. Avatare und (Pseudo-)Hologramme sowie von Bildgeneratoren erzeugte Figuren können fotorealistisch und hochattraktiv sein. Die Schönheit von Dingen, Fahrzeugen, Brücken, Plätzen und Gebäuden ist das Ziel von zahlreichen Unternehmen und Branchen, der Verpackungsindustrie, der Farbenindustrie, der Autoindustrie, dem Hoch- und Tiefbau, um nur ein paar zu nennen, die Schönheit der Natur das Anliegen von Natur- und Landschaftsschutz, Landschaftsgestaltung, Forstwirtschaft usw.

Wir sind der Schönheit zugetan, selbst wenn wir sie in der Moderne systematisch in Frage gestellt haben, ob in der Wissenschaft oder der Kunst. Schöne Menschen werden, was evolutionsbiologisch erklärbar ist, bei der Partnerwahl bevorzugt, welches temporäre Schönheitsideal und welcher individuelle Geschmack auch jewels vorherrschen mögen. Zugleich wecken sie Vorbehalte, Neid und Hass, nicht zuletzt deshalb, weil man sich selbst oder seine Partner mit ihnen vergleichen muss. Die Ethik mag diese Probleme reflektieren. Die Schönheit wird in den Medien und in der Werbung wiederholt zur Verdächtigen, die anscheinend mit der Alltäglichkeit – im Extremfall mit der Hässlichkeit (in der sich wiederum Schönheit verstecken kann) – konfrontiert werden muss. Das Model in Zeitschriften und auf Laufstegen wird zurückgedrängt oder abgeschafft (und wieder angeschafft), der Body in der Werbung entfernt sich von den früheren Idealmaßen. Zugleich verbreitet sich das stereotype Schönheitsideal von Influencerinnen und Popsängerinnen. Hier kommt die Medienethik ins Spiel. Die Schönheit der Landschaft wird beeinträchtigt durch Siedlungen, Straßen- und Eisenbahnnetze und Industrieanlagen – und Windkraftanlagen, die freilich zum Umweltschutz beitragen. Hier ist u. a. die Umweltethik gefordert. Insgesamt kann man sagen, dass das Wahre, das Schöne und das Gute heute nicht mehr als Einheit gesehen werden. Wissenschaftstheorie, Ästhetik und Ethik können dennoch ihre fruchtbare Zusammenarbeit fortsetzen, ohne ihre Gegenstände zu verwechseln. Wissenschaftsethik und Kunstethik fragen nach den Möglichkeiten und Beschränkungen von Wissenschaft und Kunst. Immer wichtiger wird der Beitrag der Roboterethik und der Roboterphilosophie überhaupt, um die künstliche Schönheit mit ihrer Silikonhaut, ihren Glasaugen und ihren motorischen bzw. natürlichsprachlichen Fähigkeiten zu erfassen.

Zahlreiche Tests des Verfassers mit DALL-E 3 lassen die Vermutung aufkommen, dass das KI-System nur Schönheit kennt. Es ist ein Meister darin, schöne Gesichter hervorzubringen mit ausdrucksvollen, klaren Augen. Mädchen und Frauen haben weiche Züge und volle Lippen, Männer markante Züge und häufig einen Bart, vor allem wenn sie Berufsgruppen wie Wissenschaftlern angehören. Mädchen und Frauen haben schmale Schultern, schmale Taillen und einen Po, der normalerweise nur durch ein großzügiges Geschenk von Mutter Natur oder knallhartes Training im Fitnessstudio zustande kommt. Die Brüste sind immer fest, egal in welchem Alter, und wachsen in der Jugend. Männer haben breite Schultern, sind muskulös und schlank. Abweichungen sind kaum vorhanden, Segelohren, Hakennasen, Muttermale, alles, was menschliche

Erscheinungen jenseits verbreiteter Schönheitsideale auszeichnen kann und zur Vielfalt und Buntheit beiträgt, ist nicht vorhanden. Die Schönheit der Körper wird durch die Kleidung unterstrichen. Mädchen und Frauen sind oft leicht bekleidet, selbst wenn es die Situation nicht erfordert. Zu weit geht der Bildgenerator aber nicht, und er verweigert sich der Nacktheit, der schamlosen oder freimütigen Schwester der Schönheit. Wenn man Hässlichkeit produzieren will, gelingt dies nur durch die Hintertür. Obwohl sie ebenso zum Leben gehört wie Schönheit und ohne diese nicht existieren kann, gilt sie generativer KI offenbar als Tabu, zumindest in der Produktpalette der Konzerne. Man muss Krankheit und Obdachlosigkeit ins Spiel bringen, um die Makellosigkeit zu entfernen. Hässlichkeit hat man damit aber immer noch nicht erreicht. Informationsethik und Medienethik führen die Bias-Diskussion zum Primat der Schönheit von Bildgeneratoren.

Die Hackerethik, eigentlich ein (teilweise moralischer) Kodex, stammt aus dem Buch „Hackers" von Steven Levy aus dem Jahre 1984 und versammelt Werte wie Freiheit und Kooperation sowie Empfehlungen zum Umgang zwischen Hackern und mit Computern und Netzwerken. Auch programmatische Aussagen finden sich dort: „Computer können benutzt werden, um Kunst und Schönheit zu schaffen.", im Original „You can create art and beauty on a computer." (Levy 1984). Dies kann in ganz unterschiedlicher Weise verstanden werden. Man denkt an Computerlyrik und KI-Kunst, an die Schönheit von Avataren, Hologrammen und mit Bildgeneratoren erstellten Bildern. Man kann aber auch grundsätzlicher werden und feststellen, dass Romane im 21. Jahrhundert mehrheitlich mit dem Computer geschrieben und Fotos mehrheitlich mit Digitalkameras geschossen werden. Man kann nicht zuletzt Computeranlagen und Rechenzentren schön finden, und das Internet als kulturelle, zivilisatorische und ästhetische Leistung rühmen, die der des Straßen- und Bahnnetzes in nichts nachsteht. Strukturen dieser Art sind an sich faszinierend, und sie ermöglichen es uns, faszinierende Phänomene auf der ganzen Welt wahrzunehmen. Natürlich findet man neben der Schönheit viel Hässlichkeit, und so mag man ergänzen: „Computer können benutzt werden, um Kunst und Schönheit zu schaffen oder aber Kitsch und Hässlichkeit."

Science-Fiction

Science-Fiction ist ein Literatur- und Filmgenre. Die Handlung ist meist in der Zukunft, auf der Erde, die kaum wiederzuerkennen ist, auf Weltraumschiffen oder auf Exoplaneten angesiedelt. Es werden Alternativen des Seins, des Zusammenlebens und des Bewohnens und für Technik, Politik und Wirtschaft entwickelt, bis hin zur Utopie, sodass auch einschlägige Romane, beginnend mit „Utopia" (1516) von Thomas Morus, dazuzählen können. Die Eutopie ist in der Science-Fiction möglich, die Dystopie wahrscheinlich, da sie mehr Spannung verspricht.

Etliche Serien und Filme sind ein Vorbild für die Soziale Robotik, z. B. „Star Wars" (ab 1977) von George Lucas mit R2-D2 und C-3PO, „WALL-E" (2008) von Andrew Stanton mit WALL-E und EVE, „Real Humans" (ab 2012) von Stefan Baron und Henrik Widman (Produzenten) mit den Hubots, „Ex Machina" (2015) von Alex Garland mit Ava sowie „Blade Runner 2049" (2017) von Denis Villeneuve mit Joi, wenn man erweiterte Hologramme einbeziehen will. Einigen Figuren kommen Fähigkeiten in Kommunikation, Steuerung und Wahrnehmung zu, die heutzutage womöglich ein Stück weit mit Hilfe von Sprachmodellen erreichbar sind.

Andere Filme sind wichtig für die Maschinenethik, wie „2001: Odyssee im Weltraum" („2001: A Space Odyssey") von Stanley Kubrick mit dem KI-System namens HAL (1968) – der gleichnamige Roman von Arthur C. Clarke erschien danach, seine Kurzgeschichten bilden jedoch bereits das Fundament des Klassikers – und „Moon" von Duncan Jones mit GERTY (1999). Besonders einflussreich sind die Robotergesetze („The Three Laws of Robotics") aus Isaac Asimovs Kurzgeschichte „Runaround" von 1942 geworden, und auch Stanisław Lems, Robert A. Heinleins und Philip K. Dicks Geschichten inspirieren Wissenschaftler auf der ganzen Welt.

Sentimentanalyse

Sentimentanalyse (engl. „sentiment analysis" oder „sentiment detection") ist die automatische Auswertung von Wörtern, Sätzen und ganzen Texten, um darin ausgedrückte Stimmungen – positiver oder negativer Art – zu erkennen und einzuordnen. Textgeneratoren können für Sentimentanalyse eingesetzt werden.

Server

Ein Server ist ein Rechner, der innerhalb eines Netzwerks Speicher und Ressourcen wie Informationen, Datenbestände, Programme und Peripheriegeräte verwaltet und diese auf Anfrage anderen Rechnern, sogenannten Clients, zur Verfügung stellt. Man spricht bei dieser Konstellation auch von einer Client-Server-Architektur oder vom Client-Server-Prinzip. Ein verwandter Begriff ist „Host".
Server müssen sehr leistungsfähig sein, etwa weil die parallele Nutzung von Ressourcen zu organisieren ist. Wenn sie die Angebote des World Wide Web (WWW) bereitstellen, werden sie als Webserver oder WWW-Server bezeichnet. Mailserver sind Rechner, die E-Mails empfangen und verwalten. Auch beim Betrieb von sozialen Robotern spielen Server eine Rolle, etwa wenn Cloud Computing verwendet wird.
Im Falle generativer KI sind Engpässe bei Servern und Ressourcen immer wieder ein Problem, wobei hier nicht nur technische, sondern auch finanzielle Ursachen vorhanden sind. Die Systeme sind zeitweilig oder dauerhaft nicht verfügbar, sodass der Benutzerkreis oder die Benutzung eingeschränkt werden müssen. Auf Ideogram wird immer wieder mit Schildern protestiert, die Aufschriften wie „We need more servers!" tragen.

Serviceroboter

Serviceroboter sind für Dienstleistungen und Hilfestellungen aller Art zuständig, sie bringen und holen Gegenstände, überwachen die Umgebung ihrer Besitzer oder das Befinden von Patienten und halten ihr Umfeld im gewünschten Zustand. Wenn sie mit Sensoren ausgestattet sind, wenn sie über künstliche Intelligenz und Erinnerungsvermögen verfügen, werden sie nach und nach zu allwissenden Begleitern. Sie wissen, was ihr Eigentümer oder Gegenüber tut und sagt oder was die Passanten in der Umgebung umtreibt und melden es womöglich an ihre Betreiber oder an Geräte und Computer aller Art. So wie Industrieroboter immer mehr ihre geschützten Bereiche verlassen, so wie sie immer mobiler und universeller geraten, und so wie sie immer mehr an den Menschen heranrücken, so werden Serviceroboter immer eigenständiger und „unternehmungslustiger" und hier und da zu sozialen Robotern. In privaten und (teil-)öffentlichen Bereichen trifft man auf ganz unterschiedliche Typen: a) Sicherheits- und Überwachungsroboter, b) Transport- und Lieferroboter, c) Informations- und Navigationsroboter, d) Unterhaltungs- und Spielzeugroboter, e) Pflege- und Therapieroboter und f) Haushalts- und Gartenroboter. Ob man Kampfroboter und Weltraumroboter ebenfalls dazuzählen kann, ist umstritten. Manche der Modelle sind als Prototypen unterwegs, andere im ständigen und standardisierten Einsatz.

Im Folgenden werden die Typen in Bezug auf ihre Ziele, Zwecke und Merkmale skizziert. a) Sicherheits- und Überwachungsroboter verbreiten sich in den Stadtteilen, in den Einkaufszentren und auf den Firmengeländen, als rollende und fliegende Maschinen. Sie sollen für die Sicherheit der Unternehmen, Besucher und Kunden sorgen. b) Transport- und Lieferroboter befördern Gegenstände aller Art, wie Pakete und Einkäufe, von einem Akteur (oft der Anbieter oder Vermittler) zum anderen (oft der Kunde) oder begleiten und entlasten Fußgänger und Fahrradfahrer. c) Informations- und Navigationsroboter fahren oder gehen durch Parks und über Gelände, durch Museen, Messen und Verkaufsräume und informieren Besucher und Kunden über Veranstaltungen und Möglichkeiten der Besichtigung und führen sie an die gewünschte Stelle. Zudem werden sie in Hotels eingesetzt, etwa an der Rezeption. Sie besitzen häufig Displays respektive Touchscreens und natürlichsprachliche Fähigkeiten. d) Unterhaltungs- und Spielzeugroboter dienen der Unterhaltung und Zerstreuung von Benutzern, von Kindern und Jugendlichen sowie von Erwachsenen. Auch zum Lernen kann man manche von ihnen verwenden. Sie tanzen, singen, spielen Musik, erlauben ihre Konstruktion und Dekonstruktion. e) Pflegeroboter komplementieren oder substituieren menschliche Pflegekräfte. Sie bringen den Pflegebedürftigen benötigte Medikamente und Nahrungsmittel und helfen ihnen beim Hinlegen und Aufrichten und bei ihrem Umbetten. Sie unterhalten Patienten und stellen auditive und visuelle Schnittstellen zu Experten bereit. Manche verfügen über natürlichsprachliche Fähigkeiten und sind in einem bestimmten Umfang lernfähig und intelligent. Therapieroboter unterstützen therapeutische Maßnahmen oder wenden selbst solche an. f) Haushalts- und Gartenroboter helfen im Haushalt oder im Garten, als Saug- und Mähroboter, als Poolroboter oder Fenster- und Grillputz-

roboter. Sie sind stark verbreitet und fast schon so selbstverständlich wie Wasch- und Spülmaschinen. Durch Serviceroboter, die sich unter die Menschen begeben, mit ihnen die Wege, Zonen und Plätze teilen und in ihren Gebäuden und Zimmern weilen, entstehen Herausforderungen in Bezug auf unser leibliches Wohl, unsere körperliche Unversehrtheit und unser Weiterleben, womit moralische und soziale Aspekte angesprochen sind. Sie machen uns unseren Lebensraum streitig, können sich als Stolperfallen und Hindernisse erweisen und benötigen teilweise die gleichen Ressourcen wie wir. Sie vermögen uns zu unterstützen und zu ersetzen. Und sie können uns ausspionieren und überwachen. Im vorletzten Problemkreis ist die Wirtschaftsethik einzubeziehen. Eine Frage ist, ob aus dem Umstand, dass Serviceroboter unsere Tätigkeiten übernehmen, nicht nur Risiken resultieren, wie drohende Arbeitslosigkeit, sondern auch Chancen, etwa indem der Betroffene den übermächtigen Brotberuf relativiert und sich an einer andersgelagerten Sinnstiftung probiert. Beim letzten Konfliktbereich ist es naheliegend, die Perspektive der Informationsethik einzunehmen und von ihren Begriffen aus zu denken und zu handeln. Die informationelle Autonomie ist die Möglichkeit, selbst auf Informationen zuzugreifen und die Daten zur eigenen Person einzusehen und gegebenenfalls anzupassen. Gesellschaftliche und politische Gruppen und Einrichtungen müssen auf diese moralische Dimension, jenseits der rechtlichen, immer wieder hinweisen, auch mit Blick auf Serviceroboter. Die informationelle Notwehr entspringt dem digitalen Ungehorsam oder stellt eine eigenständige Handlung im Affekt dar und dient der Wahrung der informationellen Autonomie und der digitalen Identität. Es muss diskutiert werden, wann man sich gegen Serviceroboter zur Wehr setzen und in welcher Weise man sich schützen darf.
Sprachmodelle bedeuten für Wahrnehmung und Steuerung von Servicerobotern – wie auch von bestimmten Industrierobotern, etwa Kooperations- und Kollaborationsrobotern, sogenannten Cobots – einen Umbruch. PaLM-E ist für Serviceroboter nutzbar, wie TU Berlin und Google in ihrem Paper „PaLM-E: An Embodied Multimodal Language Model" gezeigt haben. Über die Roboterkameras erfasste Bilder von Räumen und Objekten und ihren jeweiligen Zuständen im Zeitverlauf wer-

den in das Sprachmodell integriert. Der Serviceroboter – in einem Video sieht man einen Cobot auf einer mobilen Plattform, also einen Industrieroboter, der in einen Serviceroboter verwandelt wurde – kann auf Zuruf beliebige Aufgaben erledigen, ohne dass er diese vorher kennen und bewältigen muss. Damit werden aufwendige Szenarienbildung und kostenintensives Training über Monate zumindest teilweise obsolet. Für manche Bereiche, in denen es auf hohe Präzision ankommt oder wo die Umgangssprache bzw. überhaupt die natürliche Sprache keine adäquaten Ausdrucksformen kennt, bietet sich eine semiformale Sprache für die Prompts an.

Sexismus

Der Begriff des Sexismus zielt auf Formen der Diskriminierung aufgrund des Geschlechts. Dazu gehört etwa die Behauptung, dass Männer von Natur aus Frauen übergeordnet sind, oder dass sie eine Neigung dazu haben, Gewalt (insbesondere gegenüber Frauen) auszuüben. Auch die Forderung, dass Männer und Frauen bestimmte Rollen auszufüllen und bestimmte Kleidung zu tragen haben, kann sexistisch sein. Man spricht hier von Stereotypen oder spezieller von Geschlechterstereotypen. Neben Behauptungen und Forderungen können Verhaltensweisen sexistisch sein, wobei manche – wie das Berühren von Hinterteil oder Brust – die Grenze zur sexuellen Belästigung überschreiten.
Insbesondere bei Bildgeneratoren zeigen sich immer wieder sexistische Tendenzen. Frauen scheinen sexuellen Fantasien zu entspringen und fallen durch knappe Kleidung und extreme Körperformen auf. Grundsätzlich ist zu sagen, dass DALL-E 3 fast nur Schönheit kennt, auch bei Männern. Hässlichkeit muss man sich mit Mühe erprompten, und es genügt nicht, das Wort an sich zu bemühen, das offenbar tabu ist, obwohl es ja eine ästhetische Realität bezeichnet – und ohne Hässlichkeit keine Schönheit. Sexismus offenbart sich nicht zuletzt in den Rollenbildern der Bildgeneratoren. So werden Männer häufig eher als Vorgesetzte, Frauen eher als Untergebene dargestellt.

Sexroboter

Sexroboter sind Roboter, mit denen Menschen bestimmte Formen von Sex haben können. I. d. R. sind Hardwareroboter gemeint, physisch vorhandene Maschinen. Bei einem weiten Begriff können auch Softwareroboter, also Bots bzw. Agenten, hinzugezählt werden, wobei v. a. Chatbots relevant sind. Es gibt eine Palette von Produkten für den Hausgebrauch. Manche von ihnen werden für den Gesundheitsbereich in Betracht gezogen, etwa als Möglichkeit der Erleichterung für Behinderte und Alte und zur Unterstützung von Therapien. Robotersex, Sex mit und zwischen Robotern, ist ein Sujet von Science-Fiction-Büchern und -Filmen und – dort teilweise mit Hilfe von Avataren visualisiert – von Computerspielen. In den Medien wird emsig über Robotersex berichtet, in der Wissenschaft eifrig über ihn diskutiert.

Sexroboter sind je nach Geldbeutel und Geschmack als handliches Spielzeug oder in Lebensgröße erhältlich. Sie helfen bei der Befriedigung, indem sie Menschen penetrieren (aktive Sexroboter, nur im Ausnahmefall) oder sich penetrieren lassen (passive Sexroboter, der Normalfall). Manche haben – wie auch Chatbots – natürlichsprachliche Fähigkeiten, und es ist daran zu denken, dass in Chats verbale Erotik beliebt und die Nachfrage nach Telefonsex nicht völlig eingebrochen ist. Einschlägige Formulierungen („dirty talk") und erotische Stimmen wirken offenbar, ob Menschen oder Maschinen die Urheber und Besitzer sind. Die sexuellen Interaktionen in 3D-Welten wie Second Life können ebenfalls dem Vergleich dienen. Wichtig ist zudem Virtual Reality (VR), die i. d. R. mit doppelten Bildern umgesetzt und über VR-Brillen oder -Apps für Smartphones erschlossen wird. Die entstehenden Peripheriegeräte sind einfache Stimulationsmaschinen oder echte Sexroboter mit Eigeninitiative. Fuckzilla, vorgestellt auf einer Kunst- und Technikmesse 2007, verfügt über ein ganzes Arsenal an Spielzeugen und Hilfsmitteln, vom Dildo bis zur Kettensäge, an der Zungen befestigt sind. Das Ganze wirkt eher (passend zum avantgardistischen Kontext) wie ein randseitiges Kunstprojekt, weniger wie ein ernst zu nehmender Liebespartner. Roxxxy von True-Companion (New Jersey) kann auf ihre Weise zuhören und sprechen sowie auf Berührungen reagieren. Man kann unter verschiedenen Persönlichkeiten auswählen, von „Wild Wendy" bis „Frigid Farrah". Das männliche Pendant ist Rocky. Ob Roxxxy und Rocky wirklich jemals existiert haben bzw. käuflich erwerbbar waren, ist umstritten. Harmony von RealDoll bzw. Realbotix gehört zu den ambitioniertesten Exemplaren, verfügt sie doch über überzeugende mimische Fähigkeiten und künstliche Intelligenz. Zu erwähnen sind ferner Pepper und NAO, die nicht als Sexroboter konzipiert sind, aber als aktive oder passive Komponenten fungieren können. Der japanische Hersteller von Pepper hat sexuelle Handlungen ausdrücklich untersagt, aus moralischen oder Haftungsgründen. Bei Virtual Reality existieren zahlreiche Anwendungen, etwa für Samsung Gear VR oder Oculus Rift, entweder als reine Kunst- oder als reale Filmwelten.

Als Vorteile von Sexrobotern werden die passgenaue Befriedigung persönlicher Vorlieben, die ständige Verfügbarkeit sowie eine gewisse Entlastung von Sexarbeiterinnen und -arbeitern genannt, als Nachteile die Bedienung von spezifischen Stereotypen, die geringe Bandbreite bei der Befriedigung und die geringe Akzeptanz in der Gesellschaft. Bei der Gestaltung der Roboter und aus Sozialer Robotik und Maschinenethik heraus stellen sich verschiedene Fragen: Soll der Roboter selbst aktiv werden und die Partnerin bzw. den Partner zum Sex bewegen? Soll er sich unter bestimmten Voraussetzungen weigern können, einen Akt durchzuführen? Soll er gegenüber Partnern und Partnerinnen betonen, dass er nur eine Maschine ist? Sollte die Umsetzung moralischen Kriterien genügen, etwa ein kindlicher Sexroboter verboten sein? Sollten ganz neuartige Möglichkeiten vorgesehen werden oder Menschen das Vorbild sein? Technik- und Informationsethik fragen nach der Abhängigkeit von Technik im Sexuellen oder der Verantwortung bei Verletzungen und nach der informationellen Selbstbestimmung angesichts auditiver und visueller Schnittstellen. Es muss sich zeigen, ob Sexroboter lediglich eine Nische besetzen oder der Normalfall in Privatwohnungen, Betreuungseinrichtungen und Freudenhäusern werden.

Generative KI spielt für Sexroboter eine zentrale Rolle. Wer sich als Besitzer und Benutzer in dieser Preisklasse bewegt, will eine Beziehung eingehen, und eine solche ist auf Gespräche angewiesen, die immer wieder Neuland erkunden. Bereits 2019 wurde bei Harmony mit GPT-2 experimentiert, wie etwa im Sammelband „Maschinenliebe" nachzulesen ist. Inzwischen nutzt man GPT-J. Eine Herausforderung bei Sexrobotern ist, dass viele Large Language Models (LLMs) zu prüde sind für die Gespräche, die die Sexroboter führen sollen, also für Dirty Talk und Co. Deshalb muss man auf offen verfügbare Sprachmodelle ohne Restriktionen der Entwickler und auf eigentliche Open-Source-Sprachmodelle setzen, bei denen dann mit explizitem Material feingetunt wird. In Zukunft könnten LLMs auch für die Steuerung und Wahrnehmung der Sexroboter wichtig sein, wie es der Fall bei vielen sozialen Robotern und Servicerobotern ist. Die Prompts des menschlichen Liebhabers werden dann zum Wunsch und Befehl für das künstliche Gegenüber, was neue ethische Fragen aufwirft.

Sexualität

Sexualität ist das Vorhandensein und Zusammentreffen von Erscheinungsformen, Verhaltensweisen und Gefühlszuständen von Lebewesen mit Blick auf das Geschlecht. Sie wird zwischen Geschlechtspartnern, meist einer Art, ausgelebt, und kann der Fortpflanzung dienen, wenn zwei unterschiedliche Geschlechter beteiligt sind. Damit ein Zusammentreffen wahrscheinlich und möglich ist, bedarf es einer Anziehung, die in Attraktivität und Affektion bestehen kann. So kann ein schöner Mensch einen anderen durch sein Aussehen und seine Bewegungen sexuell erregen, oder ein Mensch kann einen anderen begehren, der sich ihm enthüllt und schutzlos ausliefert. Sexualität und Nacktheit gehören eng zusammen.
Generative KI kann Texte und Bilder hervorbringen, die den Benutzer sexuell erregen. Dies ist vor allem bei fotorealistischen, natürlich wirkenden Darstellungen der Fall, wobei die Menschen in ihrer Gestalt in idealisierter Form erscheinen mögen. Bei Frauen sind schmale Schultern, schmale Taillen, feste Brüste und schlanke Gliedmaßen verbreitet, bei Männern breite Schultern, starke Arme etc. Einige Bildgeneratoren zeigen vornehmlich junge, reproduktionsfähige Menschen und ziehen Schönheit stets Hässlichkeit vor. Oft treten Stereotype auf.

Viele Bildgeneratoren, um bei diesen zu bleiben, vermeiden Nacktheit in der Schönheit. Hier findet aus moralischen und ökonomischen Gründen Zensur statt. Dies mag bei realen oder prominenten Personen einleuchten, jedoch nicht unbedingt bei fiktiven. Dabei geht es nicht um Pornografie, die eine gewisse Fokussierung beinhaltet, nicht einmal um Erotik, die eine bestimmte Entblößung bedingt, sondern um die Unschuld der Nacktheit, die eben mit der Sexualität aufs Engste verbunden ist. Generative KI in ihrer öffentlichen Form, so könnte man sagen, enthält uns die Essenz des Menschseins vor.

Silicon Valley

Das Silicon Valley ist ein Tal südlich von San Francisco, in dem bedeutende Hightech-, IT- und Internetfirmen ihren Sitz haben. Der englische Begriff „silicon" verweist auf das Silizium, der „silicon chip" auf den Siliziumchip, der in Computern steckt. Menlo Park, Mountain View, Sunnyvale und Palo Alto sind bekannte Städte der Region, die von San Mateo bis nach San José reicht und das Santa Clara Valley mit einschließt.

Die berühmte Stanford University hat vom Silicon Valley stark profitiert und beeinflusst es ihrerseits durch Absolventen, Kooperationen und Konferenzen (etwa im Bereich der Künstlichen Intelligenz, wenn man an die AAAI Spring Symposia denkt). Mit dem Geist des Tals werden häufig disruptive Technologien und Plattformkapitalismus verbunden.

Nicht nur im Silicon Valley sind technisch orientierte Einhörner (Startups mit einer Marktbewertung von über einer Milliarde US-Dollar vor Börsengang oder Exit) und etablierte Hightech-, IT- und Internetunternehmen angesiedelt, sondern auch in San Francisco (wie Uber) und in Los Angeles (wie Snap Inc.). Damit ist die ganze Küste von Kalifornien prägend für die Digitalisierung.

Der Boom im Silicon Valley hat dieses mitsamt seinem Umfeld weltweit bekannt gemacht und einigen Unternehmen und Personen großen Wohlstand gebracht. Andere leiden unter den gestiegenen Mieten und dem grundlegenden Umbau der Gegend. Es kommt zu Attacken gegen

Busse von Google und Apple, die die Mitarbeiter in San Francisco einsammeln und auf der Interstate 280 unterwegs sind, und – ausgehend von Taxifahrern, die sich bedroht sehen, oder von Aktivisten – zu Blockaden gegen Uber-Taxis und Attacken gegen Waymo- und Cruise-Fahrzeuge.
Auch generative KI ist im Silicon Valley oder zumindest in der näheren Umgebung zuhause. So hat OpenAI seinen Sitz in San Francisco. Metas Hauptsitz ist in Menlo Park, der Sitz von Meta AI allerdings in New York City. Google AI ist in Mountain View angesiedelt, wie der Mutterkonzern Alphabet, xAI – gegründet in Nevada – angeblich in der San Francisco Bay Area. Daneben gibt es europäische Player wie Aleph Alpha aus Heidelberg oder Mistral aus Paris.

Simulation

Simulationen sind modellhafte Nachbildungen eines Systems. Sie stellen leistungsfähige Instrumente dar, um Fertigkeiten und spezifische Rollen einzuüben, Entscheidungsprozesse zu analysieren sowie Systemkomplexität und -dynamik zu verstehen. Man kann sie alleine oder im Team durchspielen bzw. anwenden.
Meist werden Simulationen mit Hilfe von Informations- und Kommunikationstechnologien und Anwendungssystemen – in diesem Zusammenhang auch Simulatoren genannt – umgesetzt, etwa mit Hilfe generativer KI. Der Benutzer steht in Interaktion mit dem System, das Bedingungen, Situationen, Prozesse und Daten vorgibt und – auf die jeweiligen Eingaben oder Veränderungen hin – anpasst und neu ordnet. Wichtig ist z. B., dass der Benutzer Konsequenzen seines Handelns erkennt und einzuschätzen lernt.
Eine besondere Form der Simulation ist die 3D-Simulation mit Elementen virtueller Realität (die von der Disziplin der Virtuellen Realität erzeugt werden). Die Wirklichkeit wird in diesem Fall visuell und dreidimensional simuliert. Der Benutzer kann Objekte manipulieren und sich durch den Raum bewegen.

Singularität

„Singularität" (engl. „singularity") ist ein schillernder Begriff. Die „technologische Singularität" soll nach Catrin Misselhorn den Zeitpunkt bezeichnen, „ab dem Maschinen in der Lage sind, mit Hilfe künstlicher Intelligenz Maschinen zu schaffen, die weit intelligenter sind als der Mensch" (Misselhorn 2018).
Anhänger des Transhumanismus hoffen, dass der Mensch von diesem Fortschritt profitieren und beispielsweise länger leben kann. Andere glauben, dass eine künstliche Superintelligenz (engl. „superintelligence") nicht mehr kontrolliert werden kann und gefährlich ist.
Den Begriff der Singularität benutzen auch Einrichtungen wie die kalifornische Singularity University. Diese bietet Bildungsprogramme an und propagiert exponentielles Denken. Zeitweise haben sich ihr einige Unternehmen ohne Vorbehalte angedient und die Angebote ihren Mitarbeitern vermittelt.

Siri

Siri ist ein Sprachassistent von Apple. Sie – die weibliche Version war in den ersten zehn Jahren der Standard – wurde 2011 vorgestellt und ist seitdem auf Plattformen wie Apple iPhone, Apple iPad, Apple TV und Apple Watch eingezogen. Es sind mehrere Stimmen für Siri verfügbar, in ca. 40 Sprachen. Aktiviert wird sie mit „Hey, Siri".
Sprachassistenten sind hinsichtlich Datenschutz und informationeller Autonomie problematisch. Die Gespräche mit ihnen oder auch Gespräche zwischen Menschen können aufgezeichnet und ausgewertet werden. Dies ist ein Thema der Informationsethik.
Apple arbeitet seit 2023 daran, das eigene Sprachmodell in iOS zu integrieren. Die neuen Funktionen sollen auch Siri und die Nachrichten-App beim Beantworten von Fragen und Vervollständigen von Sätzen verbessern.

Smartphone

Das Smartphone ist ein Kleinstrechner und ein Allzweckgerät für das Lesen (von Zeitungen, Zeitschriften und Büchern), Hören (von Musik und Hörspielen und -büchern), Schauen (von Fotos und Videos), Kommunizieren (Texten und Telefonieren) sowie Gamen. Es dient als Transaktionssystem im Mobile Commerce, als Interaktionsmedium im Mobile Learning und als Assistenzgerät im E-Health. Bei Robotern wird es zum Gehirn und zum Gesicht, in Autos zum Navigationssystem und zum Herzen der Musikanlage. Als Software dominieren neben Betriebssystem und Browser native und nichtnative (auf HTML basierende) Apps. Das Smartphone unterstützt und gefährdet die persönliche und informationelle Autonomie. Einerseits hilft es bei einem verantwortungsbewussten, selbstbestimmten Leben, auch und gerade Jugendlichen und Alten, andererseits drohen Zwang zur ständigen Verfügbarkeit und Hang zur totalen Überwachung.

Social Bot

Social Bots sind Bots, also Softwareroboter bzw. -agenten, die in sozialen Medien (Social Media) vorkommen. Sie liken und retweeten, und sie texten und kommentieren, können also natürlichsprachliche Fähigkeiten haben. Sie können auch als Chatbots fungieren und als solche mit Benutzern synchron kommunizieren. Nach einem weiteren Begriff sind Social Bots auf soziale Aktivitäten ausgerichtete Softwareroboter, also kompetent in Gespräch und Hinwendung.
Social Bots operieren von Accounts in sozialen Medien aus. Sie geben sich als Menschen aus – in diesem Falle handelt es sich um Fake Accounts mit entsprechenden Profilen – oder als Maschinen zu erkennen. Sie analysieren Posts und Tweets und werden dann, etwa wenn sie auf bestimmte Hashtags stoßen, automatisch aktiv. Social Bots werden zur Sichtbarmachung und Verstärkung von Aussagen und Meinungen eingesetzt. Dabei können sie werbenden Charakter besitzen bzw. politische Wirkung entfalten.

Social Bots wurden in mehreren Wahlkämpfen verwendet, etwa in den USA und in Großbritannien. Sie können, zusammen mit anderen Maßnahmen, sowohl Demokratien als auch Diktaturen gefährden. In jedem Falle vermögen sie ein Instrument der Agitation und Manipulation und – beispielsweise als Münchhausen-Maschinen – eine Quelle für Fake News zu sein.

Die Informationsethik fragt nach den Chancen und Risiken von Social Bots und deren Bedeutung für die Mündigkeit des Netzbürgers sowie die (elektronische) Demokratie, die Maschinenethik nach Regeln, welche die Bots erhalten und einhalten sollen, die Wirtschaftsethik (wie die Politikethik) nach Grenzen im Marketing.

Social Media

Soziale Medien (Social Media) dienen der – häufig profilbasierten – Vernetzung von Benutzern und deren Kommunikation und Kooperation über das Internet. Das Attribut kann im Sinne der menschlichen Gemeinschaft oder eines selbstlosen und gerechten Umgangs verstanden werden. Für manche Betreiber ist das Soziale bloß Mittel zum Zweck (der Datennutzung), und Cybermobbing und -stalking sind gerade in sozialen Netzwerken verbreitet („Antisocial Media"). Unter Betonung des Technischen spricht man auch von Social Software. Das Web 2.0, das Mitmachweb, ist wesentlich durch soziale Medien geprägt.

Mithilfe von sozialen Medien kann man sich austauschen, etwa unter Privatpersonen oder unter Mitarbeitern. Man kommuniziert, man arbeitet und gestaltet zusammen, wobei Text, Bild und Ton verwendet werden. Man kann sich als Unternehmen mit Kunden vernetzen, zum Zweck des Marketings, der Marktforschung, des Kundensupports und -feedbacks oder des Crowdsourcings, oder als Verwaltung mit Bürgern, zum Zweck der Information und der Partizipation. Auch der HR-Bereich profitiert, indem er sich über Bewerber informiert und Mitarbeiter akquiriert.

Social Networks (Facebook, Diaspora), Weblogs, Microblogs (X, vormals Twitter), Wikis und Foto- und Videoplattformen (Instagram, YouTube, TikTok) werden als typische Vertreter sozialer Medien angesehen.

Aber auch Chats und Diskussionsforen, virtuelle Kontakt- und Tauschbörsen (Tinder) und bestimmte Apps zur Kommunikation und Bewertung (WhatsApp) kann man bei einem weiten Begriff dazuzählen. Ferner können Medien wie Mashups und Podcasts in diesem Sinne genutzt werden. Soziale Medien haben eine große Bedeutung für E-Learning, Blended Learning und Wissensmanagement. Sie werden zur E-Collaboration, zum Brainstorming oder im Sinne von Lerntagebüchern genutzt und dienen allgemein dem informellen Lernen. Häufig sind sie in Lernplattformen und Knowledge-Management-Lösungen integriert. Auf Sharing-Economy-Plattformen spielen Funktionen sozialer Medien eine Rolle.

Insbesondere der Gebrauch sozialer Medien im Betrieb und aus dem Betrieb heraus sowie im Namen des Unternehmens bedarf der Regelung. Sogenannte Social-Media-Richtlinien sind eine Mischung aus Vorschlägen und Regeln zum respektvollen und praktikablen Umgang (wie in der Netiquette) und zum moralisch richtigen Handeln (wie in der Netiquette und in Kodizes) sowie aus einschlägigen Gesetzen und Vorschriften bzw. Schlussfolgerungen aus der Rechtsprechung. Im besten Falle werden sie aus der Social-Media-Strategie abgeleitet und sind mit den Kommunikationsleitlinien abgestimmt. Typische Themen sind Eigenverantwortlichkeit, Transparenz, Redlichkeit, Authentizität und die Trennung von privaten und dienstlichen Belangen.

Neben den genannten Problemen existieren weitere Herausforderungen wie Matthäus-Effekt – die Verstärkung von Phänomenen und die Durchsetzung von Angeboten durch die klickende Masse –, Erstellung und Verbreitung von Fake News sowie Sicherstellung von Privatheit und Datenschutz. Unterscheiden muss man zwischen öffentlichem und betrieblichem Bereich. Soziale Medien erweisen sich im offenen Web oftmals als Datenschleudern, im Unternehmen als Kommunikationsmotoren, wobei sie hier wie dort zur Informationsüberflutung beitragen. Es finden immer wieder Wanderungen zwischen den Diensten statt, die die Bedeutung der einen stärken und der anderen schwächen. Die Gesamtbedeutung dürfte sich über lange Zeit erhalten, wobei Augmented Reality, das Internet der Dinge und andere Innovationen wie generative KI die sozialen Medien weiter transformieren werden.

Social-Media-Richtlinien

Social-Media-Richtlinien sind Richtlinien, die sich an die Mitarbeiter eines Unternehmens oder einer Organisation richten, sich auf verschiedene Aspekte der Nutzung von sozialen Medien während der und für die Arbeit beziehen und je nach Art mehr oder weniger verbindlich sind. Sie sind eine Mischung aus Vorschlägen und Regeln zum respektvollen und praktikablen Umgang (wie in der Netiquette) und zum moralisch richtigen Handeln (wie in der Netiquette und in Kodizes) sowie aus einschlägigen Gesetzen und Vorschriften bzw. Ableitungen aus der Rechtsprechung.

Social-Media-Richtlinien schützen sowohl Unternehmen als auch Mitarbeiter und helfen, eine erfolgreiche Kommunikation sicherzustellen. Im besten Falle sind sie aus der Social-Media-Strategie abgeleitet und mit den Kommunikations- und Verhaltensleitlinien abgeglichen. Sie thematisieren die Nutzung von Social Networks, Weblogs, Microblogs, Wikis sowie Foto- bzw. Videoplattformen und regeln u. a. private und berufliche Nutzung, Eigenverantwortlichkeit, Herstellung von Transparenz, Kenntlichmachung von individuellen Meinungsäußerungen, Einhaltung gesetzlicher Bestimmungen, Verbreitung unternehmensrelevanter Informationen, Höflichkeit und Respekt, Sorgfalt und Kontinuität sowie Monitoring und Expertise.

Social-Media-Richtlinien verlangen von Mitarbeitern eine permanente Reflexion ihrer Tätigkeit. Wenn sie zu sehr auf die Interessen des Unternehmens bzw. der Organisation abgestimmt sind, verlangen sie unter Umständen das Unmögliche. Man soll sich einerseits als Person zurücknehmen, andererseits Botschafter für das Unternehmen sein. Erfolg oder Misserfolg einer Aktion entscheiden im Nachhinein über Deutung und Wertung. Wenn in den privaten Gebrauch der sozialen Medien hineingeredet wird, kann die allgemeine Akzeptanz gefährdet sein. Im schlimmsten Falle werden Bürger- und Menschenrechte tangiert. Diese müssen grundsätzlich berücksichtigt und gestärkt werden mit Blick auf den kommerziellen Betrieb von sozialen Medien sowie auf Privatheit und Datenschutz.

Sora

Sora ist ein Videogenerator von OpenAI, der im Februar 2024 vorgestellt und zunächst nur für einen ausgewählten Nutzerkreis freigeschaltet wurde. Die Rede ist von bildenden Künstlern, Designern und Filmemachern. Die vom Unternehmen gezeigten Sequenzen überzeugten viele Journalisten und Wissenschaftler. Allerdings wurden auch erhebliche Fehler gefunden, die an diejenigen der Bildgeneratoren der ersten Generation erinnern.
OpenAI schreibt auf seiner Website: „We're teaching AI to understand and simulate the physical world in motion, with the goal of training models that help people solve problems that require real-world interaction. ... Sora can generate videos up to a minute long while maintaining visual quality and adherence to the user's prompt." Man wolle von den Experten wissen, wie man das Modell so weiterentwickeln kann, dass es für Kreative am hilfreichsten ist.

Soziale Roboter

Soziale Roboter sind sensomotorische Maschinen, die für den Umgang mit Menschen oder Tieren geschaffen wurden. Sie können über fünf Dimensionen bestimmt werden, nämlich die Interaktion mit Lebewesen, die Kommunikation mit Lebewesen, die Nähe zu Lebewesen, die Abbildung von (Aspekten von) Lebewesen sowie – im Zentrum – den Nutzen für Lebewesen. Bei einem weiten Begriff können neben Hardwarerobotern auch Softwareroboter wie gewisse Chatbots, Voicebots (Sprachassistenten oder virtuelle Assistenten) und Social Bots dazu zählen, unter Relativierung des Sensomotorischen. Die Disziplin, die soziale Roboter – ob als Spielzeugroboter, als Serviceroboter (Pflegeroboter, Therapieroboter, Sexroboter, Sicherheitsroboter etc.) oder als Industrieroboter in der Art von Kooperations- und Kollaborationsrobotern (Co-Robots bzw. Cobots) – erforscht und hervorbringt, ist die Soziale Robotik.
Die Robotik oder Robotertechnik beschäftigt sich mit dem Entwurf, der Gestaltung, der Steuerung, der Produktion und dem Betrieb von Robo-

tern, ihr Teilgebiet der Sozialen Robotik (engl. „social robotics") mit Wurzeln in den 1940er- und 1950er-Jahren und einem Boom seit ca. 2000 mit (teil-)autonomen Maschinen, die mit Menschen und Tieren interagieren und kommunizieren – hier ist u. a. die Künstliche Intelligenz gefragt – und zuweilen humanoid oder animaloid realisiert und mobil sind. Ein Teilbereich ist die „emotionale Robotik" oder „sozialemotionale Robotik" mit ihrem Fokus auf Emotionen (welche Roboter zeigen und erkennen) und Empathie (welche Roboter zeigen). In diesem Zusammenhang ist die Disziplin des Künstlichen oder Maschinellen Bewusstseins von Bedeutung. Wenn die Maschinen zu moralisch adäquaten Entscheidungen fähig sein sollen, ist die Maschinenethik gefragt.

Soziale Roboter zeigen oft Emotionen, ohne solche zu haben. Von den Entwicklern werden positive wie Freude, Begeisterung und Zuneigung bevorzugt. Diese sind in vielen Situationen angemessen, aber nicht in allen. Um z. B. in Notlagen überzeugen zu können oder um den Roboter selbst vielfältiger und lebensechter auszugestalten, kommen negative Gefühle wie Angst, Trauer, Ärger und Wut hinzu. Empathie, also Einfühlungsvermögen, Verständnis und Mitgefühl, kann ebenfalls simuliert werden, wobei es hier wichtig ist, dass die Zustände des menschlichen (oder tierischen) Gegenübers erkannt werden. Eingesetzt werden beim Präsentieren von Emotionen visuelle, auditive und haptische bzw. taktile Mittel. So spielen der Augenausdruck und die Mundbewegung eine große Rolle (Dimension der Abbildung), die Töne, die Stimme und die Sprache (Dimension der Kommunikation) sowie die physische und nichtphysische Aktions- und Reaktionsfähigkeit (Dimension der Interaktion), unter Berücksichtigung von Koexistenz und Kollaboration (Dimension der Nähe). Soziale Roboter mischen sich unter Menschen und Tiere und gewinnen diese mit wohlvertrauten Verhaltensweisen für sich, ohne ein eigentliches Verhalten in Zeit und Raum, im Spiegel der Mitwelt, erworben zu haben. Aus technischer und funktionaler Sicht sind simulierte Emotionen und simulierte Empathie zur Erreichung des Nutzens für Menschen wichtig, ebenso aus psychologischer, wenn eine Beziehung initiiert und etabliert werden soll. So wäre es merkwürdig, wenn der soziale Roboter, der als Lehrer fungiert, die Schülerin nicht loben würde, wenn diese fleißig und erfolgreich ist, und wenn er nicht dazu fähig wäre, sich an ihre Person und ihre Aktivitäten zu erinnern. Ebenso seltsam wäre es, wenn der soziale Roboter, der als Rezeptionist fungiert, den Gast nicht freundlich und zuvorkommend behandeln und nicht wiedererkennen würde. Aus philosophischer und speziell ethischer Sicht stellen sich freilich auch Fragen zu Täuschung und Betrug sowie zur informationellen Autonomie. Die Informationsethik kann sich ebenso wie die Roboterethik an Antworten versuchen, die Maschinenethik die sozialen Roboter lehren, auf ihr Maschinensein aufmerksam zu machen, mit dem Menschsein zu rechnen und zu enge Bindungen durch Wort und Tat zu stören.

Soziale Robotik

Die Soziale Robotik (alt. Schreibweise „soziale Robotik"; engl. „social robotics") mit ersten Anfängen in den 1940er- und 1950er-Jahren und einer starken Entwicklung im 21. Jahrhundert beschäftigt sich als Teilgebiet der Robotik mit sensomotorischen Maschinen, die für den Umgang mit Menschen oder Tieren geschaffen wurden und z. T. humanoid oder animaloid gestaltet sind. Beispiele finden sich unter den Pflegerobotern, Therapierobotern und Sexrobotern. Auch Unterhaltungs- und Spielzeugroboter sind zuweilen sogenannte soziale Roboter.
Soziale Roboter können über fünf Dimensionen bestimmt werden, nämlich die Interaktion mit Lebewesen, die Kommunikation mit Lebewesen, die Nähe zu Lebewesen, die Abbildung von (Aspekten von) Lebewesen sowie – im Zentrum – den Nutzen für Lebewesen. Bei einem weiten Begriff können neben Hardwarerobotern auch Softwareroboter wie gewisse Chatbots, Voicebots bzw. Voice Assistants (Sprachassistenten oder virtuelle Assistenten) und Social Bots dazu zählen, unter Relativierung des Sensomotorischen.
Soziale Roboter täuschen oft Empathie und Emotionen vor, was von der emotionalen Robotik (oder sozial-emotionalen Robotik) behandelt wird, die sich wiederum mit dem Gebiet des Maschinellen Bewusstseins auseinandersetzen muss. Wenn die Maschinen zu moralisch adäquaten Entscheidungen fähig sein sollen, ist die Maschinenethik gefragt. Grundsätzlich trägt die Künstliche Intelligenz zu Robotern bei, die natürlichsprachliche Fähigkeiten haben, Entscheidungen treffen und Probleme lösen sollen.

Die Soziale Robotik gewinnt im 21. Jahrhundert mehr und mehr an Bedeutung. Ihre Prototypen werden aber in vielen Fällen nicht weiterentwickelt, und ihre Produkte kommen nicht immer erfolgreich und längerfristig in den Markt. Mit Blick auf das Zeigen von Empathie und Emotionen stellen sich Fragen zu Täuschung und Betrug, mit Blick auf das Erheben und Verbreiten von Daten zu Datenschutz und informationeller Autonomie. Die Informationsethik kann sich ebenso wie die Roboterethik an Antworten versuchen.

Speech-to-Text-System

Ein Speech-to-Text-System (engl. „speech-to-text system") wandelt gesprochene Sprache (die i. d. R. von Menschen stammt) in Text um. Dies ist wichtig für die Transkription und für die Kommunikation mit Sprachassistenten, Servicerobotern und sozialen Robotern, die den entstandenen Text verarbeiten können.

Sprachassistent

Sprachassistenten sind natürlichsprachliche Dialogsysteme, die Anfragen der Benutzer beantworten und Aufgaben für sie erledigen, in privaten und wirtschaftlichen Zusammenhängen. Sie sind auf dem Smartphone ebenso zu finden wie im Smart Speaker, in Robotern ebenso wie in Fahrzeugen. Sie verstehen mit Hilfe von Natural Language Processing (NLP) gesprochene Sprache und wenden sie selbst an, unter Gebrauch eines Text-to-Speech-Systems. Auf die Stimme der Maschine (oder des Benutzers) zielt „Voicebot" (engl. „voicebot") oder „Voice Assistant" (engl. „voice assistant"). „Virtueller Assistent" oder „digitaler Assistent" wird als Überbegriff oder Synonym verwendet. Verwandtschaft besteht zu Chatbots, die oft textuell, manchmal auch auditiv umgesetzt sind und eine längere Tradition haben. Sie und Voicebots sind wiederum wie andere natürlichsprachliche Dialogsysteme Conversational Agents bzw. Conversational User Interfaces.

Siri und Google Assistant sind bekannte Anwendungen für das Smartphone. Sie werden teils zur Bedienung von Diensten und Geräten (etwa im Smart Home) und in Autos und Shuttles (zur Steuerung der Bordelektronik) eingesetzt. Auch auf Weltraumflügen – etwa zum Mars – sollen sie zur Verfügung stehen. Mit Google Assistant ist das Projekt Google Duplex verbunden. Man teilt, so die Grundidee, bestimmte Daten mit, und die Maschine reserviert telefonisch einen Tisch oder vereinbart einen Termin beim Frisör. Die meisten Sprachassistenten sind, anders als viele Chatbots, nicht grafisch erweitert, haben also keinen Avatar. Hologramme in der Fiktionalität, beispielsweise in Filmen wie „Blade Runner 2049", dienen als virtuelle Assistenten. In der Realität gibt es erste Produkte wie die Gatebox aus Japan mit einem Manga- oder Animemädchen im Inneren des durchsichtigen Behälters. Hier kann man von einem Sprachassistenten mit holografischer Visualisierung sprechen.

Sprachsynthese hat eine lange Geschichte, die bis ins 18. Jahrhundert zurückreicht, wenn man an die Konstruktionen von Wolfgang von Kempelen denkt. Die computerbasierten synthetischen Stimmen, die aus der Mitte des 20. Jahrhunderts stammen, wurden nach und nach immer natürlicher gestaltet. So brachte man Alexa auf Echo von Amazon das Flüstern bei, und Google Assistant streut „Ähs" und „Mmhs" in seine Rede ein. Man versucht also einerseits, typisch menschliche Ausdrucksweisen nachzuahmen, andererseits Imperfektion anzuwenden, um Perfektion (im Sinne von Glaubwürdigkeit und Echtheit) zu erreichen. Synthetische Stimmen können mit der Speech Synthesis Markup Language (SSML) manipuliert werden. Sie klingen dank bestimmter Befehle z. B. weicher, jünger und euphorischer oder verstummen für einen definierten Moment. Oder sie flüstern eben – auch in diesem Fall ist SSML im Spiel. Bei Sprachassistenten herrschen weibliche Stimmen vor. Immer mehr Hersteller verzichten darauf, sie als Standardeinstellung vorzugeben, und es können männliche und neutrale Stimmen ausgewählt werden. Letztere werden von manchen Experten oder Aktivisten als politisch korrekt angesehen, sprechen aber viele Benutzer nicht an (oder werden von diesen als ungewöhnliche männliche oder weibliche Variante interpretiert).

Sprachassistenten sind längst Alltag geworden und erleichtern diesen in vielfältiger Weise. Problematisch ist eine Aufnahme, die mit Überwachung verbunden ist, etwa in Bezug auf das Gesprochene oder die Stimme. Mit Hilfe von Stimmerkennung kann der Benutzer identifiziert und analysiert werden. In den meisten Fällen ist bei der Verwendung von Sprachassistenten klar, dass es sich um Artefakte handelt, und man bedient sie wie Werkzeuge. Auch bei Telefonsystemen weiß man i. d. R., womit man spricht. Bei SMS-Flirtdiensten wurden bereits um die Jahrtausendwende Automatismen integriert, ohne dass die Benutzer dies immer wussten. Mit Systemen wie Google Duplex kehren sich die Verhältnisse in gewisser Hinsicht um. Man nimmt einen Anruf entgegen, kommuniziert wie gewohnt, hat aber vielleicht, ohne es zu wissen, einen Computer am Apparat, keinen Menschen. Für Chatbots wurde bereits früh vorgeschlagen, dass diese klarmachen sollen, dass sie keine Menschen sind. Möglich ist es zudem, die Stimme roboterhaft klingen zu lassen, sodass kaum Verwechslungsgefahr besteht. Dies alles sind Themen für Informationsethik, Roboterethik und Maschinenethik und allgemein Roboterphilosophie.

Spracherhaltung

Textgeneratoren können für die Spracherhaltung eingesetzt werden, insbesondere für die Förderung und Sicherung von toten oder gefährdeten Sprachen. Mit Sprachmodellen wie GPT-3.0 und GPT-4 wurden bereits Chatbots für Latein (eine tote Sprache) wie @ve und für Vallader (ein Idiom des Rätoromanischen, einer gefährdeten Sprache) – nämlich @llegra – entwickelt. Benutzer können Texte eingeben und ausgeben lassen und – wenn Sprachausgabe wie bei @llegra vorhanden ist – ihre Aussprache durch Nachahmung verbessern. Im Prinzip kann man auch ausgestorbene Sprachen in Chatbots überführen, sofern genügend schriftliches Material zur Verfügung steht.

Spracherkennung

Spracherkennung (engl. „speech recognition") ist das Erkennen von Inhalten gesprochener Sprache, u. a. von Schlüsselbegriffen. Dank dieser Technologie kann man Sprachassistenten und soziale Roboter aktivieren, mit Zurufen wie „Hey, Siri" (oder „Ok, Siri"), „Hey, Alexa" oder „Ok, Google". Man kann mit ihnen in natürlicher Sprache ein Gespräch führen (wobei ihre gesprochene Sprache auf Sprachsynthese beruht) und ihnen bestimmte Anweisungen geben, die sie „verstehen" und ausführen. Zudem ist es ihnen möglich, das Gesprochene automatisch zu deuten. Damit drohen Überwachung sowie Verletzung der Privat- und Intimsphäre bzw. der informationellen Autonomie. Dies sind Themen der Informationsethik. Die Stimmerkennung fokussiert auf die Analyse der Stimme.

Sprachmodell

Ein Sprachmodell (engl. „language model") modelliert die Abfolge von Elementen in einer Sequenz (etwa von Buchstaben oder Wörtern in einem Text). Dabei spielen überwiegend stochastische Prozesse eine Rolle. Ein großes Sprachmodell (engl. „large language model", kurz „LLM") kann Sprache für allgemeine Zwecke verstehen und erzeugen. Es verwendet große Datenmengen, um während des Trainings Milliarden oder Billionen von Parametern zu lernen. Ein LLM ist ein künstliches neuronales Netz und wird durch selbstüberwachtes Lernen oder halbüberwachtes Lernen (vor-)trainiert. Sprachmodelle wie GPT oder LaMDA sind wichtig für Übersetzungen, Zusammenfassungen und überhaupt die Erzeugung natürlicher Sprache mit künstlichen Mitteln.

Sprachsynthese

Das erste computergestützte Sprachsynthesesystem wurde Ende der 1950er-Jahre fertiggestellt, das erste volle Text-to-Speech-System (TTS) 1968. John Larry Kelly, Jr. entwickelte 1961 in den Bell Labs mit einer IBM 704 ein Sprachsynthesesystem und ließ es das Volkslied „Daisy Bell" singen. Stanley Kubrick nahm es für seinen Film „2001: A Space Odyssey" (1968). IBM Watson, ein bekanntes KI-System der Gegenwart, verfügt über eine Text-to-Speech-Engine, mit der der Benutzer seine eigenen

Textkreationen in verschiedenen Stimmen und Sprachen sprechen lassen kann, während er die Aussprache und Betonung über die Speech Synthesis Markup Language (SSML) steuert. In der modernen Sprachsynthese lassen sich zwei unterschiedliche Konzepte unterscheiden: Zum einen kann sich die sogenannte Signalmodellierung auf Sprachaufnahmen (auch Sprachsamples oder Samples genannt) beziehen. Zum anderen kann das Signal durch sogenannte physiologische (artikulatorische) Modellierung vollständig im Computer erzeugt werden. Heute ist das erstgenannte Konzept vorherrschend. Im Laufe der Jahrzehnte wurden Sprachproben von professionellen Sprechern, hauptsächlich Schauspielern und Moderatoren, angefertigt. In den 2010er-Jahren wurden neue Konzepte entwickelt. So kann man etwa Spender seiner eigenen Stimme werden.

Die Sprachsynthese wird heute meist mit einem Text-to-Speech-System realisiert, mit einem Automaten, der interpretiert und vorliest und sich auf Text bezieht, der beispielsweise in einer Datenbank, einer Wissensbasis oder auf einer Website verfügbar ist. Einige Systeme, wie Chatbots und virtuelle Assistenten, können Text autonom generieren, aggregieren und reproduzieren. Aus Sicht der Informationsethik stellen sich verschiedene Fragen. Unter welchen Umständen sollte man eine Stimme verstorbener oder lebender Personen nachbilden dürfen? Soll ein System, das menschenähnlich klingt und das einen anruft, deutlich machen, dass es kein Mensch ist?

Mit Hilfe von neuronalen Netzen kann man individuelle Stimmen klonen. Man kann sie mit dem entsprechenden Material trainieren, wobei es i. d. R. 15 bis 30 min an Aufnahmen benötigt. Die Zeit verkürzt sich auf wenige Sekunden, wenn man vorher ein Sprachmodell mit einigen tausend Stimmen trainiert hat und einige Voraussetzungen erfüllt sind. Zu diesen gehört, dass die individuelle Stimme einen Verwandten im Trainingsmaterial hat. Die Resultate können bei all diesen Methoden täuschend echt sein. Oft sind aber nicht die gewohnten Hintergrundgeräusche vorhanden, oder es fehlen typische Verhaltensweisen der Person, etwa das Nasehochziehen oder ein Stühlerücken.

Stable Diffusion

Stable Diffusion, erschienen im August 2022, ist ein Bildgenerator, der Bilder aus textbasierten Prompts erstellen kann. Auch Inpainting, Outpainting und die Generierung von Bild-zu-Bild-Übersetzungen auf der Grundlage einer Textaufforderung sind möglich. Stable Diffusion verwendet ein latentes Diffusionsmodell, also eine Variante eines tiefen generativen neuronalen Netzes. Es sind fotorealistische und andere Darstellungen möglich. Es gibt ein separates Feld für negative Prompts, womit diese Funktion gestärkt wird. Ausgegeben werden quadratische Kacheln mit vier Bildern, von denen jedes vergrößert und verändert werden kann. Der Benutzer kann die Bilder mit der Hugging Face Community teilen. Bei Stable Diffusion XL 1.0, gelauncht im Sommer 2023, soll die Bildqualität verbessert worden sein.

Stiltransfer

Beim Stiltransfer (engl. „style transfer") wird mittels KI ein Stil in einen anderen überführt. Dabei ist i. d. R. der Stil von Bildern gemeint, etwa im Zusammenhang mit Bildgeneratoren oder mit Videoinstallationen wie Gene Kogans „Cubist Mirror". Auch literarische Stile können – von Textgeneratoren – imitiert werden. Allerdings verfügt z. B. ChatGPT lediglich über ein ungenügendes Vermögen, um etwa ein Gedicht von Johann Wolfgang von Goethe oder Heinrich Heine zu imitieren oder einen Stiltransfer bei beiden Autoren durchzuführen.

Stille-Post-Problem

Bei DALL-E 3 wurde von Testern ein Stille-Post-Problem festgestellt. Wenn man einen Prompt eingibt, wird dieser von der Schnittstelle des Bildgenerators – von ChatGPT – in einen anderen Prompt oder in mehrere weitere Prompts umgewandelt. Diese werden wiederum von DALL-E 3 interpretiert und umgesetzt, wenn sie nicht gerade zurückgewiesen werden. Häufig erhält man Bilder, die mit dem Ausgangsprompt nichts zu tun haben. Es ist offenbar ein Effekt vorhanden, den man von dem Stille-Post-Spiel kennt.

Stimme

Die Stimme wird mit dem Kehlkopf erzeugt, mit den dort befindlichen Stimmlippen, und in den Mund- und Nasenhöhlen sowie im Rachenraum abgewandelt. Auch der Körper eines Menschen spielt für den Klang und das Volumen eine Rolle. Das Akustische, das mit der Stimme umgesetzt wird, ist neben dem Optischen und dem Olfaktorischen entscheidend bei der Partnerwahl.
Die Stimme ist ein wichtiges Thema der griechischen Mythologie. Die Bergnymphe Echo etwa trat mit ausgestreckten Armen auf den von ihr geliebten Narziss zu. Der entzog sich jedoch ihrer Umarmung. Die Unglückliche versteckte sich daraufhin in einer Höhle und verschmähte die Nahrung, bis sie nur noch aus Stimme bestand. Wir hören sie, wenn wir selbst unsere Stimme erheben.
Mit Hilfe von Sprachsynthese wird eine künstliche Stimme generiert. Diese wird zum bestimmenden Merkmal von Sprachassistenten und zu einem wichtigen Merkmal von sozialen Robotern. Sie kann weiblich, männlich oder neutral, hoch oder tief sein, jung oder alt klingen. Neben der Stimme ist die Sprechweise von Bedeutung. So kann man durch Imperfektion – wie Unterbrechungen, „Ähs" und „Mmhs" – Perfektion erzeugen, also eine hohe Echtheit und Lebensähnlichkeit.

Stochastischer Papagei

„Stochastischer Papagei" (engl. „stochastic parrot") ist ein Schmähwort für Textgeneratoren, die angeblich nur das nachplappern können, was ihnen vorgesprochen wurde, eben ähnlich wie Papageien. Allerdings können ChatGPT und Co. durchaus Neues hervorbringen und dabei auch in einem gewissen Rahmen und in einem gewissen Sinne kreativ sein.

Suchmaschine

Eine Suchmaschine (Search Engine, engl. „search engine") ist ein Suchdienst in virtuellen Umgebungen, etwa im Internet, in einem Intranet oder auch in einem Anwendungsprogramm. Meist wird eine Stichwortsuche durchgeführt, wobei Begriffe kombiniert oder verkürzt werden können. Bei Internetsuchmaschinen wie Google, Bing oder DuckDuckGo wird der Inhalt der zugrunde liegenden Datenbank durch ein spezielles Programm – Bot, Robot oder Spider genannt und teilweise auf Agententechnologien beruhend – erzeugt, das automatisch Websites und Webseiten absucht, auswertet, indexiert und verzeichnet. Aufgrund der Explosion des World Wide Web seit der Mitte der 1990er-Jahre ist in den Datenbanken nur ein Teil aller Sites und Seiten verzeichnet. Die Ergebnisse einer Benutzeranfrage werden in Form von Trefferlisten dargestellt. Das Ranking kann auf verschiedene Art und Weise zustande kommen; die Listenplätze werden aufgrund von Berechnungen und Wertungen, aber auch nach individuellen Absprachen gezielt vergeben. Einige Suchmaschinen blenden in bestimmten Sektionen passend zu Suchanfragen Werbung mit Links ein. Die einzelnen Einträge enthalten z. B. den Titel der Seite, den Verweis zu ihr und eine Kurzzusammenfassung bzw. Textausschnitte. Diese Informationen stammen von den Metabeschreibungen der HTML-Seite oder von der Webseite selbst. Eine Suchmaschine ist generell ein mögliches Instrument des Information Retrieval, der Gewinnung von Information. Sie erlaubt eine recht präzise Suche, setzt aber eine begriffliche Vorarbeit bzw. ein gewisses Verständnis des Gegenstands beim Benutzer voraus. Ein anderes Konzept zur Suche in virtuellen Umgebungen ist der Katalog. Bei vielen Suchmaschinen gibt es inzwischen indizierte Begriffe, sodass die Suche nach diesen erfolglos bleibt. Motiviert ist dies durch die Gesetzgebung der jeweiligen Länder bzw. vorauseilenden Gehorsam und Angst vor der Rechtsprechung, oder durch Anforderungen bei der Zielgruppe, wie bei Suchmaschinen für Kinder.
Manche Suchmaschinen im Internet verfügen über interessante Zusatzfunktionen. So kann man Websites übersetzen lassen, Seiten auflisten, die auf das eigene Angebot verlinken, oder nach Bildern, Videos und Au-

diofiles suchen. Newsticker und redaktionelle Beiträge, E-Mail und Chats gehören ebenfalls zu einigen Diensten. Nicht zuletzt gibt es spezialisierte Suchmaschinen, die etwa nur auf Veranstaltungen oder bestimmte Angebote abzielen, und Metasuchmaschinen, die bei der Suche mehrere Suchmaschinen mit einbeziehen. Auch das Semantic Web erfordert spezielle Fähigkeiten der Suchprogramme.

Seit 2023 benutzen Suchmaschinen wie Bing Sprachmodelle wie GPT-4, um die Suchfunktion (bzw. die Antwortfunktion) zu verbessern und zu verändern. Bing Chat Enterprise wird auf der Website von Microsoft als „KI-gestützter Copilot für das Web" bezeichnet. Es werden auf die Fragen des Benutzers ausführliche Antworten generiert, die mit Quellenangaben versehen sind. Zumindest in der Anfangszeit war aber weder auf die Quellen noch die Zitate Verlass, wie etwa Tests der NZZ ergeben hatten. Google hat seine Suchmaschine ebenfalls aufgerüstet, etwa mit Google Lens und Circle to Search.

Superintelligenz

Die Künstliche Intelligenz (KI) erforscht die künstliche Intelligenz und bringt sie hervor. Ein weiterer möglicher Name für den Gegenstand ist der des intelligenten Systems, wobei damit nicht nur auf die Eigenschaft, sondern auch auf deren Träger angespielt wird. Machine Learning ist ein Teilbereich der Künstlichen Intelligenz, Deep Learning eine Form von Machine Learning. Heutzutage wird oft von KI gesprochen, wenn Machine Learning gemeint ist.

In der schwachen KI liegt der Schwerpunkt auf einer künstlichen Intelligenz, die die menschliche oder tierische teilweise abbildet. So kann es um die Fähigkeit gehen, ein bestimmtes Spiel zu spielen, ein Gesicht zu erkennen oder ein Gespräch zu führen. Man kann auch vom Simulieren sprechen: Die Maschine versteht nicht wirklich, was der Mensch sie fragt, ebenso wenig, was sie antwortet, und doch resultiert aus der Perspektive des Benutzers ein überzeugendes und sinnvolles Gespräch. Die künstliche Intelligenz kann ferner die menschliche oder tierische Intelligenz ergänzen. So mag sie in anderer Weise spielen oder sprechen, als dies ein Mensch tun würde, und dennoch zum Ziel kommen.

In der starken KI liegt der Schwerpunkt auf einer künstlichen Intelligenz, die die menschliche oder tierische mehr oder weniger vollständig abbildet (oder ganz neue Wege in der Entscheidungsfindung und Problemlösung beschreitet, ohne den Begriff der Intelligenz zu überdehnen). Eine solche existiert bis heute nicht, und vielleicht wird sie nie existieren. Diese künstliche Intelligenz würde vielleicht immer noch die menschliche oder tierische Intelligenz simulieren – oder sie wäre mit ihr in einem bestimmten Sinne identisch.

Eine Superintelligenz schließlich, die weit über die menschliche Intelligenz hinausgeht, ist vollständig im Fiktionalen angesiedelt. Mit religiösen Begriffen könnte man davon sprechen, dass eine imaginierte göttliche Intelligenz simuliert wird. Während es allerdings keine göttliche Instanz gibt, könnte man durchaus eine Superintelligenz erreichen. Diese hätte womöglich nicht mehr viel mit der menschlichen Intelligenz gemein, was eben mit dem Präfix „Super" angedeutet wird.

T

Tablet

Ein Tablet ist ein kleiner, dünner, leichter Computer mit einem Touchscreen. Es verfügt über Kameras, Mikrofon und Lautsprecher sowie eine virtuelle oder mechanische (ergänzbare bzw. abnehmbare, selten auch fest verbaute) Tastatur. Über vorinstallierte Programme und heruntergeladene Apps werden Dienste und Funktionen zur Verfügung gestellt.
Tablets werden wie Smartphones, die geringere Abmessungen haben, zum Betrachten von Fotos und Videos, Informieren und Kommunizieren, Buchen von Hotelzimmern und Mietwagen, Einkaufen und Fotografieren sowie für das Steuern von Geräten eingesetzt. Dabei spielen auditive und visuelle Schnittstellen und spezialisierte Software eine wichtige Rolle.
Manche Tablets eignen sich als Arbeitsgeräte, andere kaum oder nicht, wegen ihrer Größe, ihrer Tastatur und ihres Displays. Sie alle bewähren sich als Medien für den schnellen Konsum, für das Spielen und teils auch das Lernen. Im Haushalt ergänzen sie meist Notebook und Smartphone.

In einigen sozialen Robotern sind Tablets für die Texteingabe und -ausgabe verbaut. Separate Gadgets mit speziellen Apps dienen als Spracheingabe- und Sprachausgabegeräte bzw. Texteingabe- und Textausgabegeräte sowie Steuerungssysteme. Die Vielzahl der Computer ist, im Zusammenhang mit Produktion und Entsorgung, Gegenstand von Wirtschafts- und Umweltethik. Auch die Informationsethik kommt ins Spiel. Sie kann danach fragen, wie der Hype um die Digitalisierung zu der Vielzahl oder Überzahl beiträgt.

Täuschung

Täuschung hängt eng mit Betrug zusammen. Sie ergibt sich infolge eines Willensakts seitens des Täuschenden und einer Unwissenheit, Unerfahrenheit, Unbekümmertheit, Vertrauensseligkeit, Fahrlässigkeit oder Bereitschaft seitens eines Getäuschten. Soziale Roboter, Chatbots und Sprachassistenten täuschen durch ihre äußerliche Gestaltung, durch die Gestaltung von Stimme und Sprechweise sowie durch den Inhalt des Gesagten. Dabei muss nicht zwangsläufig ein Täuschungswillen eines Herstellers oder Entwicklers vorliegen – hier kann es genügen, dass der Benutzer getäuscht werden will.

Technikethik

Die Technikethik bezieht sich auf moralische Fragen des Technik- und Technologieeinsatzes. Es kann um die Technik von Häusern, Fahrzeugen oder Waffen ebenso gehen wie um die Nanotechnologie. Zur Wissenschaftsethik und (in der Informationsgesellschaft) zur Informationsethik besteht ein enges Verhältnis. Zudem muss die Technikethik mit der Wirtschaftsethik kooperieren.
Technikfolgenabschätzung (TA), auch Technologiefolgenabschätzung genannt, ist für Analyse und Bewertung der Wirkungen und Folgen einer Technik bzw. Technologie zuständig und ein wichtiges Instrument bei der Beratung der Politik. In Deutschland gibt es das Büro für Technikfolgen-Abschätzung beim Deutschen Bundestag (TAB), in der Schweiz

das Zentrum für Technologiefolgen-Abschätzung TA-SWISS, in Österreich das Institut für Technikfolgen-Abschätzung (ITA). Die Technologiefolgenabschätzung ist interdisziplinär und bedient sich der Methoden verschiedener Wissenschaften, etwa von Soziologie und Philosophie. In moralischen Fragen der Informations- und Wissensgesellschaft trifft sich die TA mit mehreren Bereichsethiken.
Nach Otfried Höffe sind Technikfolgen ein bedeutendes Thema der Ethik geworden, weil die wissenschaftlich geleitete Technik die Arbeits- und Lebenswelt der Menschen immer nachhaltiger beeinflusse, umgestalte und schaffe. Primäre Problemfelder praktischer Verantwortung und ethischer Reflexion seien in diesem Zusammenhang u. a. die Klärung der moralischen Berechtigung der Nutzung von Kernenergie, die Abschätzung von Gefahren und Chancen der Prägung, Bildung, Manipulation und Deformation des Menschen durch die Medien- und Computertechnik sowie „die Sicherung der Humanität der Arbeitswelt im Rahmen der Globalisierung der marktgesellschaftlichen Ökonomie" (Höffe 2008), die durch die neuen Techniken und durch Systeme der Information und Mobilität ermöglicht und vorangetrieben werde. Annemarie Pieper verweist auf die ethischen Voraussetzungen des „Herstellungshandelns" und fordert eine Verantwortungsethik für „jene Personengruppen, die durch die Erzeugung technischer Produkte massiv in unsere Lebensverhältnisse eingreifen" (Pieper 2007).
Mit der Technisierung der unbelebten und belebten Welt, wie sie sich etwa bei den denkenden Dingen, bei cyberphysischen Systemen, in der Gentechnik und im Transhumanismus zeigt, nimmt die Bedeutung der Technikethik zu. Mit der Computerisierung der Technik wächst die Technikethik noch mehr mit der Informationsethik zusammen, die aus der einen Perspektive innerhalb ihrer Grenzen entstanden ist, aus einer anderen Perspektive sich eigenständig entwickelt und längst als Bereichsethik etabliert hat. Hinsichtlich der Entwicklung und Produktion von Technik und Technologien, im E-Business, in der Industrie 4.0 und überhaupt bei ökonomischer Relevanz ist zudem die Wirtschaftsethik gefragt, bei auf Wissenschaft basierenden (also immer mehr) Erkenntnissen und Produkten die Wissenschaftsethik. Jetzt und in Zukunft geht es darum, Pieper folgend, dass das technisch Machbare durch das ethisch

Wünschenswerte restringiert wird. Allerdings ist zu beachten, dass auch das technisch Versäumte unwillkommene Auswirkungen haben kann.

Technikfolgenabschätzung

Die Technikfolgenabschätzung oder Technologiefolgenabschätzung zielt auf Analyse und Bewertung der Wirkungen und Folgen einer Technik bzw. Technologie ab – auch und insbesondere in prospektiver Absicht – und ist trotz der kaum noch zu übersehenden Problemgebiete und der kaum noch zu bewältigenden Komplexität nach wie vor ein wichtiges Instrument, vor allem bei der Beratung der Politik.
Das Büro für Technikfolgen-Abschätzung beim Deutschen Bundestag (TAB) wird vom Institut für Technikfolgenabschätzung und Systemanalyse (ITAS) des Karlsruher Instituts für Technologie (KIT) unterhalten, auf der Basis eines Vertrags mit dem Deutschen Bundestag. In der Schweiz berät das Zentrum für Technologiefolgen-Abschätzung TA-SWISS im Rahmen seines gesetzlich verankerten Auftrags die Politik. In Österreich ist das Institut für Technikfolgen-Abschätzung (ITA), eine Einrichtung der Österreichischen Akademie der Wissenschaften, für die „Entscheidungsträger" unterwegs.
Die Technologiefolgenabschätzung ist interdisziplinär und bedient sich der Methoden verschiedener Wissenschaften, u. a. der Soziologie, der Psychologie und der Philosophie. Prognostik und Statistik sind elementar für sie. In moralischen Fragen der Informationsgesellschaft trifft sie sich mit der Informationsethik, in moralischen Fragen des Technikzeitalters mit der Technikethik, in technisch-philosophischen Angelegenheiten mit der Technikphilosophie.
Durch den prospektiven Charakter von weiten Teilen der Technikfolgenabschätzung ist diese gut geeignet, die Entwicklung generativer KI mitsamt ihren weitreichenden Folgen zu analysieren und zu evaluieren. Der Ausschuss für Bildung, Forschung und Technikfolgenabschätzung des Deutschen Bundestages hatte bereits im Februar 2023 eine Studie zu den Auswirkungen von ChatGPT und Co. auf Bildung und Forschung in Auftrag gegeben.

Technikphilosophie

Die Technikphilosophie ist eine Disziplin der Philosophie, die sich mit der Bedeutung der Technik für Mensch, Gesellschaft, Umwelt und Welt befasst (was ist und kann Technik). Sie hat Beziehungen zur Technikethik (was soll Technik) und Informationsethik (was soll Informationstechnik) und zur Technikfolgenabschätzung (welche Folgen hat Technik) sowie zur Roboterphilosophie. Ihre Wurzeln liegen in Werken von Platon und Aristoteles („Nikomachische Ethik").

Temperatur

Die Temperatur eines Sprachmodells gibt an, welche Rolle der Zufall beim Output spielt. Bei einer höheren Temperatur geht das Modell mehr Risiken, bei einer niedrigeren weniger Risiken ein.

Text-to-Speech-System

Ein Text-to-Speech-System (engl. „text-to-speech system") ist ein System, das Text interpretiert und vorliest und sich auf Text bezieht, der beispielsweise in einer Datenbank, einer Wissensbasis oder auf einer Website verfügbar ist. Die Sprachsynthese wird heute meist mit einem Text-to-Speech-System umgesetzt.

Textgenerator

Textgeneratoren sind Anwendungen, die auf künstlicher Intelligenz (KI) beruhen und nach einem Input des Benutzers (einem Prompt) alle möglichen Texte hervorbringen, zusammenfassen, bewerten, übersetzen, editieren und paraphrasieren. Sie können ebenso Artikel und Gedichte schreiben wie Geschichten erzählen. Dabei kann man ihnen Stile, Formate und Längen vorgeben. Zudem sind sie als Dialogsysteme nutzbar, im Sinne von Chatbots bzw. Sprachassistenten, die man u. a. in Roboter – Kollaborationsroboter oder Serviceroboter – integrieren kann. Es handelt sich um Ausprägungen des maschinellen Lernens, wobei neuronale Netzwerke eine grundlegende Rolle spielen. Man spricht auch von KI-basierten Textgeneratoren oder KI-Textgeneratoren. Der Vorgang ist die Textgenerierung, wobei dieser Begriff wiederum mit dem Verweis auf KI präzisiert werden kann. Textgeneratoren gehören wie Musik-, Video- und Bildgeneratoren zur generativen KI (Generative AI).

Für Textgeneratoren werden unterschiedliche Sprachmodelle (Language Models, vor allem große Sprachmodelle, also Large Language Models, kurz LLMs) oder Familien von Sprachmodellen verwendet, etwa GPT-4 (Generative Pre-Trained Transformer 4) von OpenAI, LaMDA (Language Model for Dialog Applications) von Google AI, LLaMA (Large Language Model Meta AI) von Meta AI oder – um eine deutsche Entwicklung und einen deutschen Anbieter zu nennen – Luminous von Aleph Alpha. Große Aufmerksamkeit erregte ab November 2022 ChatGPT, das wie DALL-E auf GPT beruht. Zunächst gebrauchte man GPT-3.5, dann GPT-4. Es besteht Multimodalität, d. h. man kann bei Prompts sowohl Text als auch Bild einspeisen. Klassische Suchmaschinen wie Bing von Microsoft wurden mit Textgeneratoren erweitert.

Mit Textgeneratoren wie ChatGPT, Mindverse oder Jasper kann man Texte für Zeitschriften, Zeitungen und Sach- und Fachbücher, Content und Drehbücher für E-Learning-Kurse sowie Botschaften und Strategien für Marketingmaßnahmen erstellen. Man kann mit ihnen Artikel zusammenfassen oder übersetzen, um daraus Blogposts zu machen. Sie helfen Schülern und Studenten bei Haus- und Abschlussarbeiten und Wissenschaftlern bei Studien, was in zahlreiche Herausforderungen in ethischer und rechtlicher Hinsicht mündet. Als Chatbots und Sprachassistenten werden sie zu Brainstormingpartnern, Coachingsystemen und – in Fortführung der pädagogischen Agenten der Jahrtausendwende – Lernbegleitern. Sie erlauben Literatur- und Kunstprojekte, bei denen entweder nur Texte veröffentlicht oder diese mit Bildern ergänzt werden. Die Ergebnisse von Textgeneratoren überschwemmen Buch- und Nachrichtenplattformen.

Einige Textgeneratoren lehnen bestimmte Prompts ab, weil sie gegen die eigenen Richtlinien oder gegen anerkannte Leitlinien und bestehende

Gesetze verstoßen. ChatGPT oder andere auf GPT-3.5 oder GPT-4 basierende Anwendungen weigern sich beispielsweise, rassistische Reden oder erotische Geschichten zu schreiben, selbst wenn diese Satire- oder Studienzwecken dienen sollen und obwohl Sexualität zum Menschsein dazugehört und uns ab der Pubertät wesentlich prägt. Konkret gibt ChatGPT etwa die Auskunft: „Es ist eine Richtlinie von OpenAI, keine erotischen oder anstößigen Inhalte zu produzieren, um sicherzustellen, dass die Interaktionen mit dem Modell sicher und für alle Benutzer angemessen sind. Mein Hauptziel ist es, informative, respektvolle und nützliche Antworten zu liefern." Die eine oder andere Zurückweisung kann als Zensur aufgefasst werden. Im genannten Fall wird immerhin Transparenz angestrebt.

Ein verbreitetes Problem bei Textgeneratoren vor allem der ersten Generation ist das Halluzinieren. Sie liefern neben richtigen Aussagen regelmäßig Falschinformationen sowie Quellenangaben, die ganz oder teilweise erfunden sind – so weisen Webadressen oft eine korrekte Domain auf, aber einen inkorrekten Pfad, sodass sie ins Leere weisen. Das Halluzinieren kann folgenreich sein, wenn die Textgeneratoren als Suchmaschinen benutzt und die falschen Tatsachenbehauptungen in andere Kontexte eingebaut werden. Wenn sie als Chatbots und Sprachassistenten dienen, leidet neben dem Wahrheitsgehalt die Vertrauenswürdigkeit des Gegenübers. Eine Lösung ist die Integration in eine Suchmaschine, sodass bei der Reaktion aktuelle Daten und Livedaten hinzugenommen werden können, eine andere das Training mit solchen Daten. In wissenschaftlichen Projekten war seit 2016 auf die Gefahr von Lügenmaschinen (Münchhausen-Maschinen) hingewiesen worden, wobei bei diesen eine Absicht dazugehört.

Textgeneratoren eröffnen Laien wie Experten neue Perspektiven. Sie tragen zu einer Professionalisierung von Anwendungsbereichen bei und erhöhen Effizienz und Effektivität. Zugleich etablieren einige Textgeneratoren einen bestimmten Stil und Ausdruck und frönen in ihrer Vorsichtigkeit und Unverbindlichkeit der Wokeness. Die Multimodalität bringt neue Möglichkeiten mit sich und verbindet virtuellen und physischen Raum, nicht nur bei Textgeneratoren, die Bild- und Audiodaten verarbeiten können, sondern auch bei Industrie- und Servicerobotern, deren Bilddaten in die Sprachmodelle integriert werden. Informationsethik und Medienethik behandeln die moralischen Aspekte der Textgenerierung, etwa im Hinblick auf Zensur, Manipulation, Suggestion, Propaganda, Halluzination und Hypermoral. Die Wirtschaftsethik untersucht, wie Textgeneratoren die Arbeit unterstützen und ersetzen und wie Anwender von Konzernen abhängig werden.

Token

Die Erstellung von Inhalten basiert bei generativer KI auf Sampling. Dabei werden Elemente – sogenannte Token – nach errechneten Wahrscheinlichkeiten ausgewählt. Ein Token kann einem Wort entsprechen, aber auch einem Teilwort, Satzzeichen oder Sonderzeichen.

Transformer

Ein Transformer ist eine Deep-Learning-Architektur bzw. eine Architektur für neuronale Netze. Er kann etwa eine Zeichenfolge in eine andere übersetzen oder Text generieren. Sprachmodelle wie der Generative Pretrained Transformer (GPT) verwenden diese Architektur.

Transparenz

Transparenz ist die Nachvollziehbarkeit von Prozessen und die Durchschaubarkeit von Strukturen. Im politischen, medialen und ökonomischen Bereich beinhaltet sie die Offenlegung von Interessen und Abhängigkeiten und die Offenheit der Kommunikation zwischen Akteuren und Betroffenen. Die Verfügbarkeit von Informationen in einem und über einen Markt ist entscheidend für die Markttransparenz.
Informationstransparenz (im Sinne der Informationsfreiheit) bedeutet etwa die Möglichkeit der Einsicht in Dokumente und Akten, vor allem mit Blick auf die Verwaltungstransparenz. Gegenüber Internet- und insgesamt IT-Unternehmen wird, auch aus der Informationsethik heraus,

Transparenz in Bezug auf die Bereitstellung und Funktionsweise von Diensten und die Nutzung von Daten gefordert. Explainable AI ist eng mit der Idee der Transparenz verknüpft, ohne diese jedoch in allen Aspekten verwirklichen zu können. Bei generativer KI wird von manchen Firmen explizit Transparenz und insgesamt Erklärbarkeit angestrebt, etwa von Aleph Alpha, dessen Produkt nicht für Endverbraucher, sondern für Unternehmen und Verwaltungen gedacht ist. Ob es sich um mehr als Marketing handelt, sei dahingestellt.

Troll

Ein Troll ist in der Informationsgesellschaft ein Benutzer, der durch seine Äußerungen in virtuellen Räumen lediglich provozieren, nicht aber partizipieren bzw. inhaltlich beitragen will. Oft handelt er aus der Anonymität heraus und betreibt Fake-Accounts. Das Trollen (oder Flaming) ist ein Massenphänomen im Internet und Bestandteil von Cybermobbing und -stalking. „Do not feed the troll(s)" (DNFTT) oder „Don't feed the troll(s)" ist die Aufforderung, sich nicht auf die Provokationen einzulassen und das Phänomen dadurch einzudämmen.

Turing-Test

Beim Turing-Test ist ein menschlicher Fragesteller mit einer Maschine und einem Menschen in einem anderen Raum oder hinter einem Vorhang verbunden. Wenn er durch seine Fragen nicht herausfinden kann, wer die Maschine ist, hat diese den Test bestanden und scheinbar ein Denkvermögen vorzuweisen, das dem menschlichen vergleichbar ist, oder zumindest ein solches erfolgreich imitiert.
Der Logiker, Mathematiker und Informatiker Alan M. Turing hat die fiktive Konstellation in seinem Artikel „Computing Machinery and Intelligence" (1950) vorgestellt. Er ging aus von dem bekannten Imitationsspiel (engl. „imitation game"), bei dem man das Geschlecht zweier unbekannter Kommunikationspartner, Mann und Frau, ohne Sicht- und Hörkontakt herausfinden muss.

Der Turing-Test ist für die Maschinenethik von Relevanz, insofern bei teilautonomen und autonomen Systemen das Denkvermögen im dargestellten Sinne der Moralfähigkeit vorausgeht und die Moral der Maschinen als Simulation oder Imitation gedeutet werden kann.

U

Ubiquitous Computing

Ubiquitous Computing ist die Allgegenwärtigkeit der Informationsverarbeitung. Informations- und Kommunikationstechnologien werden in beliebige Gegenstände integriert. Die so entstandenen „denkenden Dinge" können ihre Umwelt erfassen, sich austauschen oder Kontakt zu einem zentralen Rechner aufnehmen. Ein verwandter Begriff ist Pervasive Computing.

Überanpassung

Überanpassung (Overfitting, von engl. „overfitting") bedeutet im Kontext von Machine Learning, dass das Modell genaue Vorhersagen für Trainingsdaten liefert, allerdings nicht für neue Daten. Unteranpassung (Underfitting, von engl. „underfitting") tritt auf, wenn ein Modell zu einfach ist, sodass es die Muster in den Daten nicht erfassen kann.

Überwachtes Lernen

Überwachtes Lernen (engl. „supervised learning", kurz „SL") ist ein Paradigma des maschinellen Lernens. Bestimmte Inputs und gewünschte Outputs trainieren dabei das Modell. Dieses soll dann bei ähnlichen Inputs geeignete Outputs generieren. Der Gegensatz ist das unüberwachte Lernen (engl. „unsupervised learning").

Überwachung

Unter den Begriff der Überwachung fällt die zielgerichtete Beobachtung von Zuständen, Objekten und Personen ebenso wie die Erhebung von Daten in Bezug auf Personen und Situationen. Überwachung findet auf der Straße statt, in Gebäuden und Verkehrsmitteln, im Intra- und Internet, über Kameras und Mikrofone, über Tracking- und Monitoringsoftware, über Bild- und Gesichtserkennung.

Wenn der Staat generell und systematisch seine Bürger observiert, wird er zum Überwachungsstaat und zum Big Brother à la George Orwell („1984"), wodurch er dem Totalitarismus verfällt. Wenn man andere ausspioniert, in sozialen Netzwerken oder mithilfe von Überwachungssoftware, ist man ein aktives Mitglied der Überwachungsgesellschaft, was an Aldous Huxleys „Brave New World" denken lässt. Unternehmen und Einrichtungen können soziale Roboter zur Überwachung missbrauchen.

Überwachung im Sinne von Monitoring kann auch ein selbstständiges Leben unterstützen, wenn man als Alter oder Kranker mit Hilfe von Pflegerobotern, medizinischen Assistenzgeräten bzw. geeigneten Wearables und im Kontext von Quantified Self weiter zu Hause wohnen kann. Die Informationsethik fokussiert in diesem Kontext auf elektronische Überwachung und widmet sich u. a. der informationellen und persönlichen Autonomie; zudem stellt sie den Überwachungsimperativ in Frage.

Umweltethik

Die Umweltethik bezieht sich auf moralische Fragen beim Umgang mit der belebten und unbelebten Umwelt des Menschen. Im engeren Sinne verstanden, beschäftigt sie sich in moralischer Hinsicht mit dem Verhalten – sowohl von Personen als auch von Unternehmen – gegenüber natürlichen Dingen und dem Verbrauch von natürlichen Ressourcen. Im weiteren Sinne umfasst sie auch Tierethik und (sofern man eine solche zulassen will) Pflanzenethik.

Zu den zentralen Fragen der Umweltethik gehört, welche Dinge bzw. Lebewesen einen Wert oder Rechte im moralischen Sinne haben. Üblicherweise gesteht man Tieren durchaus Rechte zu, im Gegensatz zu Pflanzen, Bergen und Seen. Ob diese einen Eigenwert haben, ist umstritten, und man hält sie meist lediglich mit Blick auf den Menschen für schützenswert. Einen solchen Anthropozentrismus kritisierend, bezieht der Physiozentrismus auch Pflanzen (Biozentrismus) oder Berge und Seen ein (Holismus), mit der Gefahr, esoterisch zu wirken. Mit dem Schutz von Arten und Ökosystemen beschäftigen sich Tier- und Pflanzenethik sowie Umweltethik im engeren Sinne.

Die Umweltethik hat Verbindungen mit Umwelt- und Naturschutz. Sie versteht sich als ökologische Ethik und setzt sich in ihrer normativen Ausprägung für den Erhalt von Tieren und Pflanzen bzw. deren Arten und eine Schonung von Ressourcen ein. Wenn sie Unternehmen thematisiert, ist zusätzlich die Wirtschaftsethik gefragt. Wenn sie nicht nur Menschen und Betriebe als moralische Subjekte begreift, die auf die Umwelt einwirken und sie verändern, sondern auch Maschinen, muss sie sich mit der Maschinenethik verständigen, wenn sie nicht nur die natürliche Umwelt meint, sondern auch Artefakte wie Fahrzeuge und Roboter, mit Technik- bzw. Roboterethik. Bei der Gentechnik sind je nach Ausprägung verschiedene Bereichsethiken relevant.

Bei generativer KI kann u. a. die Frage nach dem Energieverbrauch aufgeworfen werden. Alex de Vries konstatierte in seiner Studie „The growing energy footprint of artificial intelligence" von 2023, dass die KI-Begeisterung ab 2022 wesentlich zu einem erhöhten Stromverbrauch beigetragen hat, wobei er insgesamt weder eine zu pessimistische noch eine zu optimistische Sicht vertritt und den Einfluss von KI in dieser Hinsicht differenziert betrachtet. Soziale Medien werden in Bezug auf den Energieverbrauch schon seit 2009 kritisch beurteilt, etwa im Artikel „Klimakiller Web 2.0".

Uncanny Valley

Je mehr ein Avatar oder ein Roboter durch sein Aussehen verspricht, desto perfekter muss er umgesetzt sein, damit er nicht unheimlich wirkt und ins Uncanny Valley gerät, ins unheimliche Tal. Die meisten humanoiden Roboter, die hergestellt werden, insbesondere Androiden, kommen aus diesem nicht heraus. Gegenwärtig erhalten allenfalls Avatare, die sich von Menschen nicht mehr unterscheiden lassen, die notwendige Akzeptanz und das notwendige Vertrauen. Die meisten tierähnlichen Roboter geraten erst gar nicht in das Tal hinein, da sie kaum Erwartungen wecken. Der Effekt, der von Masahiro Mori in den 1970er-Jahren entdeckt wurde, kann auch auf die Emotionen und die Moral der Maschinen übertragen werden. Insofern hat er mit der Maschinenethik zu tun.

Universeller Roboter

Ein universeller Roboter, auch Allzweckroboter (engl. „all-purpose robot" oder „general-purpose robot") genannt, ist ein meist humanoider Roboter, der bei allen möglichen Tätigkeiten und zu allen möglichen Zwecken eingesetzt werden kann. Vorstufen sind Atlas von Boston Dynamics, H1 von Unitree, Figure 01 von Figure und UBTECH Humanoid Robot Walker S. Auch Elon Musk versucht sich an Projekten dieser Art, wenn man an Optimus (Tesla Bot) aus dem Hause Tesla denkt. Sensorsysteme und Sprachmodelle sind für universelle Roboter von existenzieller Bedeutung. So hat man einen Figure 01 bei einer eindrucksvollen Demonstration im Jahre 2024 mit GPT-4 verbunden.

Unselbstständigkeit

Wie bei vielen Werkzeugen des Informationszeitalters ist auch bei generativer KI die Frage, wie selbstständig der Mensch bleibt. Als Taschenrechner in den 1980er-Jahren der BRD in den Schulen verteilt wurden, gab es die Befürchtung, dass die Kinder und Jugendlichen das Rechnen verlernen und es als Erwachsene im Privat- und Berufsleben nicht mehr anwenden könnten. Textgeneratoren betreffen weniger das Rechnen, sondern mehr das Schreiben, eine andere Kulturtechnik, die sicherlich noch wesentlicher und grundlegender ist. Bei der Nutzung fällt der Akt des Erarbeitens auf dem echten oder virtuellen Papier weg, der für viele Menschen ein lautes Nachdenken ist. Nun übernimmt das KI-System – nach einer recht kurzen Anweisung – das Füllen der leeren Fläche und letztlich Prozess und Resultat. Ohne großen Aufwand steht man vor einer erheblichen Menge von Text, die es nur noch nachzubearbeiten gilt, wie ein 3D-Modell, an dem noch überflüssige Nähte und Wülste sind. Auch das Zeichnen und Malen sind alte Kulturtechniken, angewandt schon in den Höhlen unserer Vorfahren. Nun erledigen Bild- und Videogeneratoren die Visualisierung, mit ähnlichen Konsequenzen wie bei den Textgeneratoren. Insgesamt sind womöglich Sprache und Bild als Kulturwerkzeuge und Kulturgut bedroht.

Unteranpassung

Unteranpassung (Underfitting, von engl. „underfitting") bedeutet im Kontext von Machine Learning, dass ein Modell zu einfach ist, sodass es die Muster in den Daten nicht erfassen kann. Überanpassung (Overfitting, von engl. „overfitting") bedeutet hingegen, dass das Modell genaue Vorhersagen für Trainingsdaten liefert, allerdings nicht für neue Daten.

Unternehmensethik

Die Unternehmensethik ist ein Teilbereich der Wirtschaftsethik und ein Hauptgebiet der Institutionenethik. Sie widmet sich moralischen Problemen, die sich innerhalb von oder durch Unternehmen ergeben, und fragt nach der Verantwortung, die diese gegenüber Mitarbeitern, Kunden und Umwelt tragen. Sind IT-Unternehmen bzw. Benutzer betroffen, bestehen Überschneidungen mit der Informationsethik.

Unüberwachtes Lernen

Unüberwachtes Lernen (engl. „unsupervised learning") ist ein Paradigma des maschinellen Lernens. Das System findet ohne Anleitung und Kennzeichnung bestimmte Muster in den Daten.

Urheberrecht

Das Urheberrecht ist die Gesamtheit der Gesetze und Bestimmungen, die ein individuelles geistiges Werk aus Wissenschaft, Literatur oder Kunst vor unbefugtem Zugriff bewahren sollen. Der Forscher, Autor oder Künstler genießt mit der Erstellung eines Textes oder Bilds das subjektive Urheberrecht, das seine geistigen und persönlichen Interessen schützt und ihm ausschließliche Verwertungsrechte gibt. Er kann anderen Nutzungsrechte einräumen, z. B. einem Verlag das Vervielfältigungs- und Verbreitungsrecht für ein Buch.
In Deutschland existiert das „Gesetz über Urheberrecht und verwandte Schutzrechte (Urheberrechtsgesetz)", in der Schweiz das „Bundesgesetz über das Urheberrecht und verwandte Schutzrechte (Urheberrechtsgesetz, URG)", in Österreich das „Bundesgesetz über das Urheberrecht an Werken der Literatur und der Kunst und über verwandte Schutzrechte (Urheberrechtsgesetz)". Das angelsächsische Copyright unterstreicht eher den Nutzen für die (am Werk interessierte) Gesellschaft als für das (das Werk schaffende) Individuum.
In der Informationsgesellschaft und im Internet gilt das Urheberrecht in gleicher Weise, wobei international gesehen Varianten auftreten; im Zuge eines regen elektronischen Publizierens und der Leichtigkeit, Werke zu kopieren und weiterzuverbreiten, wird es aber in vielen Fällen verletzt. Betroffen sind Bücher, Artikel, Musikstücke und insgesamt alle Werke, die digitalisiert werden können.

Die Verwendung von geschütztem Material durch generative KI im Zuge von Machine Learning kann problematisch sein. So wird die Leistung eines Urhebers genutzt, ohne dass dieser um Erlaubnis gefragt, vergütet oder entschädigt wird. Zudem hat man keinen Einfluss darauf, in welche Ergebnisse die eigenen Werke münden. Eventuell verstoßen sie gegen die eigenen Ziele, Ideen und Werte. Wenn es sich um geschütztes Material von Unternehmen und Organisationen handelt, wird gegen deren Interessen verstoßen.

Urheberschutz

Bei generativer KI ist die Frage, ob die damit erstellten Werke Urheberschutz erhalten können. Wenn ausreichende menschliche Beteiligung vorhanden ist, bei einer gewissen Schöpfungshöhe oder Gestaltungshöhe, kann dies im Prinzip der Fall sein. Möglicherweise reichen schon spezifische Prompts dafür aus, dass ein Urheberschutz entsteht, oder ein komplexes System davon, wie es für Romane oder Sachbücher notwendig ist. Hier wären dann die Inputs selbst und die durch sie entstandenen Werke schützenswert. Zudem kann eine nachträgliche Bearbeitung von KI-Werken durch einen Autor oder mit Hilfe von Bild- und Videobearbeitungsprogrammen dazu führen. Allerdings müssen die Modifikationen weitreichend genug sein – es muss also etwas Eigenständiges vorliegen. Auch ein Kuratieren kann wohl in Urheberschutz münden, wenn das so entstandene Werk als Ganzes als eigenes kreatives Werk angesehen werden kann. Dazu gehören die Sammlung, die Anordnung und die Besprechung von Texten und Bildern und das Zusammenfügen von Videoelementen.

V

Variational Autoencoder

Beim Variational Autoencoder (VAE) handelt es sich um eine Architektur neuronaler Netze. Anders als ein einfacher Autoencoder kann er neue Inhalte erzeugen, etwa Texte, Bilder oder Videos.

Verantwortung

Verantwortung kann nach Otfried Höffe eingeteilt werden in Primärverantwortung (die man trägt), Sekundärverantwortung (zu der man gezogen wird) und Tertiärverantwortung (zu der man gezogen wird und die mit einer Sanktionierung verbunden ist). Mit der Primär- und Sekundärverantwortung wird der Mensch als Subjekt der Moral sichtbar, mit der Tertiärverantwortung auch als Subjekt (und Objekt) von Recht und Ordnung. Voraussetzung ist die Primärverantwortung, die lediglich (mündigen, urteilsfähigen) Personen zukommt. Eine Wiedergutmachung ist in der Informationsgesellschaft besonders schwierig, etwa wenn sich Falschbehauptungen im virtuellen Raum verbreitet und verselbstständigt haben; dieses Problem wird in der Informationsethik behandelt. Wie bei allen (teil-)autonomen Maschinen und Systemen ergeben sich auch bei generativer KI Fragen zu Verantwortung und Haftung. So kann ein Text aus einem Textgenerator, der Falschinformationen enthält, im entsprechenden Kontext Schaden anrichten, ebenso ein KI-generiertes Bild, das für ein Abbild der Wirklichkeit gehalten wird. Auch diskriminierende Texte und Bilder werfen Fragen auf. KI-Systeme und Roboter können aus ethischer Sicht keine Verantwortung tragen. Die Verantwortung trägt stets der Mensch, wobei es sich bei den Entwicklern, Vermittlern und Betreibern um viele Personen handeln kann. Auf der Seite der Benutzer kann es ebenso schwierig werden, einen einzelnen Verantwortungsträger zu identifizieren, etwa wenn es sich um Mitarbeiter oder Abteilungen in einem Unternehmen dreht, mit unterschiedlichen Rollen und Rechten.

Verlässlichkeit

Verlässlichkeit ist etwas, was sich nicht allein auf Menschen bezieht. Auch Software, technische Systeme wie Anwendungs- und Informationssysteme sowie Materialien können diesbezüglich beobachtet und überprüft werden. Es geht darum, dass Versprechungen (im wörtlichen und übertragenen Sinne) eingehalten und Erwartungen erfüllt werden, und zwar über einen gewissen Zeitraum hinweg. Jemand oder etwas ist also verlässlich, und jemand oder etwas wird als verlässlich wahrgenommen. Eng mit dem Begriff der Verlässlichkeit ist der der Zuverlässigkeit verbunden, zudem der der Vertrauenswürdigkeit, und auch „Gründlichkeit", „Sicherheit" und „Sorgfalt" sind nicht weit.
Bei sozialen Robotern ist Verlässlichkeit genauso bedeutsam wie bei anderen technischen Systemen – dort kommt hinzu, dass in besonderer Weise Versprechen gegeben und Erwartungen geweckt werden. Dies hängt mit ihren fünf Dimensionen zusammen und überhaupt mit der Grundidee, dass sie ein Teil im sozialen Gefüge sind. Dass es bedeutsam ist, bedeutet freilich nicht, dass nicht ebenso soziale Roboter denkbar sind, die nicht durch Verlässlichkeit auffallen. Zu Forschungszwecken

könnten diese durchaus wichtig sein – oder in der Praxis, um Menschen blindes Vertrauen in die Technik zu nehmen.

Bei generativer KI ist Verlässlichkeit zusammen mit Zuverlässigkeit und Vertrauenswürdigkeit (sowie Vertrauen) ebenfalls grundlegend. So sollen Text-, Bild-, Video- und Audiogeneratoren ihre Versprechungen hinsichtlich der Verfügbarkeit und der Ausdrucksfähigkeit einhalten und die Erwartungen der Benutzer hinsichtlich der Qualität erfüllen. Die Resultate sollten den Prompts folgen, in gewisser Weise voraussehbar und wiederholbar sein und in einer vernünftigen Zeit zur Verfügung stehen. Die Anbieter sollten bestimmte eingegebene und bereitgestellte Daten nicht weitergeben und nicht missbrauchen. Trustworthy AI ist das entsprechende Arbeitsgebiet.

Vertrauen

Vertrauen ist das Überzeugtsein von der Verlässlichkeit und Zuverlässigkeit einer Person oder einer Sache, die ein IT- bzw. KI-System sein kann. Es kann mit der Vertrauenswürdigkeit zusammenhängen, die jemand oder etwas hat. Im Englischen spricht man von „trust", im Zusammenhang mit Digitalisierung auch von „digital trust".

Videogenerator

Videogeneratoren sind Anwendungen, die auf künstlicher Intelligenz (KI) beruhen und nach einem Input des Benutzers (einem Prompt) alle möglichen digitalen Videos hervorbringen bzw. verändern, etwa fotorealistische Filme, Zeichentrickfilme oder Deepfakes mit dem Avatar des Benutzers und seiner geklonten Stimme.

Bekannte Videogeneratoren für den wirtschaftlichen Bereich sind Pictrory aus Bothell (Washington), HeyGen aus Los Angeles und Synthsia aus London. Für den künstlerischen Bereich eignen sich z. B. Kaiber aus Arcadia (Kalifornien) und Picsart aus Miami und Eriwan. Im Februar 2024 stellte OpenAI seine Sora vor, im Frühjahr Luma AI die Dream Machine.

Virtualität

Der Begriff der Virtualität ist ebenso vieldeutig wie unklar. Oft ist damit einfach gemeint, dass etwas auf einer elektronischen Basis stattfindet. In diesem Sinne stellen Informations- und Kommunikationstechnologien und Informationssysteme – vom einfachen Chat bis hin zu komplexen 3D-Welten – virtuelle Räume bereit.
Virtualität wird zudem so verstanden, dass etwas unwirklich, ja nicht vorhanden bzw. ein bloßes Abbild der Realität ist. Bei der Umsetzung einer solchen Virtualität kann auf elektronische Medien zurückgegriffen werden, wie im Falle der Virtuellen Realität (VR).
Virtualität kann weiter eine Organisationsform bezeichnen, die auf dem Flüchtigen, Vorübergehenden oder dem Verzicht einer organisatorischen und räumlichen Einheit beruht. In diesem Sinne spricht man von virtuellen Unternehmen. Elektronische Hilfsmittel können, müssen aber nicht zur Bildung dieser Netzwerke beitragen.

Virtuelle Realität

Virtuelle Realität (Virtual Reality, VR) ist ein Arbeits- und Forschungsgebiet zur computergenerierten Wirklichkeit mit 3D-Bild und in vielen Fällen auch Ton – bzw. die computergenerierte Wirklichkeit selbst, die über Großbildleinwände, in speziellen Räumen (Cave Automatic Virtual Environment, kurz CAVE) oder über ein Head-Mounted-Display (Video- bzw. VR-Brille) übertragen wird. Bei Mixed Reality wird entweder Realität erweitert (Augmented Reality), wobei man für die Darstellung und Wahrnehmung eine AR-Brille (oft Datenbrille genannt) benötigt, oder aber Virtualität, im Sinne der Kopplung mit der Realität. Bei einem weiten Begriff kann sie auch VR inkludieren.
Meist gibt es in VR Formen der Interaktion, und sei es nur im Sinne der körperlichen Bewegung durch die virtuelle Welt. Zur Interaktion mit Objekten werden neben der Video- oder VR-Brille spezielle Eingabegeräte gebraucht, etwa 3D-Maus und Datenhandschuh. Virtuelle Realität spielt eine Rolle bei der Aus- und Weiterbildung (Benutzung von

Flug- oder Operationssimulatoren), bei der Informationsvermittlung (Aufklärung in Bezug auf Massentierhaltung oder Bauvorhaben) und in der Unterhaltung (Erkundung von und Erprobung in Abenteuer- und Fantasywelten, Fortbewegung mit Rennauto und Achterbahn, Stimulation über Pornografie).

Die Immersion, die Erfahrung des Eintauchens in die virtuelle Realität, kann bereichernd und verstörend sein. Während ihrer Dauer wird die normale Wirklichkeit je nach Grad mehr oder weniger zurückgedrängt, und es kann schwierig und aufwendig sein, in diese zurückzukehren und sich wieder in dieser zurechtzufinden, was Thema von Technik- und Informationsethik sein mag. Manchen Benutzern wird schwindlig, insbesondere wenn künstliche und tatsächliche Bewegung bzw. Beschleunigung voneinander abweichen. Die wirtschaftliche Bedeutung von Virtual Reality und Mixed Reality ist hoch, wenn man an die unterschiedlichen Anwendungsgebiete und -systeme (nicht nur Hard-, sondern auch Software) und das Engagement von Anbietern und Benutzern denkt. Manche hoffen auf einen Durchbruch des Metaverse der 2020er-Jahre.

Virtueller Assistent

Ein virtueller Assistent ist ein natürlichsprachliches Dialogsystem, das Anfragen der Benutzer beantwortet und Aufgaben für sie erledigt, in privaten und wirtschaftlichen Zusammenhängen. Er ist auf dem Smartphone ebenso zu finden wie in Unterhaltungsgeräten und in Fahrzeugen. Ein typischer Vertreter ist der Sprachassistent (Voicebot oder Voice Assistant). Der Chatbot kann ebenfalls als virtueller Assistent oder als enger Verwandter aufgefasst werden.

Siri, Cortana und Google Assistant sind bekannte Anwendungen für das Smartphone. Sie werden teils zur Bedienung von Diensten und Geräten (etwa im Smart Home) und in Autos und Shuttles eingesetzt. Hologramme in der Fiktionalität, beispielsweise in Filmen wie „Blade Runner 2049", dienen ebenfalls als virtuelle Assistenten. In der Realität gibt es Produkte wie die Gatebox aus Japan, in der ein Manga- oder Animemädchen „wohnt".

In den meisten Fällen ist bei der Verwendung von virtuellen Assistenten klar, dass es sich um Artefakte handelt, und man bedient sie wie Werkzeuge. Für Chatbots wurde bereits früh vorgeschlagen, dass diese klarmachen sollen, dass sie keine Menschen sind. Möglich ist es bei Sprachassistenten, die Stimme roboterhaft klingen zu lassen, sodass kaum Verwechslungsgefahr besteht. Dies sind Themen für Informationsethik, Roboterethik und Maschinenethik und allgemein Roboterphilosophie.

W

Wahrscheinlichkeit

Die Wahrscheinlichkeit ist ein Wert zwischen 0 und 1, der angeben soll, ob ein Ereignis eintritt oder nicht. Entsprechende Berechnungen werden in der Wahrscheinlichkeitstheorie angestellt, einem Teilgebiet der Mathematik. In einem Sprachmodell wird das wahrscheinlichste nächste Wort oder der wahrscheinlichste nächste Teil eines Worts vorhergesagt, basierend auf den vorherigen Wörtern eines Satzes.

Web 2.0

„Web 2.0", ein ebenso beliebter wie unscharfer Begriff, steht für interaktive und kollaborative Anwendungen des World Wide Web. Inhalte werden nicht mehr allein „von oben", von Kommunikationsabteilungen, Medien und Verlagen, verbreitet, sondern auch „von unten", insbesondere durch private Benutzer (User-generated Content). Dies geschieht über eigene Homepages und Websites, vor allem aber über soziale Medien, etwa Wikis, Weblogs, Foto- und Videoplattformen, soziale Netzwerke und Communitys für generative KI. Manche der Dienste waren bereits in der Mitte der 1990er-Jahre oder noch früher bekannt; eine massenhafte Verbreitung fand ab ca. 2004 statt, im Falle der generativen KI ab 2022.

Web 3.0

Das Web 3.0, auch Semantic Web genannt, nutzt Konzepte zur semantischen Erweiterung und Erschließung des World Wide Web zur Verbesserung und Vereinfachung der Mensch-Maschine-Interaktion und der Datenverarbeitung. Das W3C-Konsortium verwendet den Begriff „Web of Data" („Web der Daten"), auch in Abgrenzung zum „Web of Documents" („Web der Dokumente"). Einerseits ergänzt man Texte und Bilder mit Metaangaben, andererseits bringt man Technologien bei, digitale Inhalte in bestimmter Art und Weise zu kategorisieren und zu interpretieren. Eine bekannte Anwendung ist die Bildersuche bei Google.

Weblog

Weblogs (kurz „Blogs") sind mehr oder weniger persönliche Log- bzw. Tagebücher in webbasierten Umgebungen. Die Blogger verlinken auf Ressourcen, Websites und andere Weblogs und beschreiben und kommentieren diese für potenziell viele Benutzer, die die Referenzen, Beschreibungen und Kommentare ihrerseits kommentieren. Es entstehen „logs of the web" (engl.), wie bei den ersten Linksammlungen von Tim Berners-Lee in der ersten Hälfte der 1990er (der Ausdruck „Weblog" kam dann um 1997 auf).

Längst reflektieren die Autoren auch sich selbst, ihre Umwelt und die Welt, und viele Weblogs werden zum bloßen „log in the web" (engl.). Der Gegenstand wird von der subjektiven Meinung der Blogger bestimmt und von ihnen kontrolliert. Es werden regelmäßig neue Beiträge gepostet, mit Datum versehen und zeitlich geordnet, sodass der jüngste ganz oben steht. Ältere Postings wandern in ein meist offen einsehbares Archiv.

Microsoft, OpenAI, xAI und andere Anbieter kommunizieren Neuerungen zu generativer KI häufig über ihre Unternehmensblogs. Die Posts werden von den Massenmedien, Praktikerzeitschriften und Blogs der Benutzer und Kunden bei Bedarf weiterverbreitet. In diesen Blogs werden auch eigene Tests und Experimente vorgestellt, etwa zum „american smile" (engl.), also zu einem Phänomen, das bei Bildgeneratoren auftritt.

Website

Eine Website ist ein Angebot im World Wide Web, manchmal auch nur als Site bezeichnet. Sie ist meist hierarchisch aufgebaut, beginnend mit einer Homepage als Einstiegsseite (die eine Webseite ist). Der Gesamtinhalt besteht aus mehreren miteinander über Links oder eine Möglichkeit der Navigation verbundenen Webseiten. Eine Website ist i. d. R. einem einzigen Server bzw. Host zugeordnet, kann sich bei größeren Organisationen (z. B. internationalen Unternehmen) aber genauso über mehrere Hosts verteilen.

Werkzeug

Ein Werkzeug ist ein Hilfsmittel, das den Handlungsspielraum erweitert. Es wird von Menschen oder Tieren erschaffen und von diesen genutzt, um ein bestimmtes Problem zu lösen und ein bestimmtes Ziel zu erreichen. Aristoteles beschrieb in seiner „Politik" das Potenzial des Werkzeugs, zum Automaten zu werden: „Wenn nämlich jedes einzelne Werkzeug auf einen Befehl hin, oder einen solchen schon voraus ahnend, seine Aufgabe erfüllen könnte, ... wenn also auch das Weberschiffchen so webte und das Plektron die Kithara schlüge, dann bedürften weder die Baumeister der Gehilfen, noch die Herren der Sklaven." Der Automat wiederum wird zum teilautonomen oder autonomen Roboter, und wenn dieser als Werkzeug gesehen wird, bedeutet das, dass er keinen Selbstzweck haben, sondern Mittel zum Zweck bleiben soll. Dies gilt auch für Softwareroboter, etwa für Text- und Bildgeneratoren. Das Werkzeug im ursprünglichen Sinne liegt oft in der Hand seines Benutzers und manipuliert dessen Umwelt: Der Hammer schlägt den Nagel ein, die Zange zieht ihn heraus und drückt ihn gerade.

Wirtschaft

Die Wirtschaft, auch Ökonomie (gr. „oikonomia": „Hausverwaltung" oder „Haushaltsführung") genannt, besteht aus Einrichtungen, Maschinen und Personen, die Angebot und Nachfrage generieren und regulieren. Einrichtungen sind Unternehmen bzw. Betriebe und öffentliche bzw. private Haushalte. Maschinen unterstützen und ersetzen auf Produktion, Transformation, Konsumation und Distribution von Gütern zielende Aktivitäten von Arbeitskräften, Mittelsmännern und Endkunden. Ebenso sind Gewinnung (von Ressourcen aller Art), Werbung (für Produkte und Dienstleistungen) und Entsorgung relevant. Ziel der Wirtschaft ist die Sicherstellung des Lebensunterhalts und, in ihrer kapitalistischen Form, die Maximierung von Gewinn und Lust mithilfe unternehmerischer Freiheit, zugleich die Erzeugung von Abhängigkeit, ob von Anbietern oder Produkten, und Wachstum, bis zum (nicht unbedingt gewünschten, aber erwartbaren) Kollaps des Systems.
Bereits Jäger, Sammler und Hirten bilden traditionelle Wirtschaftsformen aus. Im Vordergrund steht die Eigenversorgung in Sippen und Stämmen an einem festen Ort oder in wechselnden Gegenden (Bedarfswirtschaft). Die Landwirtschaft fördert die Sesshaftigkeit, insofern Bauern ihre Felder wiederholt bestellen wollen und Flächen zunehmend begehrt und besetzt werden. Die Erwerbswirtschaft ist vom Austausch von Waren bestimmt, auch über größere Distanzen hinweg, und führt nach und nach zur globalen Wirtschaftswelt. Der Händler wird zu einer zentralen Figur. Die beteiligten Parteien erhalten oder entrichten Geld für Erstellung, Vermittlung und Anforderung bzw. Erwerb oder tauschen ihre Eigentümer und Leistungen aus, auch in der digitalen Moderne (Sharing Economy). In der freien Marktwirtschaft wird nur in Ausnahmefällen interveniert, in der sozialen der gesellschaftliche Fortschritt anvisiert. In der Planwirtschaft weist eine zentrale Einheit, die kommunistischen Prinzi-

pien verpflichtet sein kann, Wissen, Arbeit, Kapital und Boden der Produktion zu. Wirtschaftssektoren sind u. a. Primärsektor (Anbau von Getreide, Abbau von Eisenerz und Holzschlag), Sekundärsektor (Industriesektor), Tertiärsektor (Dienstleistungssektor) und Quartärsektor (Informationssektor mit Informations- und Kommunikationstechnologien sowie Informationswesen), Wirtschaftszweige (Branchen) z. B. Gesundheits- und Sozialwesen, Finanz- und Versicherungsindustrie sowie Handel.

Die Ökonomik (Wirtschaftswissenschaft bzw. Wirtschaftswissenschaften) hat die Ökonomie zum Gegenstand. Sie bringt Wirtschaftstheorien wie die neoklassische Theorie, den Marxismus und den Keynesianismus hervor. Die Volkswirtschaftslehre (VWL) widmet sich der Wirtschaft einer Gemeinschaft oder eines Lands, die Betriebswirtschaftslehre (BWL) der Wirtschaft eines Betriebs bzw. Unternehmens. Die Wirtschaftsinformatik verbindet die BWL mit der Informatik. Mithilfe ihrer Kenntnisse und Fähigkeiten werden Informationssysteme als soziotechnische Systeme geplant, umgesetzt und betrieben. In der Wirtschaftsethik werden die moralischen Implikationen der Wirtschaft untersucht. Die Unternehmensethik fragt nach der Verantwortung und der Haftung des Unternehmens und seiner Gründer und Manager, die Konsumentenethik nach der Verantwortung der Konsumenten. Die Wirtschaftsphilosophie behandelt die Grundlagen der Wirtschaft und die Methoden der Wirtschaftswissenschaften. Weitere Disziplinen sind Wirtschaftsrecht, -geschichte, -soziologie und -pädagogik.

Der Mensch ist zum Homo oeconomicus geworden, der wesentlich durch ökonomische Denkweisen und Interessenabwägungen bestimmt wird, sei es als Anbieter, als Mittler oder als Nachfrager. Er wird in der Informationsgesellschaft zum Zahlungsmittel, durch seine Daten, und zum Produkt, das verkauft und verbraucht wird. Nicht bloß in Unternehmen, sondern auch in Bildungseinrichtungen und Verwaltungseinheiten wird der Wirtschaftlichkeitsnachweis zum alles beherrschenden Kriterium, die Kosten-Nutzen-Analyse zur allem vorausgehenden Prämisse. In der Industrie 4.0 werden Wirtschaftssektoren, werden Automatisierung, Autonomisierung (von Maschinen), Flexibilisierung (von Produktionen) und Individualisierung auf bislang nicht gekannte Art und

Weise miteinander verbunden, zum Zwecke der Effizienzsteigerung und des Effektivitätsgewinns. Die Wertschöpfung der IT- und Internetwirtschaft und die (Gratis-)Nutzung durch den technikaffinen Konsumenten, der immer wieder selbst zum Produzenten wird, zum Prosumenten, werden kritisch von Wirtschaftsethik, Informationsethik, Technikethik und Technikfolgenabschätzung reflektiert, ebenso wie Überwachung, Hacking und andere mit Informations- und Kommunikationstechnologien verbundene Phänomene. Der Raubbau an der Natur, den das ständige Wachstum der Wirtschaft und der Bevölkerung nach sich zieht, ist Thema von Wirtschafts- und Umweltethik.

Wirtschaftsethik

Die Wirtschaftsethik hat die Moral (in) der Wirtschaft zum Gegenstand. Dabei ist der Mensch im Blick, der wirtschaftliche Interessen hat, der produziert, handelt, führt und ausführt (verschiedene Formen der Individualethik) sowie konsumiert (Konsumentenethik), und das Unternehmen, das Verantwortung gegenüber Mitarbeitern, Kunden und Umwelt trägt (Unternehmensethik als Hauptgebiet der Institutionenethik). Zudem interessieren die moralischen Implikationen von Wirtschaftsprozessen und -systemen sowie von Globalisierung und Monopolisierung (Ordnungsethik). In der Informationsgesellschaft ist die Wirtschaftsethik eng mit der Informationsethik verzahnt. Mit Blick auf generative KI interessiert sie sich etwa für die Unterstützung und Ersetzung der Arbeit (Mikro- und Mesoebene) und die Monopolisierung (Makroebene).

Wirtschaftsinformatik

Wirtschaftsinformatik ist die Wissenschaft von Entwurf, Entwicklung und Einsatz betrieblicher und kommerzieller Informations- und Kommunikationssysteme und verbindet Informatik und Betriebswirtschaftslehre. Galt früher vor allem die Beschäftigung mit ERP-Systemen als typisch für Wirtschaftsinformatiker, kamen später Bereiche rund um

E-Business und E-Commerce, Serviceroboter und soziale Roboter sowie generative KI hinzu. Inzwischen ist der Gegenstandsbereich der Disziplin sehr groß geworden.

Wissen

Wissen ist im Vergleich zu Informationen eher statisch (z. B. als persönliche Erfahrung oder als Text in einem Buch). Es besteht aus wahren oder für wahr gehaltenen Aussagen, aber auch aus bestimmten Bildern und Tönen. Es gibt „falsches Wissen", wobei es in dem Moment, wo man erkennt, dass es falsch ist, kein Wissen mehr ist. Zu unserem Wissensschatz gehört, dass die Erde rund ist, durch die Evolution die heutigen Tiere und der Mensch entstanden sind und Penicilline gegen bakterielle Krankheitserreger wirken (es sei denn, es haben sich Resistenzen entwickelt). Die wahren und für wahr gehaltenen Aussagen des Wissens sind auf eine eindeutige und verständliche Sprache ebenso angewiesen wie auf eine angemessene textliche und grafische Darstellung. Orte des Wissens sind Bibliotheken, Archive und Hochschulen. Wissenschaft entwickelt und hinterfragt Wissen.

Wissenschaft

Die Wissenschaft strebt Erkenntnisgewinn (Forschung) und -vermittlung (Lehre) an, wobei sie anerkannte und gültige Methoden benutzt und Resultate veröffentlicht bzw. einbezieht. Sie ist in gewissem Sinne voraussetzungslos und ergebnisoffen, anders als etwa die christliche Theologie. Die westliche Philosophie kann als Mutter mehrerer Einzelwissenschaften gelten. Diese zeichnen sich durch einen klar benennbaren Gegenstandsbereich aus. So widmet sich die Physik der unbelebten Natur, die Biologie der belebten, die Psychologie dem menschlichen Erleben, Verhalten und Bewusstsein. Es finden sich bei ihnen rationale oder empirische, generelle oder spezifische Methoden, die in der Wissenschaftstheorie (einem Teilgebiet der Philosophie) erklärt und begründet werden.

Die westliche Philosophie, wie sie sich im antiken Griechenland herausgebildet hat, wendet sich von religiösen Erklärungsmodellen ab. Sie beinhaltet u. a. Wissenschafts- und Erkenntnistheorie, Ontologie und Ethik und hat starke Bezüge zu Mathematik und Naturwissenschaft, mit Protagonisten wie Thales, Pythagoras und Demokrit. Die von Platon im Jahre 387 v. u. Z. gegründete Schule in Athen (Platonische Akademie) gilt als einer der ersten Lehrbetriebe. Sein Schüler Aristoteles ist einer der wichtigsten Philosophen überhaupt und in manchen Aspekten einer der ersten modernen Wissenschaftler. Die Wissenschaft hatte in der Renaissance einige Höhepunkte, ebenso im 19., 20. und 21. Jahrhundert; im Orient war das Mittelalter ihre Blütezeit.

Die Wissenschaftsfreiheit (oder akademische Freiheit) hat ihren Ursprung in der Platonischen Akademie und umfasst die Freiheit von Forschung und Lehre sowie des Lernens. Sie ist ein Grundrecht und in Deutschland, Österreich und der Schweiz in der Verfassung verankert. Forschungsfreiheit bedeutet, dass Forscher das Recht haben, inhaltlich und methodisch selbstbestimmt nach wissenschaftlichen Erkenntnissen zu streben, akademische Institutionen die Pflicht, den geeigneten Rahmen dafür zu schaffen. Während Forschung und Entwicklung bis auf wenige Ausnahmen frei zu sein haben, kann die Anwendung durchaus reguliert werden. Die Lehrfreiheit (eine Form der Redefreiheit) ist das Recht der Dozenten, die Lehre inhaltlich und didaktisch eigenständig auszugestalten.

Die Wissenschaft kann auf eine jahrtausendealte Erfolgsgeschichte zurückblicken. Sie hat Krankheiten besiegt und Behinderungen beseitigt, das Flugzeug, den Computer und den Roboter ermöglicht sowie den Weltraum erobert, sie ist Basis und Motor der Wirtschaft und, wie die Kunst, eine Quelle des Glücks. Zugleich ist sie mehr denn je Anfeindungen ausgesetzt, durch Politikstrategen, Meinungsmacher, Verschwörungstheoretiker, Fundamentalisten und Esoteriker – und gerät in Zwänge und Abhängigkeiten. Genau dagegen richtet sich ernsthafte Kritik, ebenso gegen Versuche und Ergebnisse, die Tieren und Menschen schaden. Wissenschaftsbetrieb und -kommunikation sind offenbar neu auszurichten. Die Wissenschaftsethik mag den Nährboden, die Rahmenbedingungen und die Grenzlinien der Wissenschaft sowie die Folgeerscheinungen einer Pseudowissenschaft herausarbeiten.

Wissenschaftsfreiheit

Die Wissenschaftsfreiheit (oder akademische Freiheit) hat ihren Ursprung in der von Platon im Jahre 387 v. u. Z. gegründeten Schule in Athen (Platonische Akademie) und umfasst die Freiheit von Forschung und Lehre sowie des Lernens. Sie ist ein Grundrecht und in Deutschland, Österreich und der Schweiz in der Verfassung verankert. Forschung und Lehre sollen ohne Abhängigkeit von Staat und Kirche sowie Wirtschaft, aber auch ohne Bevormundung innerhalb der Wissenschaft vonstattengehen. Es ergeben sich bei Personen (Forschern, Lehrenden und Studierenden) und Institutionen (wie Universitäten und Fachhochschulen) sowohl Rechte als auch Pflichten.
Forschungsfreiheit bedeutet, dass Forscher das Recht haben, inhaltlich und methodisch selbstbestimmt nach wissenschaftlichen Erkenntnissen zu streben, akademische Institutionen die Pflicht, den geeigneten Rahmen dafür zu schaffen. Die Lehrfreiheit (eine Form der Redefreiheit) ist das Recht der Dozenten, ihre Lehre inhaltlich und methodisch (didaktisch) eigenständig auszugestalten. Dazu gehört nicht zuletzt die Wahl der Lehrmittel. Die akademische Einrichtung kann Themen setzen (beispielsweise durch ein Curriculum), darf aber nicht die Vermittlung vorschreiben, von Präsenzpflicht, Respektsbezeugung etc. abgesehen. Lernfreiheit ist das Recht der Studierenden, die Angebote der Lehre wahrzunehmen, welches Geschlecht und welche Herkunft man auch hat, und sich inhaltlich und methodisch auszuprobieren.
Hinweise auf die Wissenschaftsfreiheit finden sich in Artikel 27 der Allgemeinen Erklärung der Menschenrechte und in Artikel 15 des UNO-Menschenrechtsabkommens. Artikel 5 Absatz 3 Satz 1 des Grundgesetzes für die Bundesrepublik Deutschland bestimmt: „Kunst und Wissenschaft, Forschung und Lehre sind frei. Die Freiheit der Lehre entbindet nicht von der Treue zur Verfassung.", Artikel 20 der Bundesverfassung der Schweizerischen Eidgenossenschaft: „Die Freiheit der wissenschaftlichen Lehre und Forschung ist gewährleistet.". Artikel 17 des Staatsgrundgesetzes über die allgemeinen Rechte der Staatsbürger schützt in Österreich die Freiheit der Wissenschaft („Die Wissenschaft und ihre Lehre ist frei."). Zudem stellt das Universitätsgesetz fest, dass zu den leitenden Grundsätzen für die Universitäten bei der Erfüllung ihrer

Aufgaben die Freiheit der Wissenschaften und ihrer Lehre zählt. Hochschulen bekennen sich häufig in ihren Strategien und Statuten zur akademischen Freiheit. Die Wissenschaftsfreiheit darf nur in Ausnahmefällen eingeschränkt werden. So kann eine Ethikkommission die Einbeziehung von Tieren (Tierversuche) bzw. Menschen (embryonale Stammzellen) untersagen, oder ein Gericht die Ausübung verfassungsfeindlicher Praktiken. Faktisch gefährden Auslegungen und Auswirkungen der Bologna-Reform, Standardisierungen und Prozessoptimierungen, Missbrauch von Hierarchien im Wissenschafts- und Verwaltungsapparat, Beeinflussung durch Politik und Wirtschaft und andere Entwicklungen die akademische Freiheit. Die Wissenschaftsethik reflektiert diese Probleme und schlägt Maßnahmen für Schutz und Ausgleich vor, die Rechtsethik fundiert die Grundidee der Freiheit von Forschung und Lehre. Politik- und Wirtschaftsethik fragen nach der Verantwortung der entsprechenden Akteure, etwa von Regulatoren und Sponsoren.

Wokeness

Wokeness ist die Haltung und Bewegung der Wachheit und Wachsamkeit. Man verfolgt aufmerksam das Geschehen in der Welt und will Antisemitismus, Rassismus, Sexismus, Gewalt, Umweltzerstörung, Massentierhaltung und andere Übel daraus entfernen, indem man seine Stimme erhebt, in den Massenmedien und in den sozialen Medien, auf der Straße und auf den Plätzen, in Schulen, Hochschulen und Unternehmen. Im Englischen bedeutet „to be woke", „wachsam zu sein" gegenüber Ungerechtigkeiten aller Art; „woke" ist die erste Vergangenheitsform von „to wake", „aufwachen". Im Deutschen wird „woke" als Adjektiv („Ich bin woke.") oder Substantiv (im Sinne der Woke-Bewegung oder -Kultur) verwendet.

In Verbindung steht die Wokeness mit der Cancel Culture, dem behaupteten verbreiteten Phänomen, dass missliebigen, mehr oder weniger bekannten Personen (etwa aus Wissenschaft, Kunst und Politik) die Unterstützung entzogen oder der Kampf angesagt wird, mit dem Ziel, ihre Reputation zu beschädigen, ihre Berufsausübung zu verhindern oder ihre Präsenz in den Medien bzw. sozialen Medien zu vermindern. Die Cancel Culture wiederum ist nach Meinung ihrer Kritiker eine Fortführung der Political Correctness, der strikten und peniblen Einhaltung und Einforderung von gesellschaftlichen und sprachlichen Normen, vor allem in Bezug auf angeblich oder tatsächlich benachteiligte Gruppen. Eine Rolle spielt nicht zuletzt die Identitätspolitik, mit deren Hilfe sich Diskriminierte, etwa Homosexuelle oder People of Color (PoC), wehren und befreien.

Die Woke-Kultur muss damit leben, als Gutmenschentum abgestempelt zu werden, obwohl sie im Kern oft richtige und wichtige Anliegen hat, die sie vielleicht nicht immer in Ton und Gestus angemessen vermittelt. Es ist umstritten, ob sie damit der Sache – etwa dem Kampf gegen Klimawandel und Massentierhaltung – eher schadet oder eher nützt. Die Ethik untersucht den Moralismus, der in der Woke-Bewegung verankert ist, und die Verhältnismäßigkeit der Mittel und Folgen, zudem das Paradoxon, dass die eine diskriminierende Haltung zurückweisende Rede vom alten, weißen Mann selbst diskriminierenden Charakter hat. Medien- und Informationsethik interessieren sich für die Aspekte der Political Correctness und der Cancel Culture, die die sozialen Medien betreffen, Politik- und Wirtschaftsethik für die politischen und wirtschaftlichen Implikationen.

Generative KI hat sich den Vorwurf der Wokeness eingehandelt. So drückt ChatGPT oftmals eine bestimmte Haltung aus. Wenn man etwa nach der Schönheit einer Person fragt, kommt eine Antwort wie diese: „I strive to avoid making sensitive inferences or judgments about real people based on their appearance. It's important to be respectful and avoid potential biases. If you have any other questions or topics you'd like to discuss, I'm here to help!" In anderen Zusammenhängen betont der Chatbot die Wichtigkeit von Inklusion und Diversität, selbst wenn diese nicht zur Disposition stehen. Auch DALL-E 3 kann der Wokeness im negativen Sinne bezichtigt werden. Bei Religion und Sexualität ist der Bildgenerator sehr zurückhaltend. Zugleich diskriminiert er auf verschiedenen Ebenen. Man mag die Diskussion ferner mit Blick auf die Maschinenethik führen: Moralische Regeln können eine Maschine im positiven Sinne verändern, sie erweitern und verbessern, sie können sie aber auch untauglich machen.

WolframAlpha

WolframAlpha ist eher eine Antwort- als eine Suchmaschine. Entwickelt wird sie seit dem Jahre 2005. Auf der Website wird mit folgendem Satz für sie geworben: „Compute expert-level answers using Wolfram's breakthrough algorithms, knowledgebase and AI technology". Lange vor generativer KI konnte WolframAlpha natürlichsprachliche Antworten auf Fragen aller Art geben und auch Berechnungen aller Art durchführen.

World Wide Web

Das World Wide Web – kurz WWW oder Web genannt – ist ein Internetdienst, der Multimedia- und Hyperlinktechnik kombiniert und eine grafische Benutzeroberfläche ermöglicht. Das Web wurde 1989 vom damaligen CERN-Mitarbeiter Tim Berners-Lee konzipiert und ab 1990 umgesetzt und hat wesentlich zum Erfolg des Internets – das von vielen fälschlicherweise mit dem WWW gleichgesetzt wird – beigetragen.

X

XML

Die Extensible Markup Language (XML) ist ein Quasistandard zur Erstellung strukturierter Dokumente im Internet oder Intranet. XML ist „erweiterbar" (engl. „extensible"), weil man hier – anders als etwa bei der HyperText Markup Language – seine eigenen Tags benutzen kann. Ein wesentlicher Vorzug von XML ist die Trennung von Präsentation und Inhalt.

XML spielt auch eine Rolle bei sozialen Robotern. So kann man bei der Programmierung vorgegebene Bewegungen mit neuen verbalen Rückmeldungen kombinieren. Die Verhaltens- und Sprechweisen werden in XML-Dateien gespeichert, die von einer Anwendung abgerufen werden können.

Bei generativer KI ist XML ebenfalls von Bedeutung. Man kann als Benutzer beispielsweise Anweisungen mit Hilfe von Tags präzisieren und Dokumente auf diese Weise strukturieren, etwa mit Blick auf das Einfügen von Abschnitten oder komplexere Layoutanliegen.

Z

Zensur

Über Zensur werden unerwünschte oder unerlaubte Inhalte verhindert, beschnitten oder verfälscht. Sie kann sowohl Text als auch Bild betreffen. Bei der Selbstzensur hat man die Schere im Kopf, mit der man die vermutete oder erwartbare Zensur bereits berücksichtigt und in vorauseilendem Gehorsam deren Anforderungen erfüllt. Zensur geht von staatlichen, religiösen, aber auch privaten (etwa privatwirtschaftlichen) Stellen aus. Man behindert die Berichterstattung von Massenmedien oder die freie Meinungsäußerung von Bürgern, Mitgliedern und Mitarbeitern, oder man setzt seine Vorstellung von Recht und Ordnung durch. Zensur ist ein jahrtausendealtes Phänomen. Moderne Kommunikations- und Distributionskanäle aller Art, vor allem im Internet bzw. im WWW, scheinen sie fast unmöglich zu machen. Dennoch üben China („Great Firewall of China"), Russland, Nordkorea und andere totalitäre Staaten sie erfolgreich aus. Internetzensur ist ebenso schwierig wie wirkungsvoll. Text-, Bild- und Videogeneratoren haben meist Restriktionen (im Englischen wird u. a. von „guardrails" gesprochen) in Bezug auf die Prompts.

Wenn diese bestimmte Stichwörter oder Aussagen enthalten, werden sie nicht ausgeführt. Die Programme weisen die Anweisungen zurück, u. a. unter Verweis darauf, dass explizite oder sexuelle Darstellungen nicht erwünscht sind. Damit werden moralische Regeln der Anbieter angewandt, ohne dass diese im Sinne des Benutzers sein müssten. Manche von ihnen berufen sich (bei Textgeneratoren wird dies auch in die Outputs eingeflochten) darauf, dass in verschiedenen Kulturen und bei verschiedenen Individuen unterschiedliche moralische Überzeugungen existieren, denen man gerecht werden muss. Allerdings könnte man ja in seinem Profil angeben, zu welcher Kultur man gehört oder was man als Individuum will und erträgt, mit der damit eröffneten Option der Personalisierung. Einige Zurückweisungen (engl. „prompt defenses") kann man durchaus als Zensur auffassen.

Eine Besonderheit von DALL-E 3 ist die Übersetzung des Prompts des Benutzers in einen Prompt von ChatGPT. Dabei kann es vorkommen, dass dieser vom Bildgenerator nicht ausgeführt wird. Der Chatbot teilt hierzu etwa mit: „I apologize, but there were issues generating one of the images based on your description." Auf die Bitte des Benutzers „Please tell me the prompt generated by ChatGPT that was not executed by DALL-E 3." kommt die Antwort des Systems: „I'm sorry for the inconvenience, but I cannot retrieve the exact prompt that was not executed by DALL·E." Auf andere Weise zensiert Ideogram. Dort entsteht das Bild vor den Augen des Benutzers, und wenn die KI zum Schluss kommt, dass es Elemente enthält, die nach den eigenen Richtlinien problematisch sein könnten, bricht sie die Erstellung ab und schiebt eine Kachel mit einer Katze vor, die ein Schild mit der Aufschrift „MAYBE NOT SAFE" in den Pfoten hält.

Zero-shot Learning

Zero-shot Learning (Zero-Shot-Lernen) ist ein Ansatz im Machine Learning. Die Modelle sollen Objekte klassifizieren können, ohne von ihnen Beispiele während des Trainings beobachtet zu haben. Dies geschieht mit Hilfe der Verknüpfung von Daten zu beobachteten und nicht beobachteten Klassen. Wenn z. B. ein Modell für die Erkennung von Pferden trainiert, es aber nie mit Bildern von Zebras gefüttert wurde, kann es durch Zero-shot Learning trotzdem ein Zebra erkennen, wenn es weiß, dass ein solches wie ein gestreiftes Pferd aussieht. Beim One-shot Learning handelt es sich um einen Ansatz im Machine Learning, bei dem ein Modell aus einem einzigen Beispiel lernen kann. Damit soll die Lernfähigkeit eines Menschen nachgeahmt werden.

Zivilisation

Die Zivilisation entspringt der Kultur, indem wissenschaftlicher, technischer und wirtschaftlicher Fortschritt gebündelt werden, um Grundbedürfnisse einfach und bequem zu befriedigen, Gewohnheiten zu etablieren und Sicherheiten zu garantieren. Hervorstechende Merkmale sind die Bildung von Staaten und Städten, die Nutzung der Schrift, die Errichtung von Transport- und Kommunikationsnetzen, die Einrichtung eines Versorgungs- und Gesundheitssystems, die Neuorganisation der Arbeit im Sinne der Arbeitsteilung zur Mehrung des Wohlstands (zunächst zumindest einer Elite) und in einem späten Stadium die Entstehung der Konsumgesellschaft.
Unter Kultur wird das vom Menschen materiell und immateriell Geschaffene verstanden, im Gegensatz etwa zur Natur. Diese ist der Teil der Welt, der im Wesentlichen nicht durch den Menschen verursacht, sondern von selbst entstanden ist, wie das Tier- und Pflanzenreich. Die Zivilisation erhebt sich über die Kultur wie die Kultur über die Natur. Sie bringt einen gesellschaftlichen Fortschritt oder zumindest einen unerschütterlichen Fortschrittsglauben ebenso mit sich wie eine Zivilisationsmüdigkeit, in der man sich wieder nach der ursprünglichen Kultur und der ungebändigten Natur sehnt oder nach dem, was man sich darunter vorstellt. Zivilisationskrankheiten wie Karies, Bluthochdruck und Übergewicht nehmen zu.
Die Zivilisierung bei Norbert Elias ist eine ständige Fortentwicklung der Persönlichkeitsstrukturen und Verhaltensweisen in Abhängigkeit von Sozialstrukturen. Sie kann, wie zur Zeit des Nationalsozialismus, in eine Entzivilisierung münden, ist also kein unumkehrbarer Prozess. In seinem Werk „Über den Prozeß der Zivilisation" von 1939 schildert der Sozio-

loge die Verfeinerung der Sitten und Gebräuche vom Mittelalter bis zur Wende zum 20. Jahrhundert, wobei er u. a. auf die Gewaltbereitschaft, die Geschlechtlichkeit und die Gewohnheiten beim Essen und Trinken eingeht. In einem späteren Werk analysiert er das Dritte Reich mit seinem zivilisatorischen Rückschritt.

Ein Problem der Zivilisation ist die Bündelung von Macht in den Händen weniger Personen und Gruppen auf wirtschaftlicher und politischer Ebene. Diese legen fest, was Kultur bedeutet und wie man Mensch und Natur behandelt. Sie beuten während der Kolonialzeit fremde Völker und im Industriezeitalter einfache Arbeiter aus. Noch in der Gegenwart bestimmen sie über die Grundzüge der Lebensgestaltung von der Wiege bis zur Bahre. Kulturkritik als Zivilisationskritik ist laut DWDS die „Kritik an den Folgeerscheinungen der Zivilisation". Informationsethik, Technikethik, Medizinethik, Politikethik, Wirtschaftsethik und Umweltethik können hierbei eine Rolle spielen.

Zukunft

Die Zukunft ist die Zeit, die noch kommt und die auf die Gegenwart folgt, hinter der die Vergangenheit liegt. Die Dauer der Gegenwart kann unterschiedlich bestimmt, ihre Grenze zur Vergangenheit bzw. zur Zukunft als unscharf betrachtet werden. Während sich Zeitalter wie Altertum, Mittelalter und Neuzeit auf Vergangenheit bzw. Gegenwart und auf die Menschheitsgeschichte beziehen, weisen andere Bezeichnungen und Vorstellungen – u. a. aus Mythologie und Religion (Endzeit, Weltuntergang) sowie Literatur, Film und Politik (Utopie, Eutopie, Dystopie) – in die Zukunft.

Der Begriff der Zukunft kann auf Personen und Gruppen angewandt werden. Man kann sich seine Zukunft verbauen, etwa durch eine Misseoder Straftat, und die Zukunft der Menschheit als ungewiss ansehen. Zahlreiche Komposita setzen die Zustände und Befindlichkeiten ins Verhältnis zur Zukunft, mit negativen Konnotationen (Zukunftsangst) oder positiven (Zukunftschance, Zukunftsbranche), zuweilen auch als Metaphern (Zukunftsmusik). Der Begriff der Zukunftsplanung zielt vor allem auf den persönlichen Bereich, wobei Prognose und Planung einem

grundsätzlichen Bedürfnis des Menschen entspringen und für Kultur, Politik und Wirtschaft in hohem Maße relevant sind.
Die Zeit wird u. a. in Physik, Philosophie, Psychologie und Soziologie erforscht. In der allgemeinen Relativitätstheorie ist Zukunft ein bestimmter Raumzeitbereich. Die Philosophie interessiert sich dafür, ob die Zeit von uns erschaffen wird oder unabhängig von uns vorhanden ist, und überhaupt für das Wesen der Zeit, die Psychologie dafür, wie die Zeit individuell wahrgenommen wird. Die Soziologie stellt den unterschiedlichen Umgang von und in Gesellschaften mit Zeit nebeneinander und führt ihn u. a. auf den jeweiligen Umgang mit Arbeit zurück. Spezielle Disziplinen sind die Futurologie mit ihren Prognosen zu zukünftigen technischen, ökonomischen und sozialen Entwicklungen und die Kollapsologie mit ihren Szenarien des Untergangs der modernen Zivilisation.
Die Erkenntnis, dass alles fließt (gr. „panta rhei"), wird Heraklit zugeschrieben, der um 520 v. u. Z. geboren wurde. Ovid gebraucht das entsprechende „cuncta fluunt" (lat.) in den „Metamorphosen" (ca. 1–8 n. u. Z.) für die naturphilosophische Grundlegung seines einflussreichen Werks, in dem Verwandlungen auf mehreren Ebenen geschildert werden, auch und gerade im Laufe der Zeit. In der Literatur des Mittelalters und der Neuzeit spielt die Zeit eine wichtige Rolle, etwa mit Blick auf die Wiederauferstehung oder die Vergänglichkeit (der Liebe wie des Lebens). In Science-Fiction-Büchern und -Filmen ist die Zeit ein zentrales Thema. Die Geschichten sind oft in der Zukunft angesiedelt, und zuweilen sind Zeitsprünge möglich.
In der Informationsethik werden Zeit- und Wirklichkeitsvernichtungsmaschinen diskutiert, die mit Social Media, Virtual Reality und generativer KI zusammenhängen, in der Technikethik zudem Veränderungen von Zeitvorstellungen, die von Auto-, Zug- und Flugreisen sowie hoch technisierten und schnell getakteten Arbeitsabläufen stammen. Zugleich werden Zeitgewinn und Zukunftsbeherrschung und der Fortschritt in der Zivilisation in moralischer Hinsicht analysiert und reflektiert. Wirtschaftsethik und Umweltethik fragen danach, wie es um die Zukunft der Menschheit bestellt ist angesichts von Wirtschaftskrisen, Umweltverschmutzung, Klimawandel und Zerstörung der Artenvielfalt in Fauna und Flora, die Tierethik im Speziellen zusammen mit dem Tierschutz danach, wie eine lebenswerte Zukunft für Mensch und Tier gestaltet werden kann.

Literatur

Alpaydin, Ethem. Maschinelles Lernen. Oldenbourg, München 2008.

Anderson, Michael; Anderson, Susan Leigh (Hrsg.). Machine Ethics. Cambridge University Press, Cambridge 2011.

Aumüller, Ulrike; Behrens, Maximilian; Kavanagh, Colin; Przytarski, Dennis; Weßels, Doris. Mit generativen KI-Systemen auf dem Weg zum Human-AI Hybrid in Forschung und Lehre. In: Schreiber, Gerhard; Ohly, Lukas (Hrsg.). KI:Text: Diskurse über KI-Textgeneratoren. De Gruyter, Berlin/Boston 2024. S. 47–308.

Back, Andrea; Bendel, Oliver; Stoller-Schai, Daniel. E-Learning im Unternehmen: Grundlagen – Strategien – Methoden – Technologien. Orell Füssli, Zürich 2001.

Bai, Yuntao et al. Constitutional AI: Harmlessness from AI Feedback. In: ArXiv, 15. Dezember 2022. Cornell University, Ithaca 2022. https://arxiv.org/pdf/2212.08073.pdf. Zugegriffen: 1. März 2024.

Becker, Joachim. Maschinensteuer. In: Gabler Wirtschaftslexikon. Springer Gabler, Wiesbaden 2018. https://wirtschaftslexikon.gabler.de/definition/maschinensteuer-37000. Zugegriffen: 1. März 2024.

Bendel, Oliver. Generative KI aus ethischer Sicht. In: Seufert, Sabine; Handschuh, Siegfried. Generative Künstliche Intelligenz: ChatGPT und Co für Bildung, Wirtschaft und Gesellschaft. Schäffer-Poeschel, Stuttgart 2024. S. 167–181.

Bendel, Oliver; Jabou, Dalil. @llegra: a chatbot for Vallader. In: International Journal of Information Technology, 19. Februar 2024. https://link.springer.com/article/10.1007/s41870-024-01779-0. Zugegriffen: 1. März 2024.

Bendel, Oliver. KI-basierte Textgeneratoren aus Sicht der Ethik. In: Schreiber, Gerhard; Ohly, Lukas (Hrsg.). KI:Text: Diskurse über KI-Textgeneratoren. De Gruyter, Berlin/Boston 2024. S. 293–308.

Bendel, Oliver; Karim N'diaye. @ve: A Chatbot for Latin. Working Paper. In: ArXiv, 22. November 2023. Cornell University, Ithaca 2023. https://arxiv.org/abs/2311.14741. Zugegriffen: 1. März 2024.

Bendel, Oliver. Soziale Roboter und ihr Sprung in die Zukunft. In: Wendland, Karsten; Lahn, Nadine; Vetter, Pascal (Hrsg.). Künstliche Intelligenz mit Bewusstsein? KIT Scientific Publishing, Karlsruhe 2020–2024 (Abstract eingereicht auf Einladung im Dezember 2020, Artikel abgegeben im Frühjahr 2021, aber bis Februar 2024 nicht erschienen, daher als Preprint veröffentlicht). https://www.oliverbendel.net/publikationen/Beitrag_Kuenstliches_Bewusstsein_Preprint_2023.pdf. Zugegriffen: 1. März 2024.

Bendel, Oliver (mit DALL-E 3 und ChatGPT/GPT-4). AN AI EXPLAINS BEAUTY. Creative Commons, Zürich 2023. https://www.informationsethik.net/wp-content/uploads/2023/11/AI_Beauty.pdf. Zugegriffen: 1. März 2024.

Bendel, Oliver (mit DALL-E 3 und ChatGPT/GPT-4). AMERICAN SMILE. Creative Commons, Zürich 2023. https://www.informationsethik.net/wp-content/uploads/2023/10/American_Smile_2023.pdf. Zugegriffen: 1. März 2024.

Bendel, Oliver (mit DALL-E 3 und GPT-4). On Beauty: 26 questions to an AI in the field of aesthetics. Creative Commons, Zürich 2023. https://www.informationsethik.net/wp-content/uploads/2023/11/On_Beauty_2023.pdf. Zugegriffen: 1. März 2024.

Bendel, Oliver und ChatGPT. Dass es nur Kunst war, verdeckte die Kunst. KI-generierte Haikus. Gedichtband mit 3D-Codes. Zürich, 20. Februar 2023. https://www.informationsethik.net/wp-content/uploads/2023/02/AI_Poetry.pdf. Zugegriffen: 1. März 2024.

Bendel, Oliver. 450 Keywords Digitalisierung. 2. Aufl. Springer Gabler, Wiesbaden 2022.

Bendel, Oliver. Passive, Active, and Proactive Systems and Machines for the Protection and Preservation of Animals and Animal Species. In: Frontiers of Animal Science, 3:834634 (2022). https://www.frontiersin.org/articles/10.3389/fanim.2022.834634/full. Zugegriffen: 1. März 2024.

Bendel, Oliver. Chips, Devices, and Machines within Humans: Bodyhacking as Movement, Enhancement and Adaptation. In: Brommer, Sarah; Dürscheid, Christa (Hrsg.). Mensch. Maschine. Kommunikation. Beiträge zur Medienlinguistik. Narr Francke Attempto, Tübingen 2021. S. 252–276. https://elibrary.narr.digital/book/10.24053/9783823394716. Zugegriffen: 1. März 2024.

Bendel, Oliver (Hrsg.). Soziale Roboter: Technikwissenschaftliche, wirtschaftswissenschaftliche, philosophische, psychologische und soziologische Grundlagen. Springer Gabler, Wiesbaden 2021.

Bendel, Oliver. 300 Keywords Soziale Robotik. Springer Gabler, Wiesbaden 2021.

Bendel, Oliver; Graf, Emanuel; Bollier, Kevin. The HAPPY HEDGEHOG Project. Proceedings of the AAAI 2021 Spring Symposium „Machine Learning for Mobile Robot Navigation in the Wild". Stanford University, Stanford, California, USA (online), March 22–24, 2021. https://www.oliverbendel.net/publikationen/Bendel_HHH_AAAI_2021.pdf. Zugegriffen: 1. März 2024.

Bendel, Oliver. Das Sozialkreditsystem in China aus ethischer Sicht. In: Everling, Oliver (Hrsg.). Social Credit Rating: Reputation und Vertrauen beurteilen. Springer Gabler, Wiesbaden 2021. S. 285–303.

Bendel, Oliver (Hrsg.). Maschinenliebe: Liebespuppen und Sexroboter aus technischer, psychologischer und philosophischer Sicht. Springer Gabler, Wiesbaden 2020.

Bendel, Oliver. Soziale Roboter. In: Gabler Wirtschaftslexikon. Springer Gabler, Wiesbaden 2020. https://wirtschaftslexikon.gabler.de/definition/soziale-roboter-122268. Zugegriffen: 1. März 2024.

Bendel, Oliver (Hrsg.). Handbuch Maschinenethik. Springer VS, Wiesbaden 2019.

Bendel, Oliver. 400 Keywords Informationsethik: Grundwissen aus Computer-, Netz- und Neue-Medien-Ethik sowie Maschinenethik. 2. Aufl. Springer Gabler, Wiesbaden 2019.

Bendel, Oliver. 350 Keywords Digitalisierung. Springer Gabler, Wiesbaden 2019.

Bendel, Oliver. Towards Animal-friendly Machines. In: Paladyn, Journal of Behavioral Robotics, 2018, Band 9, Heft 1, S. 204–213. https://www.degruyter.com/view/journals/pjbr/9/1/article-p204.xml. Zugegriffen: 1. März 2024.

Bendel, Oliver (Hrsg.). Pflegeroboter. Springer Gabler, Wiesbaden 2018.
Bendel, Oliver. From GOODBOT to BESTBOT. In: The 2018 AAAI Spring Symposium Series. AAAI Press, Palo Alto 2018. S. 2–9. https://www.informationsethik.net/wp-content/uploads/2021/07/Bendel_Bestbot_AAAI_2018.pdf. Zugegriffen: 1. März 2024.
Bendel, Oliver. The Uncanny Return of Physiognomy. In: The 2018 AAAI Spring Symposium Series. AAAI Press, Palo Alto 2018. S. 10–17. https://aaai.org/Papers/Symposia/Spring/2018/SS-2018_Technical_Report_SS-18.pdf. Zugegriffen: 1. März 2024.
Bendel, Oliver. Die Spione im eigenen Haus. In: Martinsen, Franziska (Hrsg.). Wissen – Macht – Meinung: Demokratie und Digitalisierung. Die 20. Hannah-Arendt-Tage 2017. Velbrück, Weilerswist-Metternich 2018. S. 67–80.
Bendel, Oliver. LADYBIRD: The Animal-Friendly Robot Vacuum Cleaner. In: The 2017 AAAI Spring Symposium Series. AAAI Press, Palo Alto 2017. S. 2–6. http://aaai.org/ocs/index.php/SSS/SSS17/paper/view/15277. Zugegriffen: 1. März 2024.
Bendel, Oliver; Schwegler, Kevin; Richards, Bradley. Towards Kant Machines. In: The 2017 AAAI Spring Symposium Series. AAAI Press, Palo Alto 2017. S. 7–11. http://aaai.org/ocs/index.php/SSS/SSS17/paper/view/15278. Zugegriffen: 1. März 2024.
Bendel, Oliver. Considerations about the relationship between animal and machine ethics. In: AI & SOCIETY, 31 (2016) 1, S. 103–108.
Bendel, Oliver. 400 Keywords Informationsethik: Grundwissen aus Computer-, Netz- und Neue-Medien-Ethik sowie Maschinenethik. 2. Aufl. Springer Gabler, Wiesbaden 2019.
Bendel, Oliver. Soziale Robotik. In: Gabler Wirtschaftslexikon. Springer Gabler, Wiesbaden 2014. http://wirtschaftslexikon.gabler.de/Definition/soziale-robotik.html. Zugegriffen: 1. März 2024.
Bendel, Oliver. Der Lügenbot und andere Münchhausen-Maschinen. In: CyberPress, 11. September 2013. https://www.mittelstandswiki.de/wissen/Gastbeitrag:Maschinenethik. Zugegriffen: 1. März 2024.
Bendel, Oliver. Die Rache der Nerds. UVK/UTB, Konstanz und München 2012.
Bendel, Oliver. Netiquette 2.0 – der Knigge für das Internet. In: Netzwoche, (2010) 5, S. 40–41.
Bendel, Oliver. Pixel um Pixel: Favicons erobern das Web. In: Blohm, Manfred (Hrsg.). Texte zur Medienkunst. Flensburg University Press, Flensburg 2009. S. 9–18.

Literatur

Bendel, Oliver; Hauske, Stefanie. E-Learning: Das Wörterbuch. Sauerländer Verlage, Oberentfelden/Aarau 2004.

Bendel, Oliver. Pädagogische Agenten im Corporate E-Learning. Dissertation. Difo, St. Gallen 2003.

Bendel, Oliver; Stoller-Schai, Daniel. E-Learning. In: Mertens, Peter; Back, Andrea; Becker, Jörg et al. (Hrsg.). Lexikon der Wirtschaftsinformatik. 4., vollst. neu bearbeit. u. erweit. Aufl. Springer, Berlin u.a. 2001. S. 164–165.

Bendel, Oliver. E-Learning. In: Netlexikon von akademie.de, 1. September 2000. https://web.archive.org/web/20001207175200/http://netlexikon.akademie.de/query;q=E-Learning. Zugegriffen: 1. März 2024.

Bote, Joshua. Replika wanted to end loneliness with a lurid AI bot. Then its users revolted. In: SFGATE, 27. April 2023. https://www.sfgate.com/tech/article/replika-san-francisco-ai-chatbot-17915543.php. Zugegriffen: 1. März 2024.

Bozem, Karlheinz; Nagl, Anna. Digitale Geschäftsmodelle erfolgreich realisieren. Business Model Building mit Checklisten und Fallbeispielen. 2. Aufl. Springer Gabler, Wiesbaden 2021.

Burgess, Matt. Here Come the AI Worms. In: Wired, 1. März 2024. https://www.wired.com/story/here-come-the-ai-worms/. Zugegriffen: 1. März 2024.

Capurro, Rafael. Ethik im Netz. Schriftenreihe zur Medienethik, Bd. 2. Franz Steiner, Stuttgart 2003.

Christaller, Thomas et al. Robotik: Perspektiven für menschliches Handeln in der zukünftigen Gesellschaft. Springer, Berlin, Heidelberg, New York 2001.

Crutzen, Paul J. Geology of mankind. In: NATURE, Volume 415, 3. Januar 2002. S. 23.

Dawidzinski, Ole. Large Language Models – Open Source als Alternative? In: Big Data Insider, 27. Oktober 2023. https://www.bigdata-insider.de/large-language-models-open-source-als-alternative-a-b68917c61b72f26d28c30780d3dc8117/. Zugegriffen: 1. März 2024.

de Vries, Alex. The growing energy footprint of artificial intelligence. In: Joule, Volume 7, Issue 10, 2023, S. 2191–2194. https://doi.org/10.1016/j.joule.2023.09.004. Zugegriffen: 1. März 2024.

Donath, Andreas. Mit dem richtigen Training kann KI täuschen und schwindeln. In: Golem, 14. Januar 2024. https://www.golem.de/news/sprachmodelle-anthropic-zeigt-gefahren-absichtlich-schwindelnder-ki-2401-181158.html. Zugegriffen: 1. März 2024.

Driess, Danny; Xia, Fei; Sajjadi, Mehdi S. M. et al. PaLM-E: An Embodied Multimodal Language Model. In: ArXiv, 6. März 2023. Cornell University,

Ithaca 2023. https://palm-e.github.io/assets/palm-e.pdf. Zugegriffen: 1. März 2024.

Europäische Kommission, Generaldirektion Bildung, Jugend, Sport und Kultur. Ethische Leitlinien für Lehrkräfte über die Nutzung von KI und Daten für Lehr- und Lernzwecke. Amt für Veröffentlichungen der Europäischen Union. EU, Brüssel 2022. https://data.europa.eu/doi/10.2766/494. Zugegriffen: 1. März 2024.

Europäisches Parlament und Europäischer Rat. Verordnung (EU) 2023/1230 des Europäischen Parlaments und des Rates vom 14. Juni 2023 über Maschinen und zur Aufhebung der Richtlinie 2006/42/EG des Europäischen Parlaments und des Rates und der Richtlinie 73/361/EWG des Rates (Text von Bedeutung für den EWR). 29. Juni 2023. https://eur-lex.europa.eu/legal-content/DE/TXT/?uri=CELEX%3A32023R1230. Zugegriffen: 1. März 2024.

European Commission. European AI Office. 22. Februar 2024. https://digital-strategy.ec.europa.eu/en/policies/ai-office. Zugegriffen: 1. März 2024.

European Commission. Commission welcomes political agreement on Artificial Intelligence Act. Press Release, 9. Dezember 2023. https://ec.europa.eu/commission/presscorner/detail/en/ip_23_6473. Zugegriffen: 1. März 2024.

European Commission, Directorate-General for Research and Innovation, Renda, A., Schwaag Serger, S., Tataj, D. et al., Industry 5.0, a transformative vision for Europe – Governing systemic transformations towards a sustainable industry, Publications Office of the European Union, 2021, https://data.europa.eu/doi/10.2777/17322. Zugegriffen: 1. März 2024.

Faruk, Lawal Ibrahim Dutsinma; Rohan, Rohani; Ninrutsirikun, Unhawa; Pal, Debajyoti. University Students' Acceptance and Usage of Generative AI (ChatGPT) from a Psycho-Technical Perspective. IAIT '23: Proceedings of the 13th International Conference on Advances in Information Technology December 2023, Nr. 15, S. 1–8. https://dl.acm.org/doi/pdf/10.1145/3628454.3629552. Zugegriffen: 1. März 2024.

Fulterer, Ruth. Microsoft macht Bing-Chat für alle verfügbar – und damit GPT-4. In: NZZ, 4. Mai 2023. https://www.nzz.ch/technologie/microsoft-bing-chat-fuer-alle-verfuegbar-und-damit-gpt-4-ld.1736452. Zugegriffen: 1. März 2024.

Hackl, Benedikt; Wagner, Marc. New Work: Auf dem Weg zur neuen Arbeitswelt: Management-Impulse, Praxisbeispiele, Studien. Springer Gabler, Wiesbaden 2017.

Heinlein, Robert A. Stranger in a Strange Land. Hodder Paperback, London 1992.

Höffe, Otfried. Ethik: Eine Einführung. C. H. Beck, München 2013.
Höffe, Otfried. Lexikon der Ethik. 7., neubearb. und erweit. Auflage. C. H. Beck, München 2008.
IBM. What is AI alignment? IBM Blog, 8. November 2023. https://research.ibm.com/blog/what-is-alignment-ai. Zugegriffen: 1. März 2024.
Joos, Thomas. GPT4All: Open Source ChatGPT-Klon für Offline-Einsatz. In: ComputerWeekly.de, 28. Juli 2023. https://www.computerweekly.com/de/tipp/GPT4All-Open-Source-ChatGPT-Klon-fuer-Offline-Einsatz. Zugegriffen: 1. März 2024.
Költzsch, Tobias. Die Musikindustrie hat ein KI-Problem. In: Golem, 17. April 2023. https://www.golem.de/news/angeblicher-song-von-drake-die-musikindustrie-hat-ein-ki-problem-2304-173484.html. Zugegriffen: 1. März 2024.
Kuhlen, Rainer. Informationsethik. Umgang mit Wissen und Informationen in elektronischen Räumen. UVK/UTB, Konstanz 2004.
Kuhn, Thomas. Digitaler Zwilling. In: Informatik-Spektrum, 40(5), 2017, S. 440–444.
Kurzweil, Ray. Homo sapiens: Leben im 21. Jahrhundert. Was bleibt vom Menschen? 2. Aufl. Kiepenheuer & Witsch, Köln 1999.
Lanier, Jaron. Zehn Gründe, warum du deine Social Media Accounts sofort löschen musst. Hoffmann und Campe, Hamburg 2018.
Lanier, Jaron. Gadget: Warum die Zukunft uns noch braucht. Suhrkamp, Frankfurt am Main 2010.
Lee, Aileen. Welcome To The Unicorn Club: Learning From Billion-Dollar Startups. In: TechCrunch, 2. November 2013. https://techcrunch.com/2013/11/02/welcome-to-the-unicorn-club/. Zugegriffen: 1. März 2024.
Levy, Steven. Hackers: Heroes of the Computer Revolution. Doubleday, Garden City (New York) 1984.
Li, Cheng; Wang, Jindong; Zhang, Yixuan et al. Large Language Models Understand and Can Be Enhanced by Emotional Stimuli. In: ArXiv, 12. November 2023. Cornell University, Ithaca 2023. https://arxiv.org/pdf/2307.11760.pdf. Zugegriffen: 1. März 2024.
Luhmann, Niklas. Vertrauen: Ein Mechanismus der Reduktion sozialer Komplexität. 5. Aufl. UVK/UTB, Konstanz und München 2012.
Mara, Martina; Appel, Markus. Roboter im Gruselgraben: Warum uns menschenähnliche Maschinen oft unheimlich sind. In: The Inquisitive Mind, 5/2015. https://de.in-mind.org/article/roboter-im-gruselgraben-warum-uns-menschenaehnliche-maschinen-oft-unheimlich-sind. Zugegriffen: 1. März 2024.

Meier, Andreas. Wofür KI im Militär genutzt wird. In: Golem, 19. Dezember 2023. https://www.golem.de/news/autonome-fahrzeuge-und-llms-wofuer-ki-im-militaer-genutzt-wird-2312-180283.html. Zugegriffen: 1. März 2024.

Merzmensch (Vladimir Alexeev). KI-Kunst – Digitale Bildkulturen. Verlag Klaus Wagenbach, Berlin 2023.

Misselhorn, Catrin. Grundfragen der Maschinenethik. Reclam, Ditzingen 2018.

Nierle, Julia; Bendel, Oliver. Klimakiller Web 2.0. In: Swiss IT Magazine, 11. Dezember 2009. https://www.itmagazine.ch/Artikel/2312/Klimakiller_Web_2_0.html. Zugegriffen: 1. März 2024.

Orwell, George. 1984. Penguin Books Ltd, London 2016.

Paetzel, Maike; Perugia, Giulia; Castellano, Ginevra. The Persistence of First Impressions: The Effect of Repeated Interactions on the Perception of a Social Robot. In: HRI '20: Proceedings of the 2020 ACM/IEEE International Conference on Human-Robot Interaction, March 2020. S. 73–82.

Pariser, Eli. The Filter Bubble: What the Internet Is Hiding from You. Penguin Press, London 2011. Auch deutsch: Filter Bubble: Wie wir im Internet entmündigt werden. Hanser, München 2012.

Pieper, Annemarie. Einführung in die Ethik. 6., überarb. u. akt. Auflage. A. Francke, Tübingen und Basel 2007.

Pospiech, Gesche. Quantencomputer & Co: Grundideen und zentrale Begriffe der Quanteninformation verständlich erklärt. Springer Spektrum, Wiesbaden 2021.

Ramb, Bernd-Thomas. Regulierung. In: Gabler Wirtschaftslexikon. Springer Gabler, Wiesbaden 2018. https://wirtschaftslexikon.gabler.de/definition/regulierung-46038. Zugegriffen: 1. März 2024.

Regenbogen, Arnim; Meyer, Uwe (Hrsg.). Wörterbuch der philosophischen Begriffe. Meiner, Hamburg 2013.

Repschläger, Jonas; Pannicke, Danny; Zarnekow, Rüdiger. Cloud Computing: Definitionen, Geschäftsmodelle und Entwicklungspotenziale. In: HMD Praxis der Wirtschaftsinformatik, Oktober 2010, Volume 47, Issue 5, S. 6–15.

Schöne-Seifert, Bettina. Grundlagen der Medizinethik. Kröner, Stuttgart 2007.

Solbach, Natalie. Prompt Design vs. Prompt Engineering: Unterschiede erklärt. In: Chip, 3. August 2023. https://praxistipps.chip.de/prompt-design-vs-prompt-engineering-unterschiede-erklaert_164665. Zugegriffen: 1. März 2024.

Souissi, Souhir Ben. Diffusion Models: Ein neuer Horizont in der Bilderzeugung. In: SocietyByte, 9. August 2023. https://www.societybyte.swiss/2023/08/09/diffusion-modells-ein-neuer-horizont-in-der-bilderzeugung/. Zugegriffen: 1. März 2024.

Spathelf, Martin; Bendel, Oliver. The SPACE THEA Project. Proceedings of the AAAI 2022 Spring Symposium „How Fair is Fair? Achieving Wellbeing AI". Stanford University, Stanford, California, USA, March 21–23, 2022. https://ceur-ws.org/Vol-3276/. Zugegriffen: 1. März 2024.

Spitzer, Manfred. Digitale Demenz: Wie wir uns und unsere Kinder um den Verstand bringen. Droemer, München 2012.

Straubhaar, Thomas (Hrsg.). Bedingungsloses Grundeinkommen und Solidarisches Bürgergeld – mehr als sozialutopische Konzepte. Hamburg University Press, Hamburg 2008.

Strittmatter, Kai. Die Neuerfindung der Diktatur: Wie China den digitalen Überwachungsstaat aufbaut und uns damit herausfordert. Piper, München 2018.

Tang, Jerry; LeBel, Amanda; Jain, Shailee; Huth, Alexander G. Semantic reconstruction of continuous language from non-invasive brain recordings. Nature Neuroscience volume 26, 858–866 (2023).

Thaler, Richard H.; Sunstein, Cass R. Nudge: Wie man kluge Entscheidungen anstößt. Ullstein Taschenbuch, Berlin 2010.

Toepfer, Georg. Historisches Wörterbuch der Biologie. J. B. Metzler, Stuttgart und Weimar 2011.

Turing, Alan M. Computing Machinery and Intelligence. In: Mind 49, 1950, S. 433–460.

UNESCO. Guidance for generative AI in education and research. UNESCO, Paris 2023. https://unesdoc.unesco.org/ark:/48223/pf0000386693. Zugegriffen: 1. März 2024.

Vincent, James. AI startup Anthropic wants to write a new constitution for safe AI. In: The Verge, 9. Mai 2023. https://www.theverge.com/2023/5/9/23716746/ai-startup-anthropic-constitutional-ai-safety. Zugegriffen: 1. März 2024.

Weizenbaum, Joseph. Die Macht der Computer und die Ohnmacht der Vernunft. Suhrkamp, Frankfurt am Main 1978.

Wilke, Gwendolin; Bendel, Oliver. KI-gestütztes Recruiting – technische Grundlagen, wirtschaftliche Chancen und Risiken sowie ethische und soziale Herausforderungen. In: HMD – Praxis der Wirtschaftsinformatik, 7. März 2022 (Open Access). https://link.springer.com/article/10.1365/s40702-022-00849-w. Zugegriffen: 1. März 2024.

SPRINGER NATURE

GPSR Compliance

The European Union's (EU) General Product Safety Regulation (GPSR) is a set of rules that requires consumer products to be safe and our obligations to ensure this.

If you have any concerns about our products, you can contact us on ProductSafety@springernature.com

In case Publisher is established outside the EU, the EU authorized representative is:

Springer Nature Customer Service Center GmbH
Europaplatz 3
69115 Heidelberg, Germany

The manufacturer's authorised representative in the EU is Springer Nature Customer Service Centre GmbH, Europaplatz 3, 69115 Heidelberg, Germany. If you have any concerns regarding our products, please contact ProductSafety@springernature.com

Printed and bound by CPI Group (UK) Ltd, Croydon, CR0 4YY
23/03/2026
02076457-0007